時間の流れと文章の組み立て
林言語学の再解釈

庵功雄／石黒圭／丸山岳彦 編

ひつじ書房

目　次

はじめに　　　　　　　　　　　　　　　　　　　　　　　　　　v

第1章　『基本文型の研究』における文型観と階層観
　　　　　　　　　　　　　　　　　　　　　丸山岳彦　　1

第2章　『基本文型の研究』における条件文の分類
　　　　　　　　　　　　　　　　　　　　　前田直子　　25

第3章　「基本文型」の再構築　　　　　　　　野田尚史　　49

第4章　テキスト言語学から見た『文の姿勢の研究』
　　　　　　　　　　　　　　　　　　　　　庵功雄　　71

第5章　読解研究から見た『文の姿勢の研究』　石黒圭　　93

第6章　「起こし文型」設計思想の検討
　　　　なぜ「終結型」はなかったか　　　　俵山雄司　　115

第7章　国語教育における林四郎の基本文型論の再評価
　　　　『基本文型の研究』『文の姿勢の研究』及び
　　　　その関連文献を中心に　　　　　　　山室和也　　145

第8章　日本語教育から見た『基本文型の研究』　庵功雄　　167

第9章　ストーリーテリングにおける順接表現の
　　　　談話展開機能　　　　　　　　　　　砂川有里子　　183

第10章　語りの談話における節のくりかえしとその文脈
　　　　　　　　　　　　　　　　　　　　　渡辺文生　　217

第11章　既知と未知の食べ物を巡る曼荼羅
　　　　試食会の会話を例に　　　ポリー・ザトラウスキー　　239

III

索　引　271

執筆者紹介　275

はじめに

1. 発刊の経緯

はじめに、本書が編まれることになった経緯を紹介したい。

本書刊行のきっかけになったのは、林四郎の代表作である『基本文型の研究』（1960年初版、以下『文型』）、『文の姿勢の研究』（1973年初版、以下『姿勢』）の両書が、2013年にひつじ書房から復刊されたことである。

この両書は、研究史上は知られていても、現在の特に若い研究者にはほとんど読まれていない（この点は、三上章の『現代語法序説』などの一連の著作と通じるところがある）。しかし、本書の編者である石黒と庵は、両著が持つ今日的意味を確信し、ひつじ書房の松本功氏に相談したところ、氏の快諾をいただき、両書の復刊が決まった。

この復刊を受けて、かねてから林四郎の文法論に強い親近感を持っていた丸山を加えた3名の中で、両書の今日的意味を若い研究者に伝える活動をすべきだという点で意見の一致を見た。そして、2015年度の日本文法学会第16回年次大会において、「現代から見た林言語学の魅力」と題した3名によるパネルセッションを開催した。

同パネルセッションは幸い好評を博し、それを受けて、同パネルセッションの内容を軸としつつ、それに国語教育や日本語教育などの観点を加えて、林四郎の言語学を現代の視点から再解釈するための一書を編むこととなった。そうしてできたのが本書である。

2. 林四郎と林言語学

次に、林四郎とその言語研究について、紹介しておく。

林四郎は、1922年、東京に生まれた。学者一家であり、長兄の

林健太郎は東京大学総長や参議院議員も務めた歴史学者、次兄の林雄二郎は東京工業大学教授等を経て東京情報大学初代総長を務めた未来学者、その息子は作家の林望、娘婿の松岡榮志は東京学芸大学名誉教授の中国文学者である。

　林四郎は、1947年に東京大学文学部国文学科を卒業し、早稲田中学校、早稲田高等学校で教諭を務めた後、1953年に国立国語研究所に入職した。1973年筑波大学に転出し、1984年定年退官。のち、北京日本学研究センター、明海大学などで教鞭を取った。筑波大学名誉教授、北京外国語大学名誉教授、国立国語研究所名誉所員、明海大学名誉教授。文学博士（1980年『文の姿勢の研究』による。筑波大学）。勲三等瑞宝章（1994年秋の叙勲）。本書の執筆陣を含め、その薫陶を受けた研究者は数多い。

　林言語学の最大の特徴は、「時間の流れの中で文章の組み立てを考える」という運用的な研究姿勢と、「こうした研究姿勢を国語教育や言語生活に具体的に生かす」という応用的な研究姿勢にある。この二つの研究姿勢は、異なる言語形式間の微細な意味の違いを捉えようとする記述的な研究姿勢とは、一線を画すものと言ってよい。そのような言語観が示された顕著な例が、『文型』『姿勢』の2冊であったと考えることができる。

　この二つの姿勢から生みだされる言語研究のスケールは雄大で、その成果は、語彙論（林1971）、漢字論（林・松岡1995）、文法論（林2010）、文章論（林1998）、言語行動論（林1978）、敬語論（林・南編1973–1974）、作文論（林・林・森岡編1976–1977）、国語教育論（林1982）など、多岐にわたる。

　さらに、林言語学はその立場上、こうした分野を別々のものとしてではなく、連動するものとして捉える。『漢字・語彙・文章の研究へ』（明治書院、1987年）や『応用言語学講座 全6巻』（明治書院、1985年–1992年）の責任編集、『文化言語学 その提言と建設』（三省堂、1992年）における「文化言語学」の提唱など、分野横断的な包括的研究も林言語学の大きな特徴であろう。

　近年は和歌、とくに古今和歌集に傾倒し、『古今和歌集—四季の歌でたどる日本の一年』（みやび出版、2008年）、『古今和歌集恋の

歌が招く—歌々は想い、歌集は流れる。』（みやび出版、2009 年）、
『日本古典の花園を歩く』（くろしお出版、2016 年）を刊行している。

　社会貢献という面では、小学校国語科教科書『新しい国語』（東
京書籍）の編集に長年携わったほか、使いやすいことで知られる
『例解新国語辞典』『例解小学漢字辞典』（三省堂）や『はじめての
国語じてん』『はじめての漢字じてん』（NHK 出版）の監修、日本
語の表現に定評のある『新改訳聖書』（いのちのことば社）の翻訳
における国語顧問も担当していた。こうした面も、林言語学の裾野
の広がり、応用的な性格を反映していると思われる。

　以上のように雄大な広がりを有する林言語学は、現代の日本語研
究に何を示唆するだろうか。その根幹をなす『文型』『姿勢』の復
刊を機に、林言語学を再解釈し、今後の日本語研究にとって新たな
視点を導入したいというのが、本論文集の意図するところである。

3. 収録論文の概要

　以下では、本論文集に収められた各論文の概要について述べる。
なお、論文の内容にもとづいて、ここでは大きく三つのグループに
分けて紹介する。

　一つ目のグループは、『文型』で示された林の「文型」に関する
見方と、その記述方法を検討しようとするものである。

　丸山論文は、『文型』の中で林が「文型」をどのように捉えたの
か、その文型観を論じている。さらに、南不二男による文の階層構
造モデルとの比較を通じて、林の言う「文型」を、「実時間におけ
る言語産出の動的な過程を捉えるための枠組み（言語モデル）」と
して捉えることを提案している。

　前田論文は、『文型』における条件文の記述について考察してい
る。5 種類の「条件の言い方」と 6 種類の「帰結の述べ方」の組み
合わせ方を整理し、特に「順接仮定条件」を表す条件文における前
件と後件の関係性と記述の妥当性について、豊富な例をもとに分析
を行っている。

　野田論文は、『文型』における記述を子細に検討し、その骨子を
現代日本語文法の立場から再構築しようとする試みである。階層

性・時間制・体系性・網羅性・汎用性・実用性という6つの観点から、『文型』が持つそれぞれの問題点と改善案を提案している。

　二つ目のグループは、『姿勢』で詳述された「起こし文型」を、現代のテキスト言語学や談話研究の視点から読み直そうとするものである。

　庵論文は、『姿勢』で示された文章・談話の分析方法を、現代のテキスト言語学の立場から論じたものである。文間の連接関係を示す複数の「型」のうち、特に「承前型」を取り上げ、Halliday & Hasan（1976）との関連にも言及しながら、その先見性と発展可能性について論じている。

　石黒論文は、『姿勢』の文章論を、「オンラインでの理解過程の重視」「コーパス研究の先駆け」という二点から論じている。先行文脈との結束性、後続文脈の予測というオンライン処理を確率論的に考えようとした林氏の記述に対して、現代のコーパス言語学を遥かに先取りした先見性があったと指摘する。

　俵山論文は、『姿勢』における「起こし文型」の設計思想を考察している。起こし文型には、始発型・承前型・転換型の三つがあるが、なぜ談話の終結部にかかわる「終結型」が設定されなかったのか、「終結型」を設定するとどのような分析が可能になるかという問題を論じ、具体的な分析例を示している。

　三つ目のグループは、林の文型論・文章論を、国語教育・日本語教育や、文章・談話分析に応用しようとするものである。

　山室論文は、戦後の国語教育の中で、『文型』と『姿勢』、およびそれに後続する林の研究が国語教育に与えてきた影響を考察したものである。林の文型論が長野県の中学校で文型指導に利用された例などを紹介したうえで、今後の国語教育において林の基本文型論を活用していく可能性について論じている。

　庵論文は、日本語教育の観点から見た『文型』の意義について論じている。特に、多様な文型を網羅的にカバーしている体系性を『文型』最大の魅力としたうえで、このような記述方法が、日本語文法研究と国語教育、日本語教育、英語教育をつなぐ可能性があることを指摘している。

砂川論文は、ストーリーを語る際に順接表現が果たす談話の展開機能について論じている。文を「次に続く思考を目指して思考の過程で紡ぎ出される言語の構造物」として捉える林の見方に従い、「先行文脈から後続文脈を引き出す」順接表現の働きについて、学習者コーパス（I-JAS）を用いてきめ細かく論証している。

　渡辺論文は、語りの談話に現れる「節のくりかえし」という現象について論じたものである。文章の流れの中で文を捉える林の見方をベースとして、event chain という枠組みを用いて、談話の論理構造（くりかえされる命題のタイプと後続文脈とのつながり方）のあり方を分析している。

　ザトラウスキー論文は、林（2010）で示された「言語曼荼羅」の考え方を用いて、会話参与者が一致した概念を形成していく過程を考察している。試食会の場面を収録した談話データを用いて、参加者が既知の食べ物と未知の食べ物に関する概念をどのように作りあげるか、両者の「曼荼羅」はどのような異同を示すかについて論じている。

4. 林言語学の意義

　冒頭に述べた発刊の経緯からもおわかりいただけるように、本書の最大の目的は「温故知新」である。林四郎のこの両著は半世紀近く前に書かれたものである。その意味で、今日の目から見て既に解決済みと思われる点があったり、分析の仕方に不備が感じられる点があったりするかもしれない。

　しかし、例えば、『文型』で林が示そうとしているような「日本語における表現文型の全体系」といったものは、現在においても依然提案されていない（文法における庵（2015a, 2015b）、語彙における山内編（2014）などはそれに対する今日的な回答の一例である。この点については、本書所収の庵論文（庵2017）を参照されたい）。また、『姿勢』に見られるような形で、テキストの全数調査を行うことによって、結束性（cohesion）を中心とするテキスト構成の実相を明らかにしようとする試みは、今日に至るまで日本のテキスト言語学の中では全くなされてきておらず、そのことが日本に

はじめに　　IX

おける同分野の進展を遅らせている大きな要因になっているように
思われる（英語では、Halliday & Hasan 1976 において同様の試
みがなされているが、それも部分的なものに留まっている。『姿勢』
が持つコーパス研究に対する含意については、本書所収の石黒論文
（石黒 2017）を参照されたい）。

　このように、われわれは『文型』と『姿勢』からまだまだ多くの
ことを学べるはずである。それは丁度、近年の生成文法において、
チョムスキーの最初期の著書である *Syntactic Structures* を読み直
すことの重要性が説かれる（Lasnic 2000）ことと一脈通じるもの
があると言えるかもしれない。

　本書が、現代日本語研究、国語教育、日本語教育などに関心を持
つ多くの人に読まれ、林四郎が開拓しようとした研究、実践上の沃
野のさらなる開拓に少しでも貢献できれば、編者一同これに過ぎる
喜びはない。

参考文献

庵功雄（2015a）「日本語学的知見から見た初級シラバス」庵功雄・山内博之
　　編『データに基づく文法シラバス』pp.1–14, くろしお出版.

庵功雄（2015b）「日本語学的知見から見た中上級シラバス」庵功雄・山内博
　　之編『データに基づく文法シラバス』pp.15–46, くろしお出版.

庵功雄（2017）「日本語教育から見た『基本文型の研究』」本書所収.

石黒圭（2017）「読解研究から見た『文の姿勢の研究』」本書所収.

山内博之編（2014）『実践日本語教育スタンダード』ひつじ書房.

Halliday, M.A.K. & Ruquia Hasan（1976）*Cohesion in English*. Longman:
　　New York.

Lasnic, Howard（2000）*Syntactic Structures revisited*. The MIT Press.

林四郎（1971）「語彙調査と基本語彙」『国立国語研究所報告 39　電子計算機
　　による国語研究Ⅲ』秀英出版.

林四郎（1978）『言語行動の諸相』明治書院.

林四郎（1982）『私の国語教育論』東京書籍.

林四郎（1998）『文章論の基礎問題』三省堂.

林四郎（2010）『パラダイム論で見る句末辞文法論への道』みやび出版.

林大・林四郎・森岡健二（編）（1976–1977）『現代作文講座』（全 8 巻）明治
　　書院.

林四郎・南不二男（編）（1973–1974）『敬語講座』（全 10 巻）明治書院.

林四郎・松岡榮志（1995）『日本の漢字・中国の漢字』三省堂.

第 1 章
『基本文型の研究』における文型観と階層観*

丸山岳彦

1. はじめに

　1960 年に刊行された林四郎氏の『基本文型の研究』（以下、『文型』と記す）は、国語教育での活用を前提として、日本語の「文型」を整理・記述した研究書である。一般的な意味での「文型」とは、文中における語句の並び（語順）の典型的なパタンや、それらを整理してリスト化したもの、すなわち、文構造の抽象的な枠組みを指す用語として理解されるだろう。ところが、『文型』を子細に読んでみると、林氏の言う「文型」が、通常の意味とは異なる概念であることに気づく。林氏の言う「文型」とは、よく使われる語順パタンのリストではなく、実時間における言語産出の動的な過程を捉えるための枠組み（言語モデル）として捉えることができる。

　林氏が捉えようとした「文型」とはどのようなものだったのか。そして、現代の日本語文法研究においてそれはどのように解釈されるべきか。『文型』における林氏の文型観について考察を加えることが、本稿の目的の 1 点目である。

　本稿の目的の 2 点目は、『文型』で示された言語モデルと、文の階層構造に関する研究との関わりについて考察を加えることである。現代日本語文法の研究において、文の構造を階層的に捉える研究の筆頭に挙げられるのは、南不二男氏による文の階層構造論（通称、南モデル）であろう。南（1964、1974、1993）など一連の研究の中で、南氏はくり返し林氏の文型研究に言及しており、その影響の強さがうかがえる。特に述語句の段階的な成立を文全体の階層構造に敷衍して考えるという点で、林氏と南氏の研究は深く通じるところがある。

　しかしながら、『文型』における記述をよく読むと、林氏のモデ

ルは南氏のモデルとは大きく性質の異なるものであることが分かる（尾上、2016）。南モデルは、統語的な階層性と意味的なまとまりの段階性を重ね合わせた静的な文構造モデルであるのに対して、林モデルは、具体的な場面における言語活動全体を層状構造で捉えようとする動的な言語モデルである。その発想の根底には、文構造のモデル化（林氏の言う「文型」の整理）に際して、時間の流れにおける文章の組み立てを常に考慮するという林氏の姿勢がある。

　本稿では、以上の2点を目的とする。『文型』が刊行された1960年代前後の研究状況を踏まえながら、『文型』における文型観・階層観について論じ、その現代的な意義を確認することにしたい。以下、2節では、「文型」という概念をめぐる当時の研究状況について概観した上で、『文型』で提示された「文型」の見方について論じる。3節では、『文型』で提案された3つの文型（起こし文型、運び文型、結び文型）について検討し、林氏がどのように「文型」を見たかについて論じる。4節では、南氏による文の階層構造モデルと『文型』の記述を比較し、両者の特徴と差異を探る。また、実時間内における言語活動全体を捉えるモデルを構想した林氏の独創性と先見性を指摘する。

2. 「文型」という概念をめぐって

2.1　文型研究の萌芽

　以下では「文型」をキーワードとして、『文型』が刊行された当時の研究状況を確認し、『文型』が書かれた背景を探ってみよう。

　現代日本語の文型研究がいつから始まったのかは定かでないが、戦前・戦中期における日本語教育の中で研究され始めた概念のようである。比較的早い時期では、岡本（1940a、1940b）や、雑誌『コトバ』の特集「日本語の基本文型」（1941年）などに、文型研究の萌芽が見られる。また、国際学友会『日本語教科書 巻一〜巻五』（1941〜1943年）、青年文化協会『日本語練習用 日本語基本文型』（1942年）、国際文化振興会『日本語表現文典』（1944年）などの日本語教科書で、「文型」の概念が採用され始めた。後の文

型積み上げ方式や文型練習（パターン・プラクティス）に基づく日本語教育の萌芽と言えるだろう＊1。

このうち『日本語練習用 日本語基本文型』では、「表現の種々の場合に於ける文型」「語の用法に関する文型」「文の構造に関する文型」という3種の文型が区別された。この分類はそれぞれ、文のムード（命令、希望・要求、許可、禁止、義務、質問、疑問、推量など34項目）、助詞・助動詞・補助動詞などの用法（78項目）、文構造の種類（主語を用いない文、主語の構造、述語の構造、補語の構造と位置など6種類）に対応するもので、以降の研究における「文型」の見方は、この3分類を踏まえたものが多い。

また、日本語教育ではなく、国語教育のための文型研究も戦後の早い時期から見られた。三尾（1948、1961）や、三上（1958）、永野（1958）などでは、国語教育を前提とした基本文型のあり方が論じられている。さらに国立国語研究所（1960、1963）では、録音した自然談話の音声データをもとに、話し言葉の「総合文型」を記述することが試みられた。これは、教育的観点からの文型研究ではなく、日本語の話し言葉における構文パタンを体系的に明らかにするための文型研究を目指したものである。

古くは佐久間（1936）らに端を発する、文の類型を整理・記述する流れは、これらの文型研究を経て、後年の記述的日本語文法研究における文の類型論（文の表現類型）の研究へと引き継がれていくことになる。

2.2 『文型』は「文型」をどう見たか

「文型」をめぐる以上のような研究状況の中、1960年に林氏の『文型』が刊行される。以下では、『文型』が「文型」という概念をどのように捉えていたかについて、『文型』の記述を引用しながら見ていこう。

林氏は元来国語教育に軸足を置く研究者であり、『文型』も国語教育のために「文型」を記述するという立場を取っている。第3章「国語教育になぜ文型が必要か」では学校での国語教育に「文型」を持ち込むことの重要性が説かれており、また第3部「文型による

第1章　『基本文型の研究』における文型観と階層観　　3

学習」では、表現力や読解力の学習に「文型」をどう活かすかという議論が（断片的ながら）展開されている。ここでは、林氏の文型研究は国語教育に立脚するものである、という点を押さえておこう。

　さて、『文型』の中には、「文型」を整理する方針として、以下のような記述がある＊2。

　　　本書では、ア）よく使われると直感したもの。イ）小学校のうちに身につけさせたいもの。ウ）標準的言い方といえるもの。の三つの意味での基本文型を、<u>思考と言語の関係から考えた原理</u>で分類配列して示した　　　　　　　　　　　　　　（p.14）

ここに挙げられたア）イ）ウ）は、「基本文型」を選定するための条件として挙げられており、それぞれ、統計上・学習上・政策上の「基本」という意味であると解説されている。ここでは、「思考と言語の関係から考えた原理」という表現に着目しておこう。

　その上で林氏は、「文型」を以下のように定義している。

　　　文型とは、<u>心中の想が言語化されるに際して、想の流れに一応のまとまりをつけるために</u>、支えとして採用される、語の並びの社会的慣習である。　　　　　　　　　　　　　（p.28）

引用中にある「心中の想が言語化されるに際して」、「想の流れに一応のまとまりをつけるために」という説明からは、林氏が「文型」を単なる文構造の抽象的な型として見ていたわけではないことがうかがえる。林氏の言う「文型」とは、むしろ、「心中の想が言語化される」過程、すなわち言語主体（話し手・書き手）が言語を産出する時間の中で捉えられるものである。先の「思考と言語の関係から考えた原理」と合わせて考えると、言語主体がある思考を一次元の言語形式に乗せて実時間内に産出する際のフレームとして「文型」を捉えようとしていると考えてよい。

　そもそも「文型」とは、冒頭にも述べた通り、文中における語順の典型的なパタンとして捉えられることが多かった。すなわち、実際に書かれたり話されたりした文や、内省で得られるさまざまなタイプの文を、その機能や構造ごとに分類・抽象化して得られた結果が「文型」としてリスト化されるわけである。これに対して林氏の「文型」の定義は、すでに形が与えられた文を分類しようとするも

4

型積み上げ方式や文型練習（パターン・プラクティス）に基づく日本語教育の萌芽と言えるだろう*1。

このうち『日本語練習用 日本語基本文型』では、「表現の種々の場合に於ける文型」「語の用法に関する文型」「文の構造に関する文型」という3種の文型が区別された。この分類はそれぞれ、文のムード（命令、希望・要求、許可、禁止、義務、質問、疑問、推量など34項目）、助詞・助動詞・補助動詞などの用法（78項目）、文構造の種類（主語を用いない文、主語の構造、述語の構造、補語の構造と位置など6種類）に対応するもので、以降の研究における「文型」の見方は、この3分類を踏まえたものが多い。

また、日本語教育ではなく、国語教育のための文型研究も戦後の早い時期から見られた。三尾（1948、1961）や、三上（1958）、永野（1958）などでは、国語教育を前提とした基本文型のあり方が論じられている。さらに国立国語研究所（1960、1963）では、録音した自然談話の音声データをもとに、話し言葉の「総合文型」を記述することが試みられた。これは、教育的観点からの文型研究ではなく、日本語の話し言葉における構文パタンを体系的に明らかにするための文型研究を目指したものである。

古くは佐久間（1936）らに端を発する、文の類型を整理・記述する流れは、これらの文型研究を経て、後年の記述的日本語文法研究における文の類型論（文の表現類型）の研究へと引き継がれていくことになる。

2.2 『文型』は「文型」をどう見たか

「文型」をめぐる以上のような研究状況の中、1960年に林氏の『文型』が刊行される。以下では、『文型』が「文型」という概念をどのように捉えていたかについて、『文型』の記述を引用しながら見ていこう。

林氏は元来国語教育に軸足を置く研究者であり、『文型』も国語教育のために「文型」を記述するという立場を取っている。第3章「国語教育になぜ文型が必要か」では学校での国語教育に「文型」を持ち込むことの重要性が説かれており、また第3部「文型による

学習」では、表現力や読解力の学習に「文型」をどう活かすかという議論が（断片的ながら）展開されている。ここでは、林氏の文型研究は国語教育に立脚するものである、という点を押さえておこう。

　さて、『文型』の中には、「文型」を整理する方針として、以下のような記述がある＊2。

　　　本書では、ア）よく使われると直感したもの。イ）小学校のうちに身につけさせたいもの。ウ）標準的言い方といえるもの。の三つの意味での基本文型を、<u>思考と言語の関係から考えた原理</u>で分類配列して示した　　　　　　　　　　　　　　　（p.14）

ここに挙げられたア）イ）ウ）は、「基本文型」を選定するための条件として挙げられており、それぞれ、統計上・学習上・政策上の「基本」という意味であると解説されている。ここでは、「思考と言語の関係から考えた原理」という表現に着目しておこう。

　その上で林氏は、「文型」を以下のように定義している。

　　　文型とは、<u>心中の想が言語化されるに際して、想の流れに一応のまとまりをつけるために</u>、支えとして採用される、語の並びの社会的慣習である。　　　　　　　　　　　　　（p.28）

引用中にある「心中の想が言語化されるに際して」、「想の流れに一応のまとまりをつけるために」という説明からは、林氏が「文型」を単なる文構造の抽象的な型として見ていたわけではないことがうかがえる。林氏の言う「文型」とは、むしろ、「心中の想が言語化される」過程、すなわち言語主体（話し手・書き手）が言語を産出する時間の中で捉えられるものである。先の「思考と言語の関係から考えた原理」と合わせて考えると、言語主体がある思考を一次元の言語形式に乗せて実時間内に産出する際のフレームとして「文型」を捉えようとしていると考えてよい。

　そもそも「文型」とは、冒頭にも述べた通り、文中における語順の典型的なパタンとして捉えられることが多かった。すなわち、実際に書かれたり話されたりした文や、内省で得られるさまざまなタイプの文を、その機能や構造ごとに分類・抽象化して得られた結果が「文型」としてリスト化されるわけである。これに対して林氏の「文型」の定義は、すでに形が与えられた文を分類しようとするも

のではない。むしろ、言語主体の思考が文の形を取って産出される過程を抽象化して、そこに一定の枠組みを与えるものである。この点で、「文型」という概念に対する林氏の見方は、既存の文型研究と一線を画している。

　少し先回りして言うと、このような林氏の文型観は、文を単独の存在としては見なさず、常に文章の中で文のあり方を捉えようとする見方に端を発していると思われる。すなわち、具体的な言語活動の現れとしてまず文章があり、その文章を構成する部分として文がある、という見方である。文章の流れや予測、理解のあり方などを論じた『文の姿勢の研究』（1973年）にも、「文章の中の各文は、文章の流れを作るために働いている（p.9）」という説明があり、やはり文を文章の中で捉えようとしていることが分かる。

　さらに言えば、このような視点は、50年以上も続く林氏の言語研究に一貫して見られる大きな特徴の1つである。「時間の流れの中で産出される文章、その部分としての文」という捉え方を端的に表したものとして、後年の林（1990）に以下のような記述がある。

　　これまで、文法学上の「文」を、語が一定構造のもとに組み立てられ、ある条件を満たしたときに成立するものと考えて来たが、本稿では、その考え方を採らず、文を、表現者がある表現意図を以て文章場面を作り、文章生産活動に入ってから、文章の一部として生産するものと考える。従って、いかなる文も、必ず、上位単位である文章の中に位置づくものであることを前提として、文の成立条件を考えることとする。　　　　（p.40）

このような林氏の言語観については、復刊版『文型』に解説として収められた南（2013）の中にも言及がある。

　　林氏の論が他と異なるところは、（略）「時間的な経過の性格なくしては言語は成立しない」という言語観にもとづくものであるということである。　　　　（p.183）

言語主体による実時間的な言語活動をまず想定し、その現れである文章の部分として文を捉え、その心的な構成過程の枠組みを抽出・認定しようとする姿勢、これが『文型』における「文型」の見方であろう。ここに、林氏の基本的な言語観が凝縮されていると言

ってよい。

3. 『文型』における 3 つの文型

3.1　文の時間的な区切りと文型の分類

　『文型』は、「第1部「文型」をめぐる考察」「第2部 文型の記述」「第3部 文型による学習」という3部から構成されている。このうち本書の根幹を成すのは、3つの文型が詳細に分類・記述された第2部である。3つの文型を定義するにあたり、林氏は以下のように述べている。

　　　言語は、時間系列の中にのみ存立する、思考と伝達の媒介物である。時間は区切りのない延長であるけれども、これを、1時間、2時間と区切って測るように、時間的存在である言語活動も、その姿をとらえるためには、どこかで区切らなければならない。今これを、1）言い始めの時の姿勢2）言い終りまでを見通した姿勢3）言い終る時の姿勢の3段階段に区切り、そのおのおのの中に、言語の異なった側面の構造を見出すことにしたい。そして、それぞれの姿勢が採用する文型を「起こし文型」「運び文型」「結び文型」と呼ぶことにする。　　（pp.28–29）

　この定義により、文は、3種類の文型によって把握されることになる。この場合の「文型」とは、「時間的存在である言語活動」を、ある時点で区切ることによって抽出される「異なった側面の構造」である。そして、文の言い始めを捉える「起こし文型」によって文と文の連接関係が、文の途中を捉える「運び文型」によって文内部の構造が、そして文の言い終わりを捉える「結び文型」によって文末における表現意図が、それぞれ類型化される。このような多層的な見方により、ある文が備える時間的な側面（＝文の冒頭・中間・末尾）を、相互に独立した視点（＝3つの文型）によって捉えることができるわけである。

　『文型』における文型は、「全体文型」と、全体の流れには影響を与えず局部的に働く「局部文型（相）」とに大別される。全体文型は、起こし文型・運び文型・結び文型の3つに分けられ、さらにそ

の下位に複数の型や「段階」が設定される。『文型』における文型の分類を整理して、図1に示す。

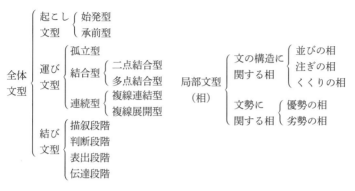

図1 『文型』における文型の分類

以下では、これらの文型のうち、特に起こし文型・運び文型・結び文型の3つについて、現代日本語文法研究の視点からその特徴を読み解いてみたい。『文型』における記述を検討しながら、林氏の文型観について考察を加えていくことにする。

3.2 起こし文型

文の言い始めの段階を捉える「起こし文型」は、文章や段落の冒頭に現れる「始発型」と、先行文を受け継ぐ「承前型」に分けられる。分類の手がかりとなるのは、文の冒頭に位置する感動詞や間投詞、呼びかけの言葉、名詞を含む副詞句、指示語、接続詞などであり、これらは「始発記号」「承前記号」と呼ばれる。始発型の例を(1)、承前型の例を(2)に挙げる。下線が引かれた部分が、始発記号、承前記号に相当する（pp.37–45から抜粋）。

(1) a.【感動詞・間投詞の類で】もしもし、中村さんですか。
　　b.【名詞を含む副詞句で】ある日、わたしは道を歩いていました。
(2) a.【接続詞の類で】（電車をおりた。）それからバスに乗った。
　　b.【副詞の類で】やがて、ラッパの音が響いた。

さらに、始発記号・承前記号が現れない場合についても、「時間・空間場面を設定する文」「意味を強調することば」などが「始発要素」として、「述語に解説性のある文」「副助詞を含む文」などが「承前要素」として認定され、それぞれ始発型・承前型として分類される。(3) は始発記号のない始発型、(4) は承前記号のない承前型の例である。下線が引かれた部分が、始発要素、承前要素に相当する（pp.42–47 から抜粋）。

(3) a.【時間・空間場面を設定する文】▽無主語文 <u>月の明かるい夜でした</u>。

　　b.【意味を強調することばで】▽卓立音調による言い出し<u>やっぱり〔ヤッパリ〕</u>ここにいたか。

(4) a.【述語に解説性のある文】（君に罪はない。）君は何も知ら<u>ないのだから</u>。

　　b.【追加、延長等を表わす副助詞を含む文】（犬がいます。）ねこ<u>も</u>います。

　全体文型に配置された 3 つの文型のうち、起こし文型は文と文の連接関係を把握するための文型である。「文型」とは言っても、文の形式を分類するものではなく、あくまでも文章中における文の機能・役割を捉えようとするものである。特に、文法的には無標の文頭にさえ、始発・承前という文型の違いを見出そうとする姿勢は、文章中における文のあり方を徹底的に分類しようとする林氏の文型観が色濃く反映されている部分であると言えるだろう。このような視点は、現代のテキスト言語学における結束性や一貫性の研究（Halliday&Hasan 1979、庵 2007、石黒 2008）を遥かに先取りしたものと見ることもできる。

　さらに、『文型』の続編として刊行された林（1973）『文の姿勢の研究』では、新たに「転換型」「自由型」という 2 種類が起こし文型に加えられ、小学校 2 年生の国語教科書から採られた 1025 文を対象に、その起こし文型が網羅的に分類されている。これは、現代の用語で言えば、コーパス言語学におけるアノテーション（研究用情報の付与）作業に相当する。林氏は当時国立国語研究所に所属しており（1953 年から 1973 年まで在職）、サンプリングされたテ

8

キストに含まれる語を全て数え上げる語彙調査の仕事に従事していた。そのような経験もまた、対象を徹底的に分類しようとする林氏の視点の背景にあるのかもしれない。

3.3 運び文型

「運び文型」は、文の組み立てを構造的に分類したものであり、「文末叙述でくくられるまでの、想の流れが語を選択する時にあらわれる型（p.55）」と説明されている。ここでもやはり、時間とともに文が作られていく過程が重視されていることが分かる。運び文型の分類を、現代における文法研究の用語と大まかに対応させて示すと、図2のようになる。

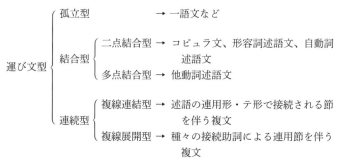

図2　運び文型の分類

まず最初に見ておきたいのが、「孤立型」である。これはいわゆる「一語文」に相当する文型であり、「おや。」「そう。」「ある？」「本。」のように、感動詞、副詞、用言、体言などが単独で用いられる例が挙げられている。ところが、これに加えて、「多少とも付属的な語がついたもので一語文と性質を同じくするもの（p.56）」、「中心となる語のあとに付属語がついたもの（活用連語）、中心になる語の前に修飾語がついたもの（p.59）」として、以下のような「一語文的な文」の例が挙げられている（pp.59-60から抜粋）。

(5) a.【一連の活用連語】行こう。うまかったなあ。りっぱではありませんか。合格してよかったですね。
　　b.【修飾語を伴った活用連語】よく来たね。
　　c.【連体修飾語を伴った体言】ひどい人。骨の折れる話！

d.【上記の要素が重なったもの】まあ、なんてきれいな花
　　　なんでしょう。

　ここには、いわゆる一語文とは相当に異質なものが含まれている
ように見える。「おや。」「本。」と、「合格してよかったですね。」
「まあ、なんてきれいな花なんでしょう。」を同じ一語文（相当）と
分類するのは、どのような根拠に基づくのであろうか。

　この点については、林氏が「一語文と性質を同じくするもの」と
言うところの「性質」について考える必要があるだろう。林氏は一
語文が現れる場合について、「認識し、表現したいものが非常に単
純であるか、または未分化であって、複雑に表現したくても表現し
ようがない場合」、「文脈に助けられて、多くのことばを要しない場
合」の２つを挙げている（pp.56-57）。上記の例で言えば、中心と
なる語が単独で発話される状況があり、その前後に付属語や修飾語
が付加された結果、「花！」が「きれいな花！」に、さらに「まあ、
なんてきれいな花なんでしょう。」に拡大されて、「一語文相当の
文」が成立したと解釈できるだろう。孤立型の例として挙げられて
いる例はすべて項を取らない述語句のみで構成される文であり、そ
の点をもって「未分化」と捉えているのだと考えられる＊3。

　さて、一般に「文型」という言葉で想起される「ＸはＹだ」「Ｘ
がＹする」「ＸがＹをＺする」などのさまざまな構文パタンは、図
２のうち「結合型」に該当する。ところが『文型』の中では、結合
型に関する記述は驚くほど少ない。特にそのパタンが多いと思われ
る他動詞述語の単文（「多点結合型」）については、「格助詞が、さ
まざまな組み合わせに並ぶもので、特に型は記述しがたい
（p.64）」として、例文が４つ挙がっているだけである。

　これに対して、複文に相当する「連続型」の記述はかなり込み入
っている。連続型は、述語の連用形またはテ形で接続される「複線
連結型」と、種々の連用節で接続される「複線展開型」とに分けら
れる。さらに後者の複線展開型では、「条件の設け方と受けとめ方」
という観点から、前件と後件の組み合わせによる詳細な分類がなさ
れている。

　複線展開型の分類は、多層的である。まず、接続助詞が表す関係

的意味（「条件の設け方の型」）によって「I 仮定条件」「II 想定条件」「III 述定条件」「IV 確認条件」「V 見立て」という 5 つが分類される。また、条件と結果の続き方に応じて「A 順方向」「B 逆方向」「C 不定方向」の 3 つが区別され、さらにその連用節を受ける節のモダリティに応じて「1 推量」「2 断定」が区別される（「条件の受けとめ方（帰結）の型」）。これらの組み合わせによるカテゴリーごとに、具体的な言語表現が当てはめられていくことになる（pp.72–73）。この分類により、例えば、以下のような文型が記述される（pp.75–78 から抜粋）。

(6) a.【I A1 仮定条件順推量型】○ば―だろう ◇あした、雨が<u>ふれば</u>、会はない<u>だろう</u>。

　　 b.【II A2 想定条件順断定型】○とすれば―だ ◇AとBが<u>平行だとすれば</u>、それらは交わら<u>ない</u>。

　　 c.【III B2 述定条件逆断定型】○ても―だ ◇君がいくら無い<u>と言っても</u>、現にある<u>んだよ</u>。

　　 d.【IV B1 確認条件逆推量型】○が―だろう ◇<u>若いが</u>りっぱに<u>やりとげるだろう</u>。

　　 e.【V A2 見立て条件順断定型】○なら―だ ◇よし、そちらが<u>ライオンなら</u>、こちらは<u>ぞうだ</u>。

　現代の日本語文法研究における複文（連用節）の記述では、さまざまな種類の連用節を接続形式ごとに分類し、その関係的意味や内部に含み得る文法的要素の範囲、係り先のモダリティに及ぼす制約などについて記述するのが一般的であると思われる。一方、『文型』の記述は、連用節の関係的意味・係り方・係り先のモダリティという 3 つをパラメタ化し、その組み合わせを文型の違いとして捉えようとする点で、大きく異なる。このような方針もまた、時間の流れの中における言語主体の思考の展開に対して型を与えようとする見方によるものだろう。この点については、以下のような言及がある。

　　わたしの関心事は文法でなくて文型である。想の運びの全過程である。だから、今、条件と帰結をめぐる言表の型を立てるについて、（略）「条件の設け方の型」と「条件の受けとめ方（帰結）の型」とに分ける。　　　　　　　　　　　　　　　　（p.71）

なお、同じ複文に関わる事象のうち、連体節は、運び文型ではなく、局部文型の「文の構造に関する相」の下位クラス「注ぎの相」に分類される。また、名詞節や間接疑問節（疑問詞＋か）は、やはり「文の構造に関する相」の下位クラスである「くくりの相」に分類される。注ぎの相は「一つの想がいま一つ別の想に吸収されて解消すること」、くくりの相は「想が一つのまとまりに達した時、そこで一応流れをせきとめて、ひとまとめにくくり、それを文の一要素として、また流れ始めること」と説明されている（pp.143–144）。連用節がさまざまな関係的意味を持ちながら後方に連鎖していく（想が流れていく）のに対して、連体節は直後の主名詞に係ることで想の流れが止まる、ということだろう。連用節と連体節の違いを、思考が展開する方向の違いとして明確に区別しているのは、注目すべき点である。

3.4　結び文型

「結び文型」は、主として文が完結する際に表される表現意図に関する分類である。表現意図とは「人に１回の言表行為をなさせた、ある力（p.96）」であり、特に述語句の終端部分に現れることが多いとされる。

結び文型は、文末の述語句が成立する過程を捉えて、「描叙段階」「判断段階」「表出段階」「伝達段階」という４つの段階に分類される。なお、段階という言い方については、「言語を時間軸に沿っての実現過程と見るところからの命名（p.29）」と説明されており、ここでも文の成立を時間の中で捉えようとする林氏の見方が反映されている＊4。

４つの段階が表す性質と、そこに含まれる表現を、以下に示す。

描叙：事態を描くこと（体言、用言）
判断：言語主体が認識し判断すること（肯定、否定、可能、過去
　　　認定、推量、疑問）
表出：言語主体の情感を込めて表出すること（感動、期待、願望、
　　　うらみ、懸念、意志 ...）
伝達：相手に伝えること（単純な伝達、押し付け、勧誘、命令、

質問）

　各段階では、そこに所属する表現意図が詳細に分類され、その言語表現（◎）と例文（◇）、解説（●）が記述される。ここでは、伝達段階の記述の一部を挙げておく（pp.133-134）。

　命令ふうの伝達　相手に対する精神的態度として、最も積極的なもので、伝達したことがらが、相手において実現されることを強く期待するものである。

【直接命令】▽動詞の命令形　◎─シロ　◇書けるだけ書け。

　　　● 実際の話しことばでは、命令形による伝達はきわめて少ない。軍隊のような上下関係の明瞭なところや、劇の中で、また「逃げろ」「がんばれ」のような合図・かけ声として、使われるぐらいなものである。書きことばでは、試験問題など、特定場面の中で不特定の相手に対して用いられる。

【依頼】◎─シテくれないか　◇この本をあしたまで貸してくれないか。

　　　●「は」がはいって「てはくれないか」ともなり、その「ない」が「まい」になって、「どうだろう、何とか承知してはくれまいか。」となると、頼みにくいことを、低姿勢で頼む言い方になる。

　この記述から分かる通り、分類の基準となっているのは表現意図そのものであり、さまざまな意図を実現するための言語表現が各カテゴリーに配分される形になっている。解説として記述されているのは具体的な使用場面における表現効果や使用上の制約などであり、言語主体による表現意図とそこで使われる言語形式の関係を対応付けようとしていることが読み取れる。

　なお、林氏自身、「（表現意図が）はっきりした形にあらわれるのは、（略）表出と伝達の段階である。」「結び文型とは、表現意図が、はっきりした形に表われるための文型をいうので、描叙段階なるものは、多少問題になる」（p.96）と注釈しているように、文の表現意図に直接関与しないレベルである描叙段階・判断段階を結び文型の中で扱うのは、不自然だと言えなくもない。これに対しては、

第1章　『基本文型の研究』における文型観と階層観　　13

「語形としては、述語の詞と辞とは固く結合しているので、切り離さず、描叙の段階以降を結びとした（p.96）」という説明がある。

さて、描叙・判断・表出・伝達という4つは、述語句の段階的な構造を捉えたものであるが、実際の記述を見ると、述語句以外の要素が結び文型の例として挙げられている。例えば、判断段階の「肯定的判断」に分類された【強く主張するもの】という項目の中に、以下のような例がある（pp.106–107）。

　　―副詞の力を借りて― ◎もちろん ◇もちろん、君は正しい。

　　―比較と否定によって― ◎体ほど―ものはない ◇お前ほど歩みののろい者はない。

同様に、「否定的判断」の【強く否定するもの】という項には、以下の例がある（pp.111–112）。

　　―副詞の力をかりて― ◎けっして ◇この恩は決して忘れません。

　　―疑問詞を用いて― ◎だれも ◇だれとも話したくない。

文中に現れる副詞や疑問詞などが結び文型とどのような関係にあるのか、明示的な説明は見当たらない。ここでは、以下の記述に着目しよう。

　　（起こし・運び・結びという）3種の文型は、いずれも、文の流れ全体にわたるか、あるいは、それに関与するものである。起こした時の姿勢は、後々まで影響を与えるし、結びの働きも、突如最後に現われるのではなく、やはり、最初から、結びへの何らかの顧慮はあるのである。　　　　　　　　　　　（p.31）

この記述から考えると、例えば陳述副詞のように、文頭付近に現れて文末の方向性を予測させる（投射する）要素もまた、結び文型に関わる要素になると考えられる。これは、4.2節で検討する「言語活動の層状構造モデル」の中でも象徴的に捉えられている点である。

4. 『文型』と文の階層構造

4.1 『文型』と「南モデル」との異同

冒頭で指摘したように、述語句の成立を段階的に捉えた結び文型

の見方は、南不二男氏による文の階層構造論（南モデル）と深く通じるものである。南（1993）は文の構造が持つ階層的な性格を「描叙・判断・提出・表出」という4つの段階として捉えているが、これは「林四郎（1960）の用語にならったものである（p.22）」と明言している＊5。

　よく知られているように、南モデルは、従属句の内部に現れる文法的要素の範囲などを手がかりにして、文の成立過程を「A・B・C・D」という4つの段階に区分するものである。南（1993）は、『文型』と南（1974）の対応について以下のように述べた上で、図3のような対応関係を示している。

　　　林（1960）で述べられている描叙、判断、表出、伝達の4つの段階を区別するという説の中の描叙、判断、表出の3段階は、A、B、C 3類の従属句のそれぞれに、ほぼ対応するといってよい。

（p.43）

林	描叙			判断		表出		伝達		
	動詞	させる	られる	ない	た・だ	だろう う・よう		か わ	よ	な ね
						まい		ぜぞ		
南	A			B		C		D		

図3　『文型』と南モデルの対応関係（南 1993、p.52 一部改変）

　図3によれば、『文型』の4段階（描叙・判断・表出・伝達）と南モデルの4段階（A・B・C・D）は、ほぼ同じ範囲をカバーすることになっている。ところが、『文型』での記述を子細に検討していくと、『文型』と南モデルの間にはかなり大きな違いがあることに気づく。例えば、『文型』の判断段階には「推量判断」という項目があり、次のような例が挙げられている（pp.117–118）。

　【単純な形の推量判断】◎―だろう　◇今度は当たるだろう。

　一方、表出段階には「感動の表出」という項目に、以下の例がある（p.123）。

　【感動詞や感動的副詞の類と、それに応ずる文末の辞によるもの】◎なんて―のだろう　◇何て速いんだろう。

　さらに伝達段階には「押しつけふうの伝達」という項目に、以下

の例がある（p.131）。

　【推量疑問判断の形で】◎―だろう ◇わかる<u>だろう</u>。

　つまり、ダロウという形式が判断・表出・伝達という 3 つの段階にわたって現れていることになる。南（1993）の図ではダロウは表出段階に所属する要素とされているが、『文型』では当該のダロウが単なる話し手の判断を表すのか、感動を表出する文脈で使われるのか、聞き手に対する伝達の文脈で使われるのかによって、所属する段階が分かれるわけである。

　同様に、ウ・ヨウも、「推量判断」の場合は判断段階に、「意志・決意の表出」の場合は表出段階に、「勧誘ふうの伝達」の場合は伝達段階に、それぞれ配分される（p.117、127、132）。

　【単純な形の推量判断】◎―う；―シよう ◇考える必要が<u>あろう</u>。

　【迎える意志】◎―う；―シよう ◇今度は、しっかり<u>やろう</u>。

　【意志表出の形によるさそい】○う、よう、ましょう ◇さあ、<u>行きましょう</u>。

　さらに『文型』の記述によれば、判断段階にはダロウのみならずさまざまなモダリティ形式が現れている。例えば「肯定判断」の項にラシイ、チガイナイ、カモシレナイが（p.106）、「否定判断」の項にワケデハナイ、ハズガナイが（pp.111–112）、「可能判断」の項にワケニイカナイ（p.115）が、そして「推量判断」の項にマイが（p.119）、それぞれ挙げられている。これらは図 3 には示されていないが、南モデルではいずれも C 段階に所属する要素である。すなわち、『文型』と南モデルとの間で、文法形式の所属先に大きなずれが生じている。

　このような違いは、南氏が具体的な言語形式の出現を重視して文の統語構造（およびそれが反映する意味の階層）をモデル化したのに対して、林氏はあくまでも具体的な発話場面・文脈において当該の言語形式が果たす機能の違いを捉えようとしたことに起因すると考えられる。具体的な記述はないものの、ラシイやハズガナイなどの形式が感動や期待、意志などを表出する場面で使われた場合には、判断段階ではなく、表出段階に位置することになるのだろう。このような南氏と林氏の視点の違いは、文を構成する要素の統合的（シ

ンタグマティック）関係（文構造）を捉えた南モデルと、ある意図を表すために使われる表現の範列的（パラディグマティック）関係（文型）を捉えた『文型』の差として解釈することができる。

このように考えてくると、『文型』を南モデルに先行した研究として位置づけるのは必ずしも適切でないように思われる。むしろ、南モデルの成立に重要な示唆を与えつつ、あくまでも具体的な言語使用場面における言語表現の形と機能の整理に徹した研究と見るべきだろう（尾上、2016）。その整理の方法は、起こし文型・運び文型・結び文型という3つの異なる側面から言語産出のあり方を類型化するというものであり、かつそれらの文章中における位置づけが常に考えられているという点で、極めて独創的な見解である。前向きな意味で言えば、到底文法論の範疇に収まるようなものではない。

4.2　言語活動モデルとしての『文型』

最後に、『文型』の中で「わたしが本当に仮説としていだいている考え」として示された、林氏の階層観について見ておこう。林氏が言語の階層をどのような視点で把握しようとしていたか、それは以下の引用に強く表れている。

> わたしが本当に仮説としていだいている考えは、結びの4段階を結びだけのことでなく、1文全体を、おおう構造と見たいのである。これは元来、時枝氏の入子型構造によって啓発させたものを、極めて冒険的・大胆に、模型化してみたものである。すなわち、描叙を、言語の最奥の中核とし、判断、表出、伝達を、次第に大きく取り囲む働きと見るのである。　　(p.95)

述語句の段階的な成立を文全体の階層構造に敷衍して考えるという視点は南モデルと同様であるが、林氏のモデル（「模型」）は、階層化する範囲がさらに広い。さらにそこに、時間の流れという視点が加わる。「言語活動の構造」の例として示されたのが、（7）の発話の階層構造を図示した、図4である。これは、「言語活動の層状構造モデル」とでも呼べるであろう。

（7）　もしもし、お願いがあるんですが、実は、あのー、何とか
　　　　ひとつ、その品物を譲っていただくことはできないもので

しょうか。

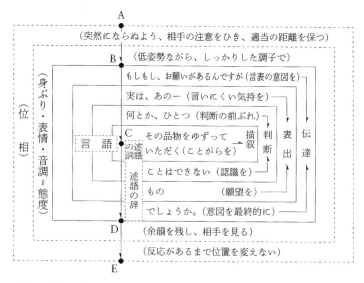

図4　言語活動の層状構造モデル（p.95）

　図4では、結び文型に対して設定された描叙・判断・表出・伝達という4つの段階が、発話全体に敷衍されている。さらにその外側には、当該の言語活動（この場合は「人に依頼をする」）における一連の行動が層状構造によって表されている。なお、ここで言う言語活動には、言語表現を発話する行為だけでなく、話し手と聞き手の物理的な位置関係（「位相」）や、身ぶり・表情・音調（「態度」）までもが含まれている。発話の冒頭に位置する「もしもし、お願いがあるんですが」という前置きは、発話の末尾で表される表現意図（依頼）と対応するものとして位置づけられる。発話の開始以前には「低姿勢ながら、しっかりとした調子で」という身ぶり・態度が配置され、発話直後の「相手を見る」という行動と結びつく。さらにその外側には「適当の距離を保つ」「反応があるまで位置を変えない」といった対人距離（位相）に関する層が設けられている。

　これは、文の階層構造モデルの範囲を遥かに超えた、言語行動モデルと言えるだろう。しかも、文の構造を記述する静的なモデルではなく、「A→Eの線分が、時間軸に沿った、実際の言語活動のあ

らわれである（p.95）」という説明からも分かるように、実時間中に進行する具体的な言語活動をモデル化したものである。「時間の流れの中での言語活動」を常に視界に入れていた林氏の言語観・階層観が、特に顕著に現れた結果と言えるだろう*6。さらに、ある典型的な状況における一連の行動を手続きとして記録するという点では、認知心理学における「スクリプト」や「手続き的知識」の概念を想起させる（Schank&Abelson, 1977）。スクリプトのような知識表現が人工知能研究の中で盛んになるのが1970年代後半から1980年代初頭であることを考えると、林氏の先見性にはただ驚くしかない。

　なお、この「言語活動の層状構造モデル」は、後年、林氏が編者を務めた『例解新国語辞典』（三省堂）の中に登場している。1987年に刊行された第二版以降、巻末の付録に「ことばによる人とのふれあい」という欄が設けられ、いくつかの場面における一連の言語活動の例が示されている。一例として、「知らない人に道を聞く」という言語活動の流れを、図5に示す（『例解新国語辞典』第二版付録p.23一部改変）。

　図5では、言語活動（この場合は「道を尋ねる」）の開始から終了に至る全体が捉えられており、質問部分だけを図示した図4よりもさらに広い範囲の流れが構造化されている。各段階の冒頭に記された「→」は、時間の流れを反映したものだろう。「態度に気をつけよう」「相手への心づかいを忘れないように」などの記述からは、中学生向けに編集された国語辞典に込められた、よりよい日本語の使い手になってほしいと願う林氏の意図が感じられる。1960年の『文型』において「本当に仮説としていだいている考え」として示されたモデルが、20数年を経て、国語教育の現場に実際に導入された結果と見てよいだろう。

事例：知らない人に道を聞く

段階	それぞれの段階での注意事項	話しことば
（1）近づく	最初の印象がたいせつになる。態度に気をつけよう。	あの……。ちょっと。（道行く人を呼びとめる）
→ （2）切り出す	相手の気持ちを考えながらだんだんに核心にせまっていく。	（頭を下げながら）すみませんが、
→ （3）用件をすすめる	用件を果たすための中心の部分。大事なことをもれなく、誤解のないように伝えるように心がける。	ここから東京駅へは、どう行けばいいんでしょうか。（相手の答えを聞き、わからないところを確かめる）
→ （4）しめくくる	十分に意が通じたかをたしかめるとともに、相手への心づかいを忘れないように。	ありがとうございました。おかげで助かりました。（ていねいにもう一度頭を下げる）
→ （5）離れる	人間関係は別れぎわがたいせつ。気持ちよく、さわやかに。	じゃ、行ってみます。（感謝の気持ちを残してその場を去る）

図5　『例解新国語辞典』第二版に掲載された「言語活動の層状構造モデル」の例

5. おわりに

　本稿では、『文型』で展開された日本語の基本文型に関する記述を読み解き、(1) 林氏が捉えようとした「文型」とはどのようなものだったのか、(2) 南モデルに代表される文の階層構造論とどのような関係にあるか、という2点について考察した。林氏の文型研究が持つ大きな特徴として挙げられるのは、繰り返し述べてきたように、具体的な発話場面や文脈、時間の中で言語活動（「想の流れ」）を捉えようとする、その一貫した姿勢であろう。「時間の流れの中で産出される文章、その部分としての文」という鳥瞰的な視点から、言語活動の全体像を見わたそうとするそのスタイルは、狭い意味での文型研究ではない。

　言語を活動として見る林氏の視点の根底には、4.2節の冒頭に引用した記述の中にもあるように、時枝誠記による言語過程説があると思われる。時枝（1955）の「思想の表現過程及び理解過程その

ものが言語である」「言語は言語主体の実践的行為、活動としてのみ存在する」（p.4）などの考え方に、林氏独自のアイディアをかけ合わせた結果、『文型』で展開された文型観、そして「言語活動の層状構造モデル」による階層観にまで行き着いたのではないか。

　文型の捉え方、時間の流れの中で言語が動的に構築されていく過程、言語活動の層状構造モデルなど、極めて独創的な視点で書かれた『文型』は、今後の日本語研究にとって新たな展開につながるヒントに満ち溢れている。林氏が想定した国語教育だけでなく、例えば予測文法の研究（寺村、1987）、時間を考慮した文と発話の関係（串田他、2007）、待遇コミュニケーションの研究と教育（蒲谷、1999）など、実に幅広い応用領域が考えられるだろう。「林言語学」の意義を検討し、その学史的な位置づけと発展可能性を探ることは、今後の重要な課題になると思われる。

＊　有益なコメントをいただいた相澤正夫氏（国立国語研究所）に、感謝申し上げます。本研究は JSPS 科研費 JP16H03426 の助成を受けたものです。
＊1　この時期の日本語教育における文型の扱いについては、林（1960）のほか、渡邊（1990）、河路（1996）、関・平高（1997）などを参照。また、国立国語研究所（1963）の巻末には、日本語の文型研究に関する文献情報と詳細な解説がある。
＊2　『文型』、『文の姿勢の研究』からの引用は、2013 年の復刊版（ひつじ書房）のページ数を記す。下線は筆者による。
＊3　後年の林（1998）では、一語文と一文節文を合わせて「一点文」という呼称を与えている。
＊4　述語句を構成する要素間の階層的な性質や、助動詞の相互承接に関する研究は多くあるが（金田一、1953；渡辺、1953；芳賀、1954）、『文型』の参考文献にこれらの研究は挙げられていない。南（1993）は、結び文型の4段階について、「金田一、渡辺、芳賀（略）の研究とはおそらく独立に進められてきた考察（p.32）」と推論している。
＊5　ただし「表出」という用語の扱いは、両者で異なる。
＊6　ただし、尾上（2016）も指摘するように、(7) の発話が3つの文型によってどのように分析されるのか、不明なところも多い。ここではあくまでも「仮説としていだいている考え」としてその大枠が示されたものとして解釈したい。

参考文献

芳賀綏（1954）「「陳述」とは何もの？」『国語国文』、23（4）、241–25.

Halliday, M. & Hasan, R. (1979). *Cohesion in English*. Longman.

林四郎（1960）『基本文型の研究』明治図書出版［2013 ひつじ書房より復刊］

林四郎（1973）『文の姿勢の研究』明治図書出版［2013 ひつじ書房より復刊］

林四郎（1990）「文の成立事情―文章論的文論への序説」『国語学』、160、40–50.

林四郎（1998）『文章論の基礎問題』三省堂

庵功雄（2007）『日本語におけるテキストの結束性の研究』くろしお出版

石黒圭（2008）『日本語の文章理解過程における予測の型と機能』ひつじ書房

蒲谷宏（1999）「「〈言語＝行為〉観」に基づく日本語研究の構想：序論」森田良行教授古稀記念論文集刊行会（編）『日本語研究と日本語教育』、pp.222–233. 明治書院

河路由佳（1996）「戦前・戦中の在日留学生に対する直接法による予備教育用日本語教科書国際学友会編『日本語教科書基礎編・巻一〜五』：その編纂・内容・使われ方」『文学部紀要』、10（1）、121–156.

金田一春彦（1953）「不変化助動詞の本質―主観的表現と客観的表現の別について―」『国語国文』、22（2）

国立国語研究所（1960）『話しことばの文型（1）―対話資料による研究―』国立国語研究所報告 18、秀英出版

国立国語研究所（1963）『話しことばの文型（2）―独話資料による研究―』国立国語研究所報告 23、秀英出版

串田秀也・定延利之・伝康晴（編）（2007）『時間の中の文と発話』シリーズ文と発話第 3 巻、ひつじ書房

三上章（1958）「基本文型論」『国語教育のための国語講座』、5、朝倉書店（くろしお出版『三上章論文集』（1975 年）所収）

南不二男（1964）「複文」『口語文法の問題点』、講座現代語 6、pp.71–89. 明治書院

南不二男（1974）『現代日本語の構造』大修館書店

南不二男（1993）『現代日本文法の輪郭』大修館書店

南不二男（2013）「『基本文型の研究』解説」『基本文型の研究』、pp.181–185. ひつじ書房

三尾砂（1948）『国語法文章論』三省堂（ひつじ書房『三尾砂著作集 I』（2003 年）所収）

三尾砂（1961）「基本文型（一）〜（八）」『実践国語教育』、22（245）（ひつじ書房『三尾砂著作集 I』（2003 年）所収）

永野賢（1958）『学校文法概説』朝倉書店

岡本千万太郎（1940a）「基礎日本語と基礎文型」『国語教育』、25（2）

岡本千万太郎（1940b）「基礎文型の種類」『国語教育』、25（3）

尾上圭介（2016）「林四郎著『基本文型の研究』（復刊）」『日本語文法』、16（1）、120–129.

佐久間鼎（1936）『現代日本語の表現と語法』復刊 1983 年くろしお出版

Schank, R. C. & Abelson, R. P. (1977). *Scripts, Plans, Goals and Understand-*

ing: An Inquiry into Human Knowledge Structures. L. Erlbaum.

関正昭・平高史也（編）（1997）『日本語教育史』アルク

寺村秀夫（1987）「聴き取りにおける予測能力と文法的知識」『日本語学』、6
　　（3）、56–68.（くろしお出版『寺村秀夫論文集Ⅱ』（1992年）所収）

時枝誠記（1955）『国語学原論続篇』岩波書店

渡辺実（1953）「叙述と陳述―述語文節の構造―」『国語学』、13/14、20–34.

渡邊裕子（1990）「1940年代前半の日本語教育における「文型」と「教授法」
　　についての一考察」『茨城大学工学部研究集報』、38、307–316.

第2章
『基本文型の研究』における条件文の分類

前田直子

1. はじめに

　林四郎による『基本文型の研究』は、日本語の「文型」を追究した研究であり、中でも「結び文型」の解明は、文法カテゴリーで言えば「モダリティ」研究に殊に大きな影響を与えた。しかし同書は、他の様々な文法分野の研究にも影響を与えている。本稿では、『基本文型の研究』の「運び文型」における順接仮定条件文の分析を見ることにより、その後の条件表現の研究に与えた影響と残された課題について考える。

2. 『基本文型の研究』における「複文」および「条件文」の分類

2.1 「複文」の分類

　『基本文型の研究』では、文型を次のように分類するが、いわゆる「複文」の分類・分析は、「全体文型」の中の「運び文型」の中に見られる。

（1）文型の分類　　　　　　　　　　　　　　　　　　(p.31)

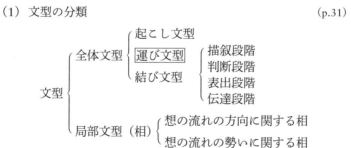

　「運び文型」とは、「平叙文、及び動詞の直説法、仮定法に当たる部分を主として、文末叙述でくくられるまでの、想の流れが語を選

択する時にあらわれる型を、運び文型とて記述する。」（p.55）とされている。すなわち、文の中の「起こし文型」と「結び文型」を除いた（両者に挟まれた）部分であり、文の実質的な伝達内容を指すと理解できる。そして「運び文型」は次のように分類される。

（2）運び文型の分類 　　　　　　　　　　　　　　　　（p.56）

運び文型 ── 孤立型
　　　　　　 結合型 ── 二点結合型
　　　　　　　　　　　 多点結合型
　　　　　　 連続型 ── 複線連結型
　　　　　　　　　　　 複線展開型　→　表2へ

　孤立型とはいわゆる「一語文」であり、結合型は「－は－だ（二点連結型）」「－は－が－だ（多点連結型）」が代表である。そして連続型がいわゆる複文であり、複線連結型には連用形接続によるタイプ（例：右手に花を持ち、歩いていく）と、テ形接続によるタイプ（例：気は優しくて、力持ち。）の2種があるとする。そして、連用形・テ形以外の、いわゆる接続助詞によって表わされる「複文」が、「複線展開型」にまとめられている。その内実は「条件」表現であり、それ以外の表現（例えば、目的、時間、様態・程度など）には触れられていない。

2.2　「条件」の分類基準

　『基本文型の研究』における「複線展開型」とは、「条件の言い方とその受けとめ方」（p.69）をまとめたものとされる。前半の「条件の言い方」とは、従来の（そして現在もよく行われる）「接続助詞」による分類に相当するが、後半の「その受けとめ方」ないし「帰結の述べ方」、すなわち主節の表現形式にも注目している点が、同書の大きな特徴である。

2.2.1　「条件の言い方」の5種類

　まず、「条件の言い方」あるいは「条件の設け方の型」は、次の5種に分類・命名される（p.71）。

　Ｉ　仮定条件：条件の実現を予想しながら（ありうることとし

て）条件を仮設する

（例）読めば、わかるだろう。

II　想定条件：条件が実現しないことを知りながら（現にないこととして）条件を仮設する

（例）もう少し背が高かったら、気分がいいだろうに。

III　述定条件：実現する・しないを問題にしないで、単に基準として条件を記述する

（例1）こう寒くては、生物も育つまい。

（例2）弱いと負ける。

IV　確認条件：条件が実現したことを認める

（例1）あんなにたくさんあるから、どれかに当たるだろう。

（例2）少年は、旗を拾うと、すぐ交番に届けた。

V　見立て条件：表現法として、仮りに条件設定の形をとる

（例1）江戸が武士の町なら、大阪は町人の町と言えよう。

（例2）泣く子もあれば、笑う子もある。

この中で、『基本文型の研究』に特徴的な分類は、「見立て条件」であろう。このような修辞的な条件表現の使用頻度はあまり高くはないが、条件文の一つのタイプとしてこのような「文型」があるとの指摘は重要である。

またIは仮説条件、IIは反事実条件に相当するが（cf.前田2009）、IIIには事実的な仮説条件（例1）と、一般・恒常条件（例2）のタイプが含まれている。IVには、原因・理由表現（例1）と、事実条件（例2）のタイプがある。取り上げられている条件文の「文型」は、ほぼ現代の分類と一致するが、現在では別のタイプとして分けられているものが同じグループになっている場合も見られる。

2.2.2　「帰結の述べ方」の6種類

一方、「帰結の述べ方の型」は、2つの基準により、6種類に分

類・命名される。1つは、条件と帰結との関係であり「期待に沿った方向」か「期待に反した方向」か、「期待方向の定まらぬ状態」かによって3分類する。さらに文末の表現形式として「推量的に述べる」か「断定的に述べる」かによって2分類する。

表1　帰結の述べ方

	1　推量的に述べる	2　断定的に述べる
A　期待に沿った方向で受けとめて	順推量 　例）読めばわかるだろう。	順断定 　例）読めばわかる。
B　期待に反した方向で受けとめて	逆推量 　例）読んでもわからないだろう。	逆断定 　例）読んでもわからない。
C　期待方向の定まらぬ状態で	不定推量 　例1）読んだら何がわかるだろう。 　例2）何を読めばわかるだろう。	不定断定 　例）何を読んでも自由です。

　Aはいわゆる順接条件、Bは逆接条件と呼ばれるものだが、『基本文型の研究』に特徴的な点は、第一にCの類であり、順接とも逆接とも言いがたいタイプを立てている点は注目される。ここには、従属節に不定語（疑問語）を含むもの、あるいは主節が疑問文のものの他、次のような文も含まれる。

　（3）後ろを見ると、中村君がにこにこ笑っている。　　（Ⅳ・C・2）
　（4）泣く子もあれば、笑う子もある。　　　　　　　　（Ⅴ・C・2）
　第二に注目すべき点は、主節末が「推量」タイプと「断定」タイプに分けているという点である。本書は、接続助詞「と」を伴う二つの文、「長いと折れる」と「長いと折れるでしょう」を比較して、次のように述べる。

　（5）わたしは、この差異を、条件が「未成立」なのと、「成立したものと仮定する」のとの違いだけだとは思わない。現に語形の違いが「と」のつづき方には現われず、条件を受ける述語に「でしょう」のあるなしで現われているように、仮設された条件の受けとめ方の違いが問題である。接続助

詞の記述である以上、条件の設け方だけを記述すればよく、条件の受けとめ方まで記述する必要はないので、文法書がこのように記述することに、異議はさしはさまない。わたしの関心事は文法でなくて文型である。想の運びの全過程である。だから、今、条件と帰結をめぐる言表の型を立てるについて、その分類の観点を、次のように設けることにする。大きく、「条件の設け方の型」と「条件の受けとめ方（帰結）の型」とに分ける。 (p.71)

2.3 「条件」の下位分類

最後に、「条件の設け方の型」（従属節）を縦軸に、「帰結の述べ方の型」（主節）を横軸として整理すると、条件は次のように分類整理されることになる。

表2 複線展開型運び文型の枠組み

		A 順方向		B 逆方向		C 不定方向	
		1 推量	2 断定	1 推量	2 断定	1 推量	2 断定
I	仮定条件						
II	想定条件						
III	述定条件						
IV	確認条件						
V	見立て条件						

この枠組みの中に、具体的に代表的な文型を書き入れた次の表3は、『基本文型の研究』による（pp.72–73）。ただし、ここで注意したい点がある。この表3に続き、各文型について、同書（pp.75–85）でその内実が具体的に記述されていくのであるが、その記述と、この表3とで、何か所か齟齬が生じている。まず上の表2のうち、網掛けした4か所は、表3では空欄になっているものの、本文には具体的な記述が見られる箇所である。更に1か所（III・A・1）では、表と本文とで示された文型が異なる。

本文の記述を忠実に反映して、表3を修正したものが表4である。『基本文型の研究』における条件表現の分析においては、「文型」の観点から、従属節の形態（接続助詞）だけでなく、文末まで含め

表3 複線展開型運び文型の代表型一覧表

結果の述べ方の型 / 条件の設け方の型	A 順方向		B 逆方向
	1 推量	2 断定	1 推量
I 仮定条件	—{スレ/ケレ/ナラ}バ、—ダロウ —{シ/カッ/ダッ}タラ、—ダロウ —{スル/イ/□/ノ}ナラ、—ダロウ	—{スレ/ケレ/ナラ/ノナラ}バ、—ダ —{シ/カッ/ダッ/ノダッ}タラ、—ダ —{スル/イ/□/ノ}ナラ、—ダ	—{シ/ク/デアッ}テモ、—ダロウ —□デモ、—ダロウ —シタッテ、—ダロウ
II 想定条件	—{カッ/ダッ/ノダッ}タラ、—ダロウ —{スル/イ/ダ/ノダ}{トスレバ/トシタラ}—ダロウ —{シ/カッ/ダッ/ノダッ}{タトスレバ/タトシタラ}—ダロウ		—{スル/イ/ダ/ノダ}トシテモ、—ダロウ —{シ/カッ/ダッ/ノダッ}タトシテモ、—ダロウ
III 述定条件	—{シ/カッ/ダッ}タノナラ、—ダロウ	—{スル/イ/ダ}ト、—ダ —{スル/イ/ナ}ノデハ、—ダ	
IV 確認条件	—{スル/イ/ダ/ノダ}カラ、—ダロウ —{シ/カッ/ダッ}タカラ、—ダロウ —{シ/カッ/ダッ}タノダカラ、—ダロウ	—{スル/イ/ダ}カラ、{ダ/—ダッタ} —{シ/カッ/ダッ}タカラ、{ダ/—ダッタ} —{スル/イ/ナ}ノデ、{ダ/—ダッタ} —{シ/カッ/ダッ}タノデ、—ダッタ —スルト、—シタ	
V 見立て		—ガ—ナラ、—ハ—ダ —ヲ—トスレバ、—ハ—ダ	

	C不定方向	
2断定	1推量	2断定
—{シ/ク/デアッ}テモ、—ダ —□デモ、—ダ —{シ/ク}タッデ、—ダ	—{シ/カッ/ダッ}タラ、ドウダロウ ドウ—シタラ、—ダロウ	
	—{スル/イ/ダ/ノダ}トシテ、ドウダロウ —{シ/カッ/ダッ}タトシテ、ドウダロウ	
		ドウ—シテモ、—ダ（容認を表わす語）
—{スル/イ/ダ/ノダ}{ガ/ケレド/ケレドモ}、—ダ —{スル/イ/ナ}{ノニ/クセニ}、—ダ —{スル/イ/デアル}ニシテハ、—ダ —{シ/カッ/ダッ/デアッ}{タガ/タケレド/タケレドモ/タノニ/タクセニ/タニシテハ}、—{ダ/ダッタ}		—スルト —シタラ —シタトコロガ }、—{ダ/ダッタ}
		—モアレバ、—モアル —{スル/イ/□}カトオモエバ、—ダ

第2章 『基本文型の研究』における条件文の分類　31

表4　複線展開型運び文型の代表型一覧表（修正版）

	A　順方向		B　逆方向
	1　推量	2　断定	1　推量
I 仮定条件	1　ば － だろう。 2　たら － だろう。 3　なら － だろう。 4　ては － だろう。 5　と － だろう。 6　たら － 意志・命令形等 7　なら － 意志・命令形等 8　ば － 意志・命令形等	1　ば － だ。 2　たら － だ。 3　なら － だ。 4　と － だ。	1　ても － だろう。 2　たって － だろう。 3　ても － 意志・命令形等 　　たって
II 想定条件	1　たら － だろう。 2　とすれば － だろう。 　　としたら 　　たとすれば 　　たとしたら	1　たら － だ。 　　とすれば 　　としたら 　　たとすれば 　　たとしたら	1　としても － だ。 　　たとしても 2　ても － だ。
III 述定条件	1　ては － だろう。 　　のでは 　　たのでは	1　ては － だ。 　　のでは 　　たのでは 2　と － だ。	
IV 確認条件	1　から － だろう。 　　のだから 2　たから － だろう。 　　たのだから 3　から － 意志・命令形等 　　のだから 　　たから 　　たのだから	1　から － だ。だった。 　　たから 2　ので － だ。だった。 　　たので 3　と － だ。	1　が － だろう。 　　けれど 　　けれども 2　が － 意志・命令形等 　　けれど 　　けれども
V 見立て条件	1　なら － だろう。 　　とすれば	1　なら － だ。 　　とすれば	

	C　不定方向	
2　断定	1　推量	2　断定
1　　ても － だ。 2　　たって － だ。 3　たところで － だ。	1　　　　たら － 疑問詞　だろう 2　疑問詞　ば － だろう	
1　　ても － だ。 　　としても 　たとしても	1　　としたら － 疑問詞　だろう 　たとしたら 2　　　として － 疑問詞　だろう 　たとして	
1　　ても － だ。		1　疑問詞　ても　 － 容認を表す語　だ 　疑問詞　うと 　疑問詞　ようと
1　　　が － だ。だった。 　　けれど 　　けれども 　　　だが 　　だけれど 　だけれども 2　　　のに － だ。だった。 　　にしては 　たにしては 　　たのに 　　くせに 　たくせに 　たわりには		1　　　　　が － 質問等の語 　　　　けれど 2　　　　　と － だ。だった。 　　　　たら 　　たところ 　たところが
		1　　も －ば

た文全体の姿を捉えようとする。その姿勢が、まず注目される。また「複線展開型」には、「ば・たら・なら・と」などを伴う「順接仮定条件」だけでなく、「ても」や「が・けれども」などの「逆接条件文」や、「から・ので」などの「原因・理由文」も含まれる。このような分類は大変に今日的である（cf. 奥田1986、仁田1987）。

　本稿では、これら条件の「文型」のうち、最も基本的な順接仮定表現の部分、すなわち、上記の表2の太枠部分について、『基本文型の研究』の記述・分析（pp.75–80）を見ていきたい。

3.「Ⅰ　仮定条件」の記述をめぐって

3.1 「ば」と「たら」と「なら」

　この3つの基本的な条件接続辞の違いは、『基本文型の研究』の枠組みで見ると、「1　推量」と「2　断定」のいずれが基本であるか、という点で異なっていると見ることができる。すなわち「ば」は両者ともによく用いられ、その違いがあまりなく、「たら」は「1　推量」が、また「なら」は「2　断定」の型が基本であるということになる。

　まず、「ば」の記述を見ると、「1　推量」と「2　断定」で同じ文型が立てられていることが注目される。『基本文型の研究』では、「ば」による仮定条件は主節末の推量形式の有無によって違いが生じないと考えていることがわかる。このことは、「ば」は主節末に左右されずに仮説条件を表せるということであり、「ば」がもっとも基本的な仮説条件接続辞であると考えているとも言える。

表5 「ば」

		【Ⅰ　A1 仮定条件順推量型】	【Ⅰ　A2 仮定条件順断定型】
○		ば－だろう	ば－だ
◎	文型	読めば、わかるだろう。 見れば、わかるでしょう。 食べれば、うまいだろう。 来れば、おどろくだろう。 勉強すれば、大丈夫だろう。	読めばわかる。 見ればこわい。 食べればふとる。 来ればおどろく。 勉強すれば大丈夫だ。

		早ければ、行けないだろう。 元気ならば、来るでしょう。	早ければ行けない。 元気ならば来る。
◇	文例	あした、雨がふれば、会はないだろう。やり方を間違えなれば、できるはずだ。体さえ丈夫ならば、心配はないと思います。今ならば、まだ聞い合いそうです。	なあに、読めばわかるさ。そんなこと言って、見ればこわいくせに。心配しないで食べればふとるよ。どんな夜中に人がたずねて来れば、だれでもおどろく。朝があまり早ければ行けません。その時、元気ならば来ます（から、待っていてください）。
●	解説	「ば」は活用語の仮定形につく。「だろう」は推量判断の代表としてあげたので、文例には、広い意味での推量的な言い方を、出した。	将来起こる事態を予想して言っているのだから理屈どおりにいけば、前項の推量型になるところを、話者の気持として、確信をもって断定的に言うものである。

○文型の手がかりになる語。
◎文型。
◇文例。
●その項目の解説。（cf.p.XIV）

それに対して、「たら」の場合は、「2　断定」はあまり使われず、「1　推量」が基本であると分析している。「たら」は主節末に推量形式が出現し、それがないと仮説条件を表せない、ということであろう。

表6　「たら」

		【I　A1 仮定条件順推量型】	【I　A2 仮定条件順断定型】
○		たら－だろう	たら－だ
◎	文型	読んだら、わかるだろう。 見たらわかるでしょう。 食べたら、うまいだろう。 来たら、おどろくだろう。 勉強したら、大丈夫だろう。 早かったら、行けないだろう。 元気だったら、来るでしょう。	読んだらわかる。
◇	文例	このなぞが解けたら、国中が教われるであろう。もし、大きかったら、つめてくれるでしょう。今度だめだったら、もう望みはないでしょう。	そんなことをしたら、身の破滅だ。早すぎるのだったら出なおしだ。希望者が多かったら辞退する。

		「たら」は本来「たらば」である。「た」があるだけ、条件文の事態が強く確認されるので、その条件がすでに成立したと仮定する、すなわち想定に近くなる。それでも、動詞につく「たら」は「ば」と、ほとんど変りがないが、形容詞・形容動詞につくとき、この感が強い。	（IA2と「同様」とされている。）
●	解説		

　主節末に推量形式が出現しない場合、条件文の解釈は個別的な条件文から一般的な条件文と解釈されやすくなる。「ば」と「たら」の違いには、一般条件の表しやすさがあり、「たら」の「2　断定」が出現しにくいとの指摘は、このことを文型の観点から示したものと言えるだろう。

　一方で、「たら」の「1　推量」の「解説」部分については、疑問が残る。ここでは次のような記述がある。

（6）「た」があるだけ、条件文の事態が強く確認されるので、その条件がすでに成立したと仮定する、すなわち想定に近くなる。それでも、動詞につく「たら」は「ば」と、ほとんど変りがないが、形容詞・形容動詞につくとき、この感が強い。　　　　　　　　　　　　　　　　　　　　　　（p.75）

「その条件がすでに成立したと仮定する」ことが「想定」、すなわち反事実的な条件設定にどのように関わるのか、この記述からは定かではない。また、「形容詞・形容動詞につくとき」に「この感が強い」とあり、形容詞・形容動詞のときは、反事実的な解釈がしやすいと考えているようにもとれるが、この点についても十分には説明されていない。

　最後に、「なら」は「たら」と異なり、帰結文は「2　断定」が基本であり、特に動詞文の時は主節末に推量形式が出現しないと述べられている点が注目される。「1　推量」に提示されている文型「元気なら、来るでしょう」の「なら」は、ナ形容詞「元気だ」の「ば」の形態であると見ることもできる。「ば」は「1　推量」の型で出現することも多いので、この文型を「ば」と見れば、「なら」は、「2　断定」で用いるのが基本であると考えているようである。

36

表7　「なら」

		【Ⅰ　A1 仮定条件順推量型】	【Ⅰ　A2 仮定条件順断定型】
○		なら－だろう	なら－だ
◎	文型	元気なら、来るでしょう。	読む（の）なら貸す。 安い（の）なら買う。 徳用なら買う。
◇	文例		さあ、やるなら今だ。今なら間に合います。君さえ承知なら、話はきまった。知らないなら知らないでいい。
●	解説	「なら」は「読むなら」「早いなら」のように、動詞・形容詞にもつくが、その場合帰結文はあまり推量形式をとらない。	（ⅠA2 と「同様」とされている。）

しかし、次のような「なら」文を見つけることはさほど難しくない*1。

(7) 西暦二千年の時点で想像するユートピアは、西暦二千年に存在するいっさいの苦悩が取り除かれた世界だから、「そのユートピアを想像した人」本人が住むなら幸せだろう。

(山田祐輔『逆18禁』2002)

(8) 国立を目指すならＺ会の問題自体は役に立つと思いますよ！　　　　　　　　　　　　　　　　　　（Yahoo!　知恵袋2005)

(9) カナダは十日ほど旅行にくるなら素敵なところかもしれませんが、実際住むと意見は人それぞれに成ります。

(Yahoo!　知恵袋2005)

ただし、これらの文の主節は、表の「来る」のような動きを表す動詞述語文ではなく、状態・評価を表す述語になっていることが注目され、そのような場合は「なら」でも「1　推量」が現れやすくなるということが言えるのではないだろうか。

3.2　「と」および「ては」

続いて「と」および「ては」による条件が、次のように記述されている。

表8 「と」および「ては」

		【Ⅰ　A1 仮定条件順推量型】	【Ⅰ　A2 仮定条件順断定型】
○		ては－だろう	
◇	文例	ひとりで行っては危ないでしょう。あまり話が長くては興がさめるでしょう。	
○		と－だろう	と－だ
◇	文例	そこを曲がると、きっと煙突が見えます。心配しすぎると、かえってまずいでしょう。	油断するとやられる。調子がいいと、軽く60キロは出る。
●	解説	しかし、「と」は本来、仮定のためのことばではないから、純粋な仮定の用法は多くない。	

　まずこの当時、「ては」を「ば・たら・なら」および「と」と並べて仮定条件表現として提示していることの現代性に驚かされる。そして「と」と「ては」には「文型」がなく、「例文」が示されているだけである。「と」については「本来、仮定のためのことばではないから、純粋な仮定の用法は多くない。」と「解説」に書かれているが、「ては」も「ば・たら・なら」に比べればその位置づけは低いということを示している。もちろんこの判断は現代日本語において正しいであろう。

3.3 「ば・たら・なら」の主節に「意志・命令等」が来る場合

　「1　仮定条件」の最後は、主節に「判断」形式ではなく、「意志・命令等」が来る場合が記述されている。

表9　主節に「意志・命令等」が来る場合

		【Ⅰ　A1 仮定条件順推量型】	【Ⅰ　A2 仮定条件順断定型】
○		たら－〔意志・命令等〕	
◎	文型	書いたら、見せなさい。食べたら、出かけよう。よかったら、来ませんか。	

38

◇	文例	意志や命令は、その行為の実現が今後に期待されるものであるから、推量と通じるものがある。
○		なら－〔意志・命令等〕
◎	文型	読むなら貸そう。 読むのなら貸そう。 来るなら来い。 いやなら、よそう。
●	解説	「なら」が動詞・形容詞につくと、「のなら」と同じ意味になり、客観的にその行為や事態を描くよりも「つもりなら」「気があれば」「というのなら」のように、その行為をし、その事態にある人の気持を問題にする表現になる。その結果、受けとめる文も能動的になりやすい。
◇	文例	ご気分がわるい（の）なら、もうお帰りになったらいかがですか。それほど大事な品なら、無理にとは申しますまい。
○		ば－〔意志・命令等〕
◎	文型	長ければ、切りましょう。 まければ、買おう。

　この表からは、主節に「意志・命令等」が来る場合は「たら」が基本であると考えていることが伺える。「なら」の場合は、「つもりなら」「気があれば」という意味の時にしか使えないとの記述が注目される。また「ば」による文でも主節に「意志・命令等」が来る「文型」を指摘している点も注目される。「ば」がそのような場合に使えるのは、「ば」節の事態が主節主体にとって非意志的事態である場合、すなわち、「ば」節の述語が状態性の場合か、主節とは主体が異なる場合であることがこの後の研究で明らかにされていくが（ソルヴァン・前田2005、など）、『基本文型の研究』ではまだそこまでの分析は見られない。

4.「Ⅱ　想定条件」の記述をめぐって

「想定条件」は、「条件が実現しないことを知りながら（現にない こととして）条件を仮設する」ことであり、また「例文」を見ても、 今日の「反事実条件」を指すと見られる。一方で、「文型」に挙げ られている接続形式は、「たら、とすれば、としたら、たとすれば、 たとしたら」であり、「ば」（そして「なら」）については、「単純な 「ば」や「なら」でも、もちろん想定は表わせるが、少し力弱い感 じである。」と記されている点で、今日の記述とはやや異なる。今 日の記述では、少なくとも「ば」は反事実条件を表す重要な形式と みなされているからである。

表10　想定条件

		【Ⅱ　A1 想定条件順推量型】	【Ⅱ　A2 想定条件順断定型】
○		たら－だろう	たら、とすれば、としたら、 たとすれば、たとしたら－だ
◇	文例	もうすこし背が高かったら、気分 がいいだろうに。もう10分早か ったら、助かっただろう。海が静 かだったら、きょうあたりは絶好 でしょうがね。わたしだったら、 そうはしないでしょう。	今までに一度もうそを言った ことのない人がいたら、お目 にかかります。AとBとが平 行だとすれば、それらは交わ らない。
●	解説	単純な「ば」や「なら」でも、も ちろん想定は表わせるが、少し力 弱い感じである。	
○		とすれば、としたら、たとすれ ば、たとしたら－だろう	
◇	文例	もし、絶対に死なない人間がいる とすれば、それは最も不幸な人で あろう。今かりに時速100キロ の汽車で太陽へ行くとしたら、約 170年かかるだろう。あなたが今 校長だったとすれば、このような 学生をほめるでしょうか。人間世 界に愛情がなかったとしたら、人 間の顔は、今とはすっかり違うも のになっていたでしょう。	

「とする」に「ば・たら」を組み合わせた複合的な形式による条件文を分析の視野に入れていた点は、注目すべき点である。「想定条件」という名称は、この「とする」という複合形式を指すとも考えられ、必ずしも「反事実的条件」と一致するものではない可能性もある。このことは「断定型」の２つ目の「文例」、「ＡとＢとが平行だとすれば、それらは交わらない。」からもうかがえる。この例文は「反事実」でない解釈も十分可能だからである。

　この「Ⅱ　想定条件」は、表２においては「2　断定型」が空欄になっている。しかし、本文の記述では、上のような「文例」が示されている。ただし、その本文の記述では、「1　推量型」にも「2　断定型」にも、◎で示される「文型」がなく、この点も注意すべきである。現代であれば、「ば－ただろう。」や「ば－たのに。」などの「文型」を提示しても良さそうなところである。これらの点においても、「Ⅱ　想定条件」の位置づけは、再検討の余地がある。

5. 「Ⅲ　述定条件」をめぐって

5.1 「述定条件」とは

　条件設定の最後になる「Ⅲ　述定条件」は、その位置づけを理解するのが難しい条件文である。文型に先立ち、まず冒頭（p.79）に、「述定条件というのは、…」で始まる説明がある点（cf. 表11）で、「Ⅰ　仮定条件」や「Ⅱ　想定条件」と大きく異なる。「述定」という名称も、条件文の種類としてあまり使われることはない名称である。

　もう一つの注意点は、「2　断定型」において、ややタイプの異なる条件文が示されている点である。この「Ⅲ　述定条件」には、条件節の事態が仮説的ではなく事実的な事態である「事実的仮説条件」と、いわゆる「一般・恒常条件」の２つのタイプの条件文がともに含まれていると見ることができる。

表11　述定条件

		【Ⅲ　A1 述定条件順推量型】	【Ⅲ　A2 述定条件順断定型】
		述定条件というのは、条件の設け方の中で、最もドライなものである。ある条件がそなわれば、必然ある結果が生ずることを、期待や感情を抜きにして、記述するものである。無情ではなくて非情、「草枕」のことばでいえば、非人情な叙し方である。関係のあるものの関係をそのままに認めて叙するのだから、従って、順方向の形になるのがいちばん自然である。	
○		ては、のでは、たのでは－だろう	ては、のでは、たのでは－だ
◇	文例	こう寒くては、生物も育つまい。キャプテンでは、責任が重くて大変でしょう。両横綱がああ元気なのでは、若い力士はとても勝てそうにない。まともに弾丸を受けたのでは、いかに巨人でも参ったろう。	こんなかっこうをしていては、人前には出られない。今からとうめんどうなのでは、わたしはやめた。君、そう怒ったのでは、話ができないよ。
●	解説	「寒い」「キャプテンである」「元気である」「受けた」ことは、仮定乃至想定されているのではなく、現に事実と認められている。その、現にある条件から、一般的に導かれる結果を、当然のこととして推量している。この言い方の基礎は、一般化された因果関係の認識である。	前項の推量を、いっそう強め、断定的に言ったもの。
○			と－だ
◎	文型		使うと減る。 弱いと負ける。 早いと暗い。 健康だと幸福だ。
◇	文例		春になると、氷がとけます。夜空の星を見ていると、大昔に返ったような、昔も今もないような、ふしぎな気持におそわれます。ここから見ると、むこうの

42

		島がよく見える。都会にいると、いなかがなつかしくてなりません。心が平和だと、顔つきも必ずおだやかになるものです。
●	解説	仮定の「ば」の形で、同様に述定を言い表わすことはできる。「春になれば氷がとける。」「心が正しければ剣も正しい。」のように。が、気持がいくぶん違う。「ば」には、その実現を待望したり、実現する・しないにこだわる感じがあるが、「と」のほうは、それがうすく、連動する機械のように、こうなればこうなるにきまっていると、割り切って述べている感じである。しかし、やはり、差は微妙なもので境目ははっきりしない。「ものは、ほっておけば、なるようになるものだ。それを変に工作すると、かえっていけない。」などの場合には、どちらも一般現象のことをいっているが、「と」のほうが逆に、むしろ、仮定的、「ば」のほうがかえって述定的である。だから、一概にはいえないものである。

5.2 「ては」系形式（ては・のでは・たのでは）の場合

「Ⅲ　述定条件」では、「1　推量型」の「解説」において、前件が「現に事実と認められて」いるものであると指摘されている。前件が事実であるという点は、「Ⅳ　確認条件」（原因・理由表現）と共通する点であり、今日でも、次の2文の違いを説明することは難しい問題である（Akatsuka1983, 1985, 1986、Kamio1986、綱浜（高梨）1990）。

（10）こんなに寒くては、生物は育たないだろう。　　　　　　（作例）

（11）こんなに寒い（んだ）から、生物は育たないだろう。（作例）

この違いについて、「解説」部分では、「現にある条件から、一般的に導かれる結果を、当然のこととして推量している。この言い方の基礎は、一般化された因果関係の認識である。」と述べている。これは次のように解釈できるだろう。

　まず（10）は、「こんなに寒いこと（現在の事実）」から「生物が育たないこと（未実現の事態）」を予測（推量）している。そこには、「寒ければ生物が育たない」という一般的な因果関係が想定されており、逆の推論「寒くなければ育つ」こと（誘導推論）も含意されている。つまり（10）は、従属節の事態は事実ではあるが、あくまでもこの一般的な因果関係を述べる文であり、談話の現場で直前に得られた情報を、それゆえに原因・理由表現ではなく条件表現によって表し、そこから一般的に推論される判断を主節に示したものである。いわば、個別的な事態を、条件表現の「文型」を用いて一般論的に表現している。一方（11）は「こんなに寒いこと（現在の事実）」を根拠に、「生物が育たないだろう」という判断を述べている。ここで伝達の主眼になっているのは、背後にある一般的な因果関係ではなく、眼前の個別的な事実と、そこから導き出される、やはり個別的な判断である。この点が両者の違いと言えるだろう。

　さてこのように、条件節に事実が現れる「Ⅲ　述定表現」では、「1　推量型」でも「2　断定型」でも、最初に「ては」系の諸形式が示されている。「ては」は「Ⅰ　仮定条件」の「1　推量型」にも出現するが、「ては」の中心的用法は「述定条件」であると見なしていることが伺える。ただしこの述定条件、すなわち事実的仮説条件文は、「ば」「たら」「なら」「と」でも可能であり、中でも「なら」は事実を受け取る場合が多いと考えられている＊2。

（12）「今日はありがとう。ここまで来れば 道はわかるから。じゃあ、またね」　　　　　　　（游人舎編『アジアの真心』2001）

（13）「ここまで来たら、もう追手も来まい」　左兵衛の言葉に、五郎治も同調した。　　　　　　（吉村昭『北天の星』2000）

（14）「兄も男手ひとつで大変だろう。こんなに私によくなつくかわいいい子 なら、話して私が育てようか」とさえ思うくら

いであった。　　　　　　（小島笙『ジャガタラお春』2001）

(15)「王子、いよいよ大和でございますなあ」「ああ、ここまで
　　来ると、大和の優雅な風景に早く接したくなる、弟橘媛と
　　も会いたい」　　　　（黒岩重吾　白鳥の王子ヤマトタケル2002）

5.3　「と－だ」の場合

　「Ⅲ　述定表現」の「2　断定型」には、「ては」系形式の次に
「と」による文型が示されている。挙げられている例文を見ても、
これらは今日では「一般条件・恒常条件」と呼ばれるタイプのもの
であり、前節で見た「ては」系形式による条件文とは、意味的にか
なり異なるものと言える。「Ⅲ　述定条件」については、「1　推量
型」の前に、「ある条件がそなわれば、必然ある結果が生ずること
を、期待や感情を抜きにして、記述するものである。」との説明が
あったが、これはこの「一般条件・恒常条件」の「と」条件文にぴ
ったり当てはまるものである。「と」による一般条件・恒常条件と
「ては」系諸形式による事実的な仮説条件（今日的な言い方をすれ
ば）とは、前件が仮説的ではないことが共通しており、その点を重
視したのだとすれば、「述定条件」とは、伝統的な文法における
「確定条件」に近いと解釈することもできるだろう。

　この「と－だ」による一般条件は、「ば」でも表されるというの
が、今日の記述であろうが、『基本文型の研究』でも「ば」と「と」
の違いについて、次のように述べる（p.80）。

(16)気持がいくぶん違う。「ば」には、その実現を待望したり、
　　実現する・しないにこだわる感じがあるが、「と」のほうは、
　　それがうすく、連動する機械のように、こうなればこうな
　　るにきまっていると、割り切って述べている感じである。

　この指摘は非常に興味深い。しかし一般条件における「ば」と
「と」の違いを十分な根拠に基づいて論証することは非常に困難で
あり、(16)の引用箇所でも続いて「しかし、やはり、差は微妙な
もので境目ははっきりしない。」と「反例」を挙げて指摘している。
解説の例「ものは、ほっておけば、なるようになるものだ。それを
変に工作すると、かえっていけない。」は、今日的な解釈をすれば

「ば」は肯定的・プラスの意味を持つ事態を導く条件であり、「と」は否定的・マイナスの意味を持つ事態を導く条件であるということから説明できる例であるが、こうした解釈も、『基本文型の研究』の指摘に基づいていた可能性もあることが伺える。

6. おわりに

「複線展開型運び文型」は、今日的な言い方をすれば「条件付けを表す複文」（cf. 奥田1986）ということになるが、『基本文型の研究』においてこの表現がどのように分析されているか、またその中で「仮定条件文」がどのように記述されているかを見てきた。

　同書の特徴の1つである「帰結の述べ方の型」の「推量型」と「断定型」、すなわち、主節末に推量の表現が出現するか否かによって「型」を区別することは、「Ⅰ　仮定条件」における「ば」の場合はそれほどの違いを見せていないが、「Ⅰ　仮定条件」の「たら」（＝推量型中心）や「なら」「と」（＝断定型中心）において有効である可能性が高い。同様に、「Ⅱ　想定条件」では推量型が、「Ⅲ　述定条件」のうち「事実的仮説条件」（ては）の場合は推量型が、また「一般条件・恒常条件」（と）の場合は断定型が中心的な文型であることも、おそらく間違いないであろう。こうしたことは今後、コーパス調査などを通して、より明らかになっていくことが期待される。

表12　推量型と断定型

	A　順方向	
	推量型	断定型
Ⅰ　仮定条件	ば たら	ば なら と
Ⅱ　想定条件	たら	
Ⅲ　述定条件	ては	
		と

今回は、『基本文型の研究』の中の順接仮定条件を表す部分しか検討できなかった。条件文には他にも「B　逆方向」とされた逆接（「ても」など）があり、また「Ⅳ　確認条件」とされた事実的な条件文にも、順接であれば、原因・理由「から・ので」や継起「と」の表現、逆接であれば「が・けれども・のに」などがある。「Ⅴ　見立て条件」は、「ば・なら」が持つ、条件文とはいいがたい用法（並列・列挙と呼ばれることもある）を位置づけたものであり、また不定表現（疑問表現）を含む「C　不定方向」も、「A　順方向」と「B　逆方向」の他に第三のものとして必要なのか、などをあらためて検討することにより、現在も活発な条件表現研究の新たな展開が期待される。

＊1　用例は「現代日本語書き言葉均衡コーパス　通常版（BCCWJ-NT）」による。

＊2　表2の解説で述べたように、代表形式を集めた本文の表（本稿の表3）で、「Ⅲ　述定条件」の「1　推量型」に挙げられている「文型」は、「{し・かっ・だっ} たのなら、－だろう」であり、「ては」ではないこと、一方、本文（p.79f）にはこの「{し・かっ・だっ} たのなら、－だろう」という「文型」ではなく、「ては」による「文型」が挙げられている点には注意が必要である。「ては」以外の形式でも「Ⅲ　述定条件」を表す場合は十分にあり、特に順接仮定条件表現の4形式のうち「なら」は、「話し手が聞き手から新規に獲得したばかりの情報」（網浜（高梨）1990）をマークする機能を持ち、「なら」がこのタイプの条件を表す重要な形式である。

参考文献

網浜（高梨）信乃（1990）「条件節と理由節―ナラとカラの対比を中心に」『待兼山論叢』24：19-38.　大阪大学

奥田靖雄（1986）「条件づけを表現するつきそい・あわせ文―その体系性をめぐって」、『教育国語』87：2-19、むぎ書房

神尾昭雄（1990）『情報のなわ張り理論』大修館書店

ソルヴァン、ハリー・前田直子（2005）「「と」「ば」「たら」「なら」再考」『日本語教育』125号：28-37.　日本語教育学会

仁田義雄（1987）「条件づけとその周辺」『日本語学』6-9：13-27.　明治書院

前田直子（2009）『日本語の複文－条件文と原因理由文の記述的研究』くろしお出版

Akatsuka, Noriko（1983）Conditionals. *Papers in Japanese linguistics*. 9：

pp.1–34. Tokyo : Kuroshio Publishers Syuppan

Akatsuka, Noriko (1985) Conditionals and the Epistemic Scale. *Language* 61: pp.625–639. Linguistic Society of America

Akatsuka, Noriko (1986) Conditionals are Discourse-Bound. In Traugott. Elizabeth et al. (eds.) *On Conditonals*.pp.333–352. Cambridge: Cambridge Univ. Press

Kamio, Akio (1986) *Proximal and distal information: A theory of information in English and Japanese.* Doctoral Dissertation. University of Tsukuba

第3章

「基本文型」の再構築*

野田尚史

1. この論文の概要

　最初に1.で、この論文で主張したいことを述べ、この論文の構成を示す。

1.1　この論文の主張

　この論文では、林四郎（1960）の「基本文型」について、その先進性とともに現代の文法研究から見たときの問題点や強化すべき点を指摘する。その上で、林の「基本文型」の精神を生かしながら「基本文型」をどのように再構築すれば、現代の文法研究として受け入れられ発展させていけるものになるかを考える。具体的には、次の（1）から（6）のような提案を行う。

(1)「文型」の階層性：林は「文型」の階層性を重視しているが、文の成分どうしの関係を階層性によって分析しようとはしていない。文の構造を階層構造として捉えることによって「基本文型」を再構築する。

(2)「文型」の時間性：林は「文型」の時間性を重視しているが、「文型」が文中で構造的に決まる位置と、伝達的な動機で決まる位置を区別していない。それを区別することによって「基本文型」を再構築する。

(3)「文型」の体系性：林は「文型」を分類することを重視しているが、「文型」を文法的な機能によって体系化しているわけではない。「文型」を体系化することによって「基本文型」を再構築する。

(4)「文型」の網羅性：林は「文型」の網羅性を重視しているが、性格が違う「文型」を区別せずに扱っている。「構造文型」

49

と「表現文型」を分けて整理することによって「基本文型」
を再構築する。

(5)「文型」の汎用性：林は英語の「文型」は意識しているが、
「文型」をさまざまな言語の共通点と相違点の記述に使うこ
とは考えていない。さまざまな言語を考えることによって
「基本文型」を再構築する。

(6)「文型」の実用性：林は「文型」を国語教育に役立てること
は意識しているが、日本語教育に役立てることは意識して
いない。日本語教育への応用を重視することによって「基
本文型」を再構築する。

このうち、(1) と (2) は文の構造に関すること、(3) と (4)
は文を構成する要素の体系に関すること、(5) と (6) は研究の目
的に関することである。

1.2　この論文の構成

この論文の構成は、次のとおりである。次の2.から7.で、それ
ぞれ前の (1) から (6) であげた「文型」の階層性、時間性、体
系性、網羅性、汎用性、実用性を取り上げる。そのあと8. で、ま
とめを行い、今後の展望にも触れる。

2.「文型」の階層性

この2.では、「文型」の階層性を取り上げる。文を階層構造とし
て捉える分析としては南不二男（1974）が代表的であるが、それ
との違いを整理しておく必要があると考えるからである。

2.1　「文型」の階層性に関する林四郎の「基本文型」の先進性と問題点

林四郎の「基本文型」は、「文型」の階層性に関して、次の (7)
のような先進性がある。

(7) 文の構造に「描叙段階」「判断段階」「表出段階」「伝達段
階」という4段階の階層性を認める。

50

林四郎（1960：［復刊］p.95）では、文のどの部分がどの段階に当たるかが図で示されている。次の（8）は、その図を簡略化したものである。

(8)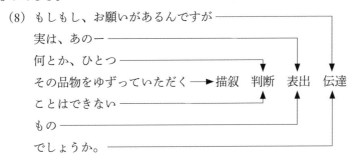

この図では、描叙段階の外側に判断段階があり、その外側に表出段階、さらにその外側に伝達段階があることが示されている。

文の述語の機能を複数に分ける考え方は、それまでもあった。渡辺実（1953）は「叙述」と「陳述」を区別し、芳賀綏（1954）は「陳述」を「述定（的陳述）」と「伝達（的陳述）」に区別した。しかし、文の構造をこの（8）のような4段階に分け、それぞれの段階に対して機能に応じた適切な名称を与えたのは、林の卓見である。

このような考え方は、その後、南不二男が開拓し、最近、ヨーロッパで盛んなカートグラフィーの研究にもつながっていく文の階層構造の研究を先取りしたものと見ることができる。

しかし、前の（7）の先進性に関連して、次の（9）のような問題点がある。

(9)「結び文型」については階層性を強く意識した記述になっているが、それ以外の「文型」については階層性はほとんど意識されていない。

林四郎（1960）には前の（8）で示したように文全体の階層性について述べている部分があるが、それはこの1箇所だけである。それ以外は、すべて「結び文型」、つまり、述語の内部の階層性を問題にしているだけである。

2.2 「文型」の階層性に関する「基本文型」の再構築

「文型」の階層性に関して、前の2.1.で指摘した問題点を解決し、

「基本文型」を再構築するために、次の（10）を提案する。

（10）述語だけでなく文全体が階層性を持っていると考え、文の
構造を階層構造として捉える。

林が主張する「文型」の階層性は、述語を構成している要素を4
つの段階のどれかに分類することを主眼にしているように見える。
それに対して、南不二男（1974）をはじめとする文の階層構造の
研究は、従属節の内部に現れる要素や、従属節どうしの包含関係か
ら従属節の階層性を明らかにするなど、文の構造を分析しようとい
う姿勢が強い。

「基本文型」の発展を考えると、階層性を「文型」の分類に使う
だけではもったいない。文全体の構造を階層構造として捉えるべき
である。

具体的には、まず、文を直接構成する「文の成分」を「述語成
分」と「補足成分」の2つに分ける。次の（11）では、「食べる」
が述語成分、「私は」「たぶん」「あした」「きのう作ったカレーを」
が補足成分になる。

（11）私は　たぶん　あした　きのう作ったカレーを　食べる。

その上で、述語成分と補足成分それぞれの内部構造を記述するこ
とになる。述語成分は、次の（12）のような意味・機能を持つ述
語要素からできていると考えられる。これらの述語要素の順序は言
語によって違うが、（12）の順序は日本語の述語要素の基本的な順
序である。

（12）できごと―ヴォイス―アスペクト―肯定否定―（現実性）―

テンス―ていねいさ―対事的モダリティ―対人的モダリティ

補足成分は、述語成分を構成しているこの（12）の述語要素の
少なくとも1つと呼応していると考えられる。たとえば、前の
（11）の「たぶん」は対事的モダリティを表す述語要素と呼応して
いる。「あした」はテンスを表す述語要素と呼応している。「私は」
と「きのう作ったカレーを」はできごとを表す述語要素と呼応して
いる。補足成分の順序は、基本的に前の（12）と逆である。

このような文の捉え方は、基本的に野田尚史（1989）と同じで
ある。ただし、「格成分」と「副詞的成分」を「補足成分」として

まとめたり、「現実性」という述語要素を加えたり、用語を変更したりしている。「現実性」という述語要素は、明確な形態としては述語の中に現れないが、述語成分の「現実性」と呼応していると考えられる補足成分があるため設定した。

このような形ですべての副詞的成分が述語要素のどれかと呼応していると考えれば、文全体を一貫した形で階層構造として捉えることができる。

南不二男（1974）は文を構成するすべての要素を文の階層構造に位置づけようとしていたと考えられるが、実際には扱っていない要素もあった。野田尚史（1995、2015）では、南が積極的に取り上げていなかったとりたて表現や接続表現を文の階層構造に位置づけている。

今後、文を構成するすべての要素を文の階層構造に位置づける研究をさらに進めていけば、「基本文型」を再構築できるだろう。

3. 「文型」の時間性

この 3. では、「文型」の時間性に関連して、「文型」の文中での位置、つまり、語順の問題を取り上げる。林四郎の「基本文型」では言語の時間性を重視しているため、この問題を整理しておく必要があると考えるからである。

3.1 「文型」の時間性に関する林四郎の「基本文型」の先進性と問題点

林四郎の「基本文型」は、「文型」の時間性に関して、次の(13) のような先進性がある。

(13)言語が時間の流れの中で組み立てられていくことを重視する。

これは、林四郎（1960）で「言語は、時間系列の中にのみ存立する、思考と伝達の媒介物である。」（[復刊] p.28）と述べられているとおりである。

このような考え方は、その後、特に串田秀也・定延利之・伝康晴

（編）（2005、2007、2008）のような話しことばの研究では重要な観点になっていくが、そうした流れを先取りしたものと見ることができる。

しかし、前の（13）の先進性に関連して、次の（14）のような問題点がある。

(14)「文型」の構造的な位置と伝達的な位置を区別していないため、伝達的な動機による文の成分の位置を適切に位置づけられない。

林四郎（1960）では実際に話されたり書かれたりした文を分析しようという意識が強く、典型的な語順ではない次の（15）や（16）のような文が取り上げられている。

(15)わたしが、それで、代りました。　　　　　　　（［復刊］p.45）

(16)行く？　今晩。　　　　　　　　　　　　　　（［復刊］p.139）

このような典型的ではない語順になるのは伝達的な動機によるものだと考えられるが、こうした現象は積極的に取り上げられていない。そのため、伝達的な動機による文の成分の位置を適切に位置づけることができない。

3.2　「文型」の時間性に関する「基本文型」の再構築

「文型」の文中での位置に関して、前の3.1.で指摘した問題点を解決し、「基本文型」を再構築するために、次の（17）を提案する。

(17)「文型」の文中での位置は、典型的な語順を持つ文における構造的な位置と、実際の発話における伝達的な位置を区別して記述する。

この（17）は、文の成分の文中での位置を適切に説明するために、典型的な語順を持つ文における構造的な位置と、実際の発話における伝達的な位置を区別するということである。

語順については、すでに佐伯哲夫（1975）をはじめ、多くの研究がある。たとえば、佐伯哲夫（1960）では、語順傾向を「成分的条件にもとづく語順傾向」と「構文的条件にもとづく語順傾向」に分けている。

「成分的条件にもとづく語順傾向」というのは、文の成分の種類

による語順傾向である。たとえば、次の（18）のような傾向である。これは、典型的な語順を持つ文に見られる文の構造としての語順だと言える。

（18）トキの位格はトコロの位格のまえにくる。　　　　　（p.114）

一方、「構文的条件にもとづく語順傾向」というのは、文の成分の特性による語順傾向である。たとえば、次の（19）のような傾向である。これは、実際の発話における伝達的な機能に関係する語順だと言える。

（19）指示語をふくむ補語はそれをふくまない補語のまえにくる。

（p.117）

野田尚史（1983）が語順にかかわる要因としてあげている「構造的要因」と「情報的要因」は、基本的にはそれぞれ佐伯の「成分的条件」と「構文的条件」に対応している。

文の成分の文中での位置を適切に説明するためには、構造的な条件で決まる位置と、伝達的な条件で決まる位置を区別して記述する必要がある。

4.「文型」の体系性

この4.では、「文型」の体系性を取り上げる。抽出されたたくさんの「文型」どうしの関係をどのように捉え、それらをどのように体系化すればよいかを考える必要があると考えるからである。

4.1 「文型」の体系性に関する林四郎の「基本文型」の先進性と問題点

林四郎の「基本文型」は、「文型」の体系性に関して、次の（20）のような先進性がある。

（20）文を構成する要素を「文型」に分解し、それを体系的に整理しようとしている。

林四郎（1960）では、抽出された「文型」を五十音順に並べるような形ではなく、できるだけ文法的な機能によって体系的に整理して示そうという姿勢が感じられる。

第3章 「基本文型」の再構築　　55

たとえば、「起こし文型」はまず「始発型の起こし文型」と「承前型の始発文型」に分けられる。そして、「始発型の起こし文型」は「始発記号のある始発型」と「始発記号のない始発型」に分けられ、「承前型の始発文型」は「承前記号のある承前型」と「承前記号のない承前型」に分けられるというような体系化の姿勢である。

　このような姿勢は文法研究では当然のことではあるが、実際に文法全体にわたる体系化を行うのは難しい。品詞を中心に体系化を行っている文法書は多いが、文法的な機能を中心に体系化を行っているものは少ない。その意味で、文法的な機能を中心に文法全体の体系化を行っている日本語記述文法研究会（編）（2003–2010）のような文法書を先取りしたものと見ることができる。

　しかし、前の（24）の先進性に関連して、次の（21）のような問題点がある。

　（21）否定と肯定の対立は体系的に捉えられているが、そのほかの文法カテゴリーは否定と肯定の対立のようには体系化されていない。

　林四郎（1960）では、否定と肯定の対立は非常に体系的に捉えられている。否定と肯定の関係については次の（22）のように述べられている。否定と肯定の対立を有標と無標の対立として捉えているということである。

　（22）肯定は、否定がなければ肯定だという消極的な形で、存するのである。　　　　　　　　　　　　　　　　　　（［復刊］p.103）

　また、「可能判断」を大きく肯定の「可能判断」と否定の「不可能判断」に分けたり、「推量判断」を大きく肯定の「推量判断」と否定の「否定推量判断」に分けるなど、否定と肯定の対立は重視している。

　それに対して、たとえば「過去認定判断」については、「た」が付いたときの「過去認定判断」を取り上げるだけで、「た」が付かないときの「非過去認定判断」あるいは「現在・未来認定判断」への言及はない。つまり、過去と非過去の対立を有標と無標の対立として捉えていないということである。

　また、たとえば「です」「ます」については次の（23）のように

述べられ、独立した「文型」として認定されていない。

（23）それは、命令・要求以下、他の意図に比べたら比べものに
ならない無内容の意図である。　　　　　　［復刊］p.129）

「です」「ます」が「文型」として認定されないため、たとえば
「過去認定判断」の「文型」として、「た」と並んで「ました」「で
した」が入っている。

このように、否定と肯定の対立以外のものについては、否定と肯
定の対立のようには体系化されていない。

4.2 「文型」の体系性に関する「基本文型」の再構築

「文型」の体系性に関して、前の4.1.で指摘した問題点を解決し、
「基本文型」を再構築するために、次の（24）を提案する。

（24）ヴォイスやていねいさなど、さまざまな文法カテゴリーを
設定し、それぞれについて有標と無標の対立として体系化
する。

林は、否定と肯定の対立については有標と無標の対立として体系
的に捉えている。そのような捉え方を他の文法カテゴリーにも広げ、
さまざまな「文型」の文法的機能を体系化すべきである。

たとえば、テンスという文法カテゴリーでは、「た」が付いたと
きの「過去」と、「た」が付かないときの「非過去（現在・未来）」
を、有標と無標の対立として捉えるということである。

テンスの場合は対立のしかたが単純であるが、対立のしかたが複
雑な文法カテゴリーもある。たとえば、ヴォイスの対立は受身か非
受身（能動）かという単純な対立ではない。受身と使役だけを考え
ても、受身か非受身かという対立と、使役か非使役かという対立が、
それぞれ独立したものとしてある。そのため、次の（25）から
（28）の4つの組み合わせができる。

（25）非受身・非使役：山田が田中を誘う（こと）

（26）受身・非使役：田中が山田に誘われる（こと）

（27）非受身・使役：山田が高橋に田中を誘わせる（こと）

（28）受身・使役：高橋が山田に田中を誘わされる（こと）

第3章　「基本文型」の再構築　　57

このような対立を、アスペクトや肯定否定、ていねいさ、対事的モダリティ、対人的モダリティなどでも考え、述語を構成している述語要素を体系化する必要がある。そして、前の 3.2. で提案したように、補足成分はすべて述語要素と呼応していると考えれば、補足成分も文法カテゴリーによって体系化することができるだろう。

5.「文型」の網羅性

この 5. では、「文型」の網羅性を取り上げる。「文型」は網羅的に抽出したほうがよいが、そうした場合、抽出されたさまざまな「文型」を整理する必要があると考えるからである。

5.1 「文型」の網羅性に関する林四郎の「基本文型」の先進性と問題点

林四郎の「基本文型」は、「文型」の網羅性に関して、次の(29) のような先進性がある。

(29)「文型」をできるだけ広く集め、実際に使われる文に出てくる「文型」を網羅しようとしている。

林四郎（1960）では「文型」の網羅性を重視し、普通は「文型」と見なされないようなものを含め、「文型」を広く集めようとしている。

たとえば、次の（30）の「てしかたない」、（31）の「のなんの」、(32) の「と見えて」のようなものも「文型」として取り上げている。

(30)腹が立ってしかたない。　　　　　　　　　（［復刊］p.107）

(31)寒いのなんの！　　　　　　　　　　　　（［復刊］p.123）

(32)よほど疲れたと見えて、横になると、すぐ寝てしまった。

（［復刊］p.68）

普通の辞書には載っていないこのような複合的な表現も「文型」として積極的に取り上げようとする姿勢は、グループ・ジャマシイ（編）（1998）などを先取りしたものと見ることができる。

しかし、前の（29）の先進性に関連して、次の（33）のような問題点がある。

（33）「文型」を網羅しようとした結果、「文型」として性格が違うさまざまなものが混じることになったが、それらが整理されていない。

　林四郎（1960）では、前の（30）から（32）にあげた複合的な表現だけでなく、次の（34）から（36）のようなものも「文型」とされている。

（34）百人に達する死傷者。　　　　　　　　　　　　　（［復刊］p.150）

（35）うそをつけ！　　　　　　　　　　　　　　　　（［復刊］p.137）

（36）むかしむかし、ある所に、おじいさんと、おばあさんがありました。　　　　　　　　　　　　　　　　　　（［復刊］p.39）

　このうち（34）の「に達する」は、語彙的な性格が強いものである。語彙的な性格が強いものも「文型」に入れると、「文型」の数は林があげているものよりずっと多くなるはずである。語彙的な性格が強いものも「文型」に入れるとしても、一般的な「文型」とは区別したほうがよいだろう。

　（35）は、「うそをつくな」と言いたいときに使う文としてあげられている。このような文は、語用論的な性格が強いものである。一般的な「文型」とは別の扱いにしたほうがよいだろう。

　（36）の「むかしむかし」は、「習慣的な語り始めの語による始発」とされている。林四郎（1960：38–39）では、「これらの語は、一つの文の始発記号であるというよりは、文章全体の始発記号と見るべきである」と述べながらも、「それは文章論での話として、ここでは、文の始発としての範囲内で考察する」としている。

　しかし、文のレベルで考えれば、「むかしむかし」と同じ種類になるはずの「きのう」や「5年前」は取り上げられていない。同じ種類として取り上げられているのは「ある日」や「あるところに」のようなものだけである。これらは、やはり文レベルではなく文章レベルのものと考えるべきだろう。

　このように、林があげている「文型」には性格が違うさまざまなものが混じっている。それらを整理して示したほうがよいと考えられる。

第3章　「基本文型」の再構築　　59

5.2 「文型」の網羅性に関する「基本文型」の再構築

「文型」の網羅性に関して、前の5.1.で指摘した問題点を解決し、「基本文型」を再構築するために、次の（37）を提案する。

(37)「文型」を「構造文型」と「表現文型」に分けて整理するとともに、語用論的な「文型」や文章論的な「文型」を別扱いにする。

この（37）は、「文型」を網羅しようとした林の姿勢を生かしながら、性格が違うさまざまな「文型」を整理しようということである。

「文型」は、一般に文の構造を分析するために抽出されるものである。そのため、前の（34）の「に達する」のように語彙的な性格が強いものは「文型」とされないのが普通である。文の構造を分析するときには、「に達する」は「に行く」と同じように格助詞「に」と動詞「達する」だとされる。

しかし、実際に言語を使うときの表現を教える言語教育では、文の構造を教えるだけでは不十分であり、どんなことを言いたいときにどんな表現を使えばよいかを教える必要がある。

筑波大学日本語教育研究会（編）（1983）では、「構造文型」に対するものとして「表現文型」が扱われている。そこでは、たとえば「過程・推移・経過」の「表現文型」として、次の（38）から（41）のようなものがあげられている。

(38)日本語で電話がかけられる<u>ようになる</u>。

(39)工場がたくさんでき<u>た結果</u>、公害問題が発生した。

(40)南へ行く<u>につれて</u>だんだん暑くなる。

(41)スーパーはデパートを追越し、販売の40％を占める<u>に至った</u>。

さまざまな「文型」を整理するためには、「構造文型」とは別に、このような「表現文型」を立てる必要がある。「構造文型」と「表現文型」は互いに独立したものとして、文の構造を分析するときには「構造文型」を使い、どんな表現を使えばよいかを教える言語教育では「表現文型」を使うというように、目的に合わせて使い分ければよい。

また、前の（35）や次の（42）のような語用論的な性格が強い
ものは、「構造文型」には入れず、語用論の問題として別に記述す
るのがよい。一方で、「表現文型」には入れてもよいだろう。

　（42）どうして言うことをきかないんだ。　　　　　（［復刊］p.138）

　前の（36）や次の（43）のような文章論的な性格が強いものも、
「構造文型」には入れず、文と文の関係を扱う文章論の問題として
別に記述するのがよい。一方で、「表現文型」には入れてもよいだ
ろう。

　（43）しばらくして、また門があいた。　　　　　　（［復刊］p.45）

　なお、林は次の（44）の「右側」のようなものも「文型」とし
て取り上げている。このようなものも重要である。文章論にも関わ
る照応の問題として、別に記述すべきである。省略の問題も同じよ
うに扱うのがよい。

　（44）男がふたり並んで歩いて来た。右側の男は、どうも見覚え
　　　　のある顔だ。　　　　　　　　　　　　　　　（［復刊］p.48）

6.「文型」の汎用性

　この6.では、「文型」の汎用性、つまり、「文型」が日本語だけ
でなく他の言語を記述するときにも役立つかという問題を取り上げ
る。ここまでの2.から5.では文の構造や文を構成する要素の体系
に関することを見てきたが、ここで取り上げるのは研究の目的に関
することである。

6.1　「文型」の汎用性に関する林四郎の「基本文型」の
先進性と問題点

　林四郎の「基本文型」は、「文型」の汎用性に関して、次の
（45）のような先進性がある。

　（45）日本語の「文型」を考えるために、英語の「文型」を参考
　　　　にしている。

　林四郎（1960：第12章）では、「参考」として「ホーンビーの
英語文型」が紹介されている。「文型」として、次の（46）のよう

第3章　「基本文型」の再構築　　61

なものが並んでいる。

(46) 主×動×前×前目 You ｜ can rely ｜ upon ｜ that man.
（あの人は信頼できます。）

しかし、前の（45）の先進性に関連して、次の（47）のような
問題点がある。

(47) 英語の「文型」を批判的に検討したり、「文型」によって日
本語と英語の共通点や相違点を明らかにしようとはしてい
ない。

これは、林四郎（1960：173）で次の（48）のように述べられ
ているとおりである。

(48) 言語の構造は英語と日本語で違うけれども、文型という概
念の本家がむこうにある以上、英語で、どんなものが文型
と考えられているのか、一応知っておかなければならぬ。

林は他の言語と比較しながら日本語のことを考える対照言語学的
な観点や類型論的な観点は持っていなかったと言える。

6.2 「文型」の汎用性に関する「基本文型」の再構築

「文型」の汎用性に関して、前の 6.1. で指摘した問題点を解決し、
「基本文型」を再構築するために、次の（49）を提案する。

(49) 日本語と他の言語の共通点や相違点など、個別言語を越え
た対照言語学的な観点を取り入れる。

林四郎（1960）の時代には日本語と他の言語を対照するような
研究はほとんどなかったが、その後、國廣哲彌（編）（1980）のよ
うな対照研究が行われるようになってきた。

特に文の構造を分析するために、対照言語学的な観点や類型論的
な観点を取り入れたほうが分析の見通しがよくなる。

野田尚史（1983）では、言語の語順を構造的要因と情報的要因
によって説明している。構造的要因によって決まる語順としては、
たとえば述語の内部の語順は、基本的に、日本語のような述語後置
言語では次の（50）のようになり、スペイン語のような述語前置
言語ではその次の（51）のようになり、互いに鏡像的な関係にな
っていると見ている。

(50) 述語の語幹 ＝ ボイス ＝ アスペクト ＝ テンス ＝ ムード

(51) ムード ＝ テンス ＝ アスペクト ＝ ボイス ＝ 述語の語幹

　また、たとえば格成分の内部の語順は、基本的に、日本語のような述語後置言語では次の（52）のようになり、スペイン語のような述語前置言語ではその次の（53）のようになり、互いに鏡像的な関係になっていると見ている。

(52) 名詞修飾部 ＝ 名詞 ＝ 格表示要素

(53) 格表示要素 ＝ 名詞 ＝ 名詞修飾部

　一方、情報的要因によって決まる語順としては、たとえば主題は、日本語でもスペイン語でも文頭に移動され、その点では共通だと見ている。

　このような対照言語学的な観点を取り入れて文の構造を分析すれば、日本語だけでなく、さまざまな言語について、なぜそのような語順になっているかを説明しやすくなるなど、汎用性が出てくる。

7.「文型」の実用性

　この7. では、「文型」の実用性を取り上げる。これは、前の6. で取り上げた「文型」の汎用性と同じく、研究の目的に関することである。

7.1　「文型」の実用性に関する林四郎の「基本文型」の先進性と問題点

　林四郎の「基本文型」は、「文型」の実用性に関して、次の（54）のような先進性がある。

(54) 国語教育のためという研究目的を明確に打ち出しており、
　　　国語教育への応用を意図している。

　林四郎（1960）は「現代教育全書」の1冊であり、国語教育（標準語教育）のためという研究目的が明確である。それは、次の（55）のような説明からもわかる。また、第9章が「表現力を養う学習」、第10章が「読解を深めるための学習」、第11章が「教師の目を肥やす」であることからもわかる。

第3章　「基本文型」の再構築　　63

(55)文型学習も、発音の学習に並んで、標準語教育の一面をに
なうことができる。 （[復刊] p.16）

　今も昔も目的がはっきりわからない文法書が多い中で、このよう
に実用性に関する研究目的を明確に定めているのは画期的である。
実用性に関する研究目的を明確にしている点では、日英機械翻訳の
ために日本語の用言の文型パターンとそれに対応する英語の文型パ
ターンが示されている池原悟（他）（編）（1997）のような研究を
先取りしたものと見ることができる。

　しかし、前の（54）の先進性に関連して、次の（56）のような
問題点がある。

(56)「基本文型」が国語教育にどのように役立つのかが明確では
ない。

　林四郎（1960：158-162）では、「表現力を養う学習」の例とし
て「言いかえ法」をあげている。次の（57）をその次の（58）に
言いかえるような学習である。そこには、（57）の「重い」を
（59）のように「軽くない」と言いかえるのは誤りだということを
知る学習も入ってくる。

(57)象は陸上動物の中でもっとも重い。

(58)陸上動物の中で、象ほど重い動物はない。

(59)象は陸上動物の中でもっとも軽くない。

　このような学習は表現力を養うために非常に有益だと考えられる
が、このような言いかえができるようになるために「基本文型」が
具体的にどのように役立つのかは明確ではない。

　母語話者は、基本的に、「基本文型」を学習しなくても日本語を
使える。国語教育に「基本文型」は必須のものではないだろう。研
究目的を明確にしたことは画期的であったが、研究目的の決め方は
成功したとは言えない。

7.2 「文型」の実用性に関する「基本文型」の再構築

「文型」の実用性に関して、前の7.1.で指摘した問題点を解決し、
「基本文型」を再構築するために、次の（60）を提案する。

(60)研究目的を母語話者に対する国語教育のためではなく、非

母語話者に対する日本語教育のためとする。

母語話者に対する国語教育では「文型」はそれほど役立たないが、非母語話者に対する日本語教育では「文型」は非常に重要である。実際、非母語話者向けの日本語初級教科書の多くは、「文型」に基づいて会話や練習などが組み立てられている。初級の日本語教育でどのような「文型」が取り上げられているかは、庵功雄（他）（2000）が詳しい。

といっても、日本語教育で必要な「構造文型」の研究はすでに十分進んでおり、新たに開拓できる余地はあまりない。それに対して、「表現文型」の研究はあまり進んでおらず、これから研究を進めていく価値がある。

また、日本語教育では国語教育以上に「聞くため」か「話すため」か「読むため」か「書くため」かという目的を明確にする必要がある。

たとえば、話したり書いたりするためには、次の（61）のような文法は有益である。しかし、聞いたり読んだりするときは、その次の（62）のような文法が必要になる。（61）を応用すれば（62）が導き出せると思われるかもしれないが、そのようなことができる「勘のよい」非母語話者は多くない。

(61)「～たら」「～とき」「～ように」のような従属節の主語と主文の主語が違うときは、従属節の主語を表すのに「が」を使う。「は」は使えない。

(62)「私」や「これ」のように「は」が付くことが多い名詞に「が」が付いていたら、その「～が」は従属節だけの主語である可能性が高い。

さらに、林が重視している言語の時間性に関連して、時間の流れの中でことばを聞いたり話したりするための文法もこれから開拓していく必要がある。

野田尚史（2016）では、たとえば「話しながら発話を修正できる「話すための文法」」として、次の（63）の「じゃなくて」の使用をあげている。その次の（64）のように言うと、「水曜と木曜は友だちの家に泊まる」という意味だと思われる可能性がある。間違

って「水曜」と言ってしまったのを、時間の流れの中で訂正するために「じゃなくて」のような表現を習得する必要があるということである。

(63) 来週の水曜、じゃなくて、木曜は、友だちの家に泊まります。

(64) 来週の水曜、木曜は、友だちの家に泊まります。

このように、研究目的を国語教育のためではなく日本語教育のためにすれば、「基本文型」を実際に役立つものに再構築できるだろう。

8. この論文のまとめと今後の展望

最後に 8. で、この論文で述べたことをまとめ、今後の展望にも触れる。

8.1 この論文のまとめ

この論文では、林四郎の「基本文型」の精神を生かしながら、次の (65) から (70) のような点を強化し、「基本文型」を再構築することを提案した。

(65)「文型」の階層性：文の成分どうしの関係を階層性によって分析し、文の構造を階層構造として捉える。

(66)「文型」の時間性：典型的な語順を持つ文における文の成分の構造的な位置と、実際の発話における文の成分の伝達的な位置を区別する。

(67)「文型」の体系性：「文型」を分類するとき、「文型」の文法的な機能によって体系化する。

(68)「文型」の網羅性：「文型」を網羅した上で、「構造文型」と「表現文型」に分けて整理する。

(69)「文型」の汎用性：日本語と他の言語の共通点や相違点など、個別言語を越えた対照言語学的な観点を取り入れる。

(70)「文型」の実用性：「文型」を非母語話者に対する日本語教育に役立てることを重視する。

8.2 今後の展望

　これまでの日本語の研究の中で、時代を先取りし、その後の研究にも大きな影響を与えたものを振り返ると、その多くは理論と記述をうまくつなぎ、理論と記述の両面にわたって貢献したものだと言える。

　代表的な研究として、松下大三郎（1928）、三上章（1960）、南不二男（1974）などがあげられる。そのような研究では、独自の理論を打ち出すだけでなく、それまであまり知られていなかった言語現象の発掘も行っている。渡辺実（1971）のように言語現象の発掘は行わず、理論を前面に出した優れた研究もあるが、例外的である。

　林四郎の研究も、理論と記述をつなぐ研究の系譜に連なるものである。「文型」を大胆に分類する一方で、目に止まりにくいさまざまな言語現象にも目を配っているからである。さまざまな言語現象にも目を配ったのは、林自身は深くかかわっていなかったとは言え、国立国語研究所（1960、1963）などの研究の影響が大きかったのではないかと推測される。

　今後、日本語の文法研究を大きく発展させるためには、理論と記述をつなぐ研究が盛んになることが望まれる。言語理論を考えるためには、言語現象を観察することがこれまで以上に求められる。さまざまなコーパスが整備され、以前より言語現象を観察しやすくなっているからである。

　一方、言語記述を行うためには、どのような理論を基盤にするか、あるいはどのような理論を作るかということがこれまで以上に求められる。コーパスを利用した単純な記述的研究はだれが行っても同じような結果になり、新しい研究にならないことがあるからである。

　今後、多くの先人の研究とともに林四郎の研究の精神が受け継がれ、研究対象を語彙や文章・談話、さらに語用論などにも広げた広い意味での文法研究が大きく発展することを願っている。

＊　この論文は、国立国語研究所共同研究プロジェクト「対照言語学の観点から見た日本語の音声と文法」の研究成果である。

参考文献

庵功雄（他）（2000）『初級を教える人のための日本語文法ハンドブック』スリーエーネットワーク

池原悟（他）（編）（1997）『日本語語彙大系 5 構文体系』岩波書店

串田秀也・定延利之・伝康晴（編）（2005）『活動としての文と発話』（シリーズ文と発話 1）ひつじ書房

串田秀也・定延利之・伝康晴（編）（2007）『時間の中の文と発話』（シリーズ文と発話 3）ひつじ書房

串田秀也・定延利之・伝康晴（編）（2008）『「単位」としての文と発話』（シリーズ文と発話 2）ひつじ書房

國廣哲彌（編）（1980）『日英語比較講座　第 2 巻　文法』大修館書店

グループ・ジャマシイ（編）（1998）『教師と学習者のための日本語文型辞典』くろしお出版

国立国語研究所（1960）『話しことばの文型（1）―対話資料による研究―』（国立国語研究所報告 18）秀英出版

国立国語研究所（1963）『話しことばの文型（2）―独話資料による研究―』（国立国語研究所報告 23）秀英出版

佐伯哲夫（1960）「現代文における語順の傾向」『言語生活』111：pp.56–63. 筑摩書房

佐伯哲夫（1975）『現代日本語の語順』（笠間叢書 53）笠間書院

筑波大学日本語教育研究会（編）（1983）『日本語表現文型―中級Ⅰ―』イセブ出版部

日本語記述文法研究会（編）（2003–2010）『現代日本語文法』（全 7 巻）くろしお出版

野田尚史（1983）「日本語とスペイン語の語順」『大阪外国語大学学報』62：pp.37–53. 大阪外国語大学

野田尚史（1989）「文構成」宮地裕（編）『講座 日本語と日本語教育　第 1 巻 日本語学要説』pp.67–95. 明治書院

野田尚史（1995）「文の階層構造からみた主題ととりたて」益岡隆志・野田尚史・沼田善子（編）『日本語の主題と取り立て』pp.1–35. くろしお出版

野田尚史（2015）「文の階層構造から見た現代日本語の接続表現」『国語と国文学』92（4）：pp.3–18. 東京大学国語国文学会

野田尚史（2016）「話しことばの動的な文法―日本語学習者が日本語を聞いたり話したりするために―」『日中言語研究と日本語教育』9：pp.1–12. 好文出版

芳賀綏（1954）「"陳述"とは何もの？」『國語國文』23-4：pp.47–61. 京都大學國文學會

林四郎（1960）『基本文型の研究』（現代教育全書）明治図書出版［2013 ひつじ書房より復刊］

松下大三郎（1928）『改撰標準日本文法』紀元社
三上章（1960）『象ハ鼻ガ長イ』くろしお出版
南不二男（1974）『現代日本語の構造』大修館書店
渡辺実（1953）「叙述と陳述―述語文節の構造―」『國語學』13・14：pp.20–
　　34.國語學會
渡辺実（1971）『国語構文論』塙書房

第4章

テキスト言語学から見た『文の姿勢の研究』*

庵功雄

1. はじめに

　本稿は林四郎氏の『文の姿勢の研究』（以下、『姿勢』）の特徴を
テキスト言語学の観点から論じるものである。

　本稿の構成は以下の通りである。

　2〜4では、議論の前提となる諸概念について紹介する。5では、
承前型について詳しく検討する。6では、テキスト言語学の観点か
ら『姿勢』の特徴を検討する。7では、『姿勢』の内容に関連する
近年の研究として論者のものを紹介する。8では、全体のまとめを
行う。

2. 前提となる概念（1）　「流れ」「構え」「型」

　本節と次節では、議論の前提となる概念のうち、『姿勢』に見ら
れるものについて概観する。まずは、「流れ」と「構え」である。

　林氏によれば、文章には「流れ」と「構え」がある。

　「流れ」というのは、つながろうとする力であり、われわれの思
考場面に1つの情報が送り込まれると、それ以降は、その情報が呼
び起こす近接情報へ移ろうとする力が主に働いて、あることばから
次のことばが選ばれるようになる（p.15）ことを言う*1。

　一方、「構え」というのは、離れようとする力であり、新情報が
入ってくることによって、それまでの思考の流れから、一応離れる
が、やがてつながるべく意図されて離れる（p.16）ということを
言う。

　林氏は、文章は、この「流れ」と「構え」の関係性の中から作ら
れていくととらえるわけだが、こうしたとらえ方は、必ずしも同じ

71

とは言えないとしても、Chafe（1994）のとらえ方との間に類似性を見出せるように思われる。Chafe（1994）は、情報は時間の経過とともに、活性化状態（active）、半活性化状態（semiactive）、未活性化状態（inactive）の間をサイクルとして流れていく（flow）と考えているが、こうした林氏やChafe（1994）のとらえ方は、オンラインにおける情報処理のあり方を考える上で重要なものであるように思われる*2。

『姿勢』の特徴は、文章を推し進めていく基本の力を「流れ」であると見て（p.18）、文章を構成する各文を文章の流れへの参与する「姿勢」にそって分類し、そこに共通の「型」を見出すというところにある。そのためのデータとして使われたのは、昭和36年から39年にかけて使用された、小学校2年生向けの国語教科書2冊（柳田国男・岩淵悦太郎編『あたらしいこくご』東京書籍）の全文である*3。

本書所収の別稿（庵2017）で、「想が言語という形を取って実現する」際に選択されるのが「文型」であるという林氏の見方を紹介し、そのことが『文型』の「体系性」の基盤になっている（そして、その「体系性」が日本語教育にとって非常に重要な示唆を持っている）ことを指摘した。『文型』の10余年後に書かれた『姿勢』は、この体系性をよりマクロのテキストレベルで追求したものと考えることができるのではないかと思われる。

さて、このようにして抽出された「型」には、始発型、承前型、転換型、自由型の4つの種類がある。これらは次のようにとらえられている。

始発型は、「流れ」を作る原動力を担いそれを表すものであり、承前型は、いったん起こされた流れを受け継ぐ姿勢を持つものである。転換型は、流れに少しストップをかけて新たな「構え」を示すものであり、自由型は、これらの分類に入りきらないものを集めたものである。

本稿では、これら4つの型のうち、最も種類が豊富で、かつ、理論的にも重要なものである「承前型」を中心に考察することにする*4。

3. 前提となる概念（2）　記号と要素

　本節でも議論の前提となる概念の紹介を続けるが、『姿勢』において最も重要なポイントとなるのが「記号」と「要素」の区別である。

　まず、「記号（symbol）」というのは、承前なら承前という機能を専門に果たすものを言う。例えば、指示語はこの意味で「（承前）記号」ということになる。

　一方、「要素（agent）」というのは、ある語（成分）が特定の位置に置かれたときに、承前といった機能を果たす場合のことを言う。例えば、次の文連鎖における「おおかみ」は2文目の文頭に置かれることによって、承前性を発揮しているのであって、それ自体に承前性を持つ要因はないため、「承前要素」ということになる。

（1）　むかしむかしあるところに一匹のおおかみがいました。<u>お</u>
　　　<u>おかみ</u>はたいそうおなかをすかせていました。

　本書以前はもちろん、現在においても、文章・談話の研究では、「記号」（例えば、接続詞や指示詞）の研究のみが専ら行われており、「要素」を視野に入れた研究はほとんどなされていない。しかし、承前型だけについて考えても、実際には、「記号」によるものよりも「要素」によるものの方が多い*5。つまり、「要素」の研究を抜きにして、テキスト処理の実相は見えてこないと言える。こうした点からも、『姿勢』の先見性を知ることができる。

4. つながりの2種類　結束性と一貫性

　さて、ここで、『姿勢』から少し離れて、テキストを構成するとはどういうことかについて少し考えてみたい。

　まず、次の例を見てみよう。

（2）a.　先日、ある本を読んだ。

　　　b.　<u>それ</u>は村上春樹の新しい長編小説だ。

　この文連続（「テキスト*6」）において、b文の「それ」は「先日読んだ本」を指すが、これはb文がこのテキストの中に置かれて

第4章　テキスト言語学から見た『文の姿勢の研究』　　73

いるから可能になるだけのことであり、もし、b文が（3）のように、単独で使われた場合は（現場指示でない限り）「それ」が指す内容は決まらない*7。

（3）それは村上春樹の新しい長編小説だ。

これを逆に言うと、（2b）は「それ」という部分が自らの解釈を他の部分に依存しており、そのことが力となって、（多くの場合先行する）他の部分と結びついて1つの「まとまり（tie）」を作っており、それらのまとまりが集まって全体として1つのテキストを作ることになる（（2）では、1つのまとまりが1つのテキストを作っている）。

Halliday & Hasan（1976）（以下、「H&H」と呼ぶ）は、このように、依存関係にもとづいてテキストが作られる場合、そのテキストには「結束性（cohesion）」が存在するとし、結束性のあり方を英語のテキストの分析をもとに、体系的に考察している。

H&Hはテキスト分析の方法論を具体的に示したものとして、高い理論的価値を持つものではあるが、分析上の限界があることも早くから指摘されている。例えば、Widdowson（1978）が挙げる次の例を考えてみよう（（　）内は原文。訳は論者による）。

（4）A：電話だ。（That's the telephone.）

　　　B：今、風呂に入ってるんだ。（I'm in the bath.）

　　　A：わかった。（O.K.）

このやりとりがテキストをなすものとして理解されるのは、談話の参加者が【　】で補ったような意味を読み込んで解釈しているからである。

（5）A：電話だ。【出てくれない？】

　　　B：今、風呂に入ってるんだ。【だから、出られない。】

　　　A：わかった。【それなら、私が出る。】

Widdowson（1978）は（4）のような文連続には、形式に基づく「結束性（cohesion）」は存在しないが、推論に基づく「一貫性（coherence）」は存在するとし、H&Hの研究の不備を補って、研究を前進させた*8。

以上のことを踏まえて、『姿勢』について考えてみると、『姿勢』

における「記号」と「要素」の区別と、この「結束性」と「一貫性」の関係の間に重要な関連性があることがわかる。すなわち、「記号」はそれ自身の特性において文章につながりをもたらすわけだが、これは基本的に「結束性」に属するものだと考えられる。また、「要素」の中にも、成分の「省略」のように「結束性」に属すると考えられるものもある*9。ただし、次のような例はそうした解釈ではとらえきれない。

（6）〔スクーターやオートバイもとおりました。〕やさいをつんだオート三りん車がガソリンスタンドにはいって来ました。

　この場合の「オート三輪車」は「スクーター」「オートバイ」という語によって形成される意味上のネットワークに属するものとして理解され、その結果としてテキストを作ることになるわけだが、これは、「文法」に属する現象ではなく*10、「語彙（体系）」に属する現象である。実際のテキスト理解は、こうしたさまざまな要因からなっており、オンラインにおける人間の言語処理の解明*11や高度な自然言語処理システムの構築のためには、こうしたテキスト形成／理解におけるダイナミズムの解明が不可欠である。そうした意味においても、『姿勢』には優れた先見性があると言える。

5．承前型の分析

　本節では、『姿勢』における承前型の分析を具体的に見ていく。

5.1　「記号」「要素」「位置」

　先にも述べたように、本書の重要な特徴に、「記号」と「要素」を分け、それぞれがテキスト形成に働く様子を記述している点が挙げられる。承前型においては、この2つに加え、「位置」も取り上げられているが、それぞれに分けて見ていくことにしよう。

5.2　承前記号

　まず、承前記号だが、これは次の4種類に分けられている。

（7）承前記号A：主に時間的継起を表す接続詞（「そして」な

ど）

承前記号Ｂ：論理的、心理的つながりを表す接続詞（「そこ
で」など）

承前記号Ｃ：「こ」と「そ」の指示語

承前記号Ｄ：応答のことば（「はい」「いいえ」など）

ここでは、承前記号Ａの分析について見てみる。

まず、「そして」を分析するに当たって、次の処理を行う
（p.84）。

(8) a. 「そして」のあとに、前文の主語を挿入する。

b. ａの処置をしたうえで「そして」を取り除く。

c. 「そして」を取り除き、前文と後文を合体して１文にす
る（具体的な方法は略）。

この処理の結果、次の（9）は（9'）と対応することになる。

(9) あきらさんは大よろこびでした。そして、「名まえをなんと
つけようかな。」とおもいました。

(9') あきらさんは大よろこびで、「名まえをなんとつけようか
な。」とおもいました。

この方法は、接続詞による表現と接続助詞による表現の近接性を
うまく捉えているのと同時に、接続詞よりも意味的に限定されてい
る接続助詞をパラフレーズに用いることで、接続詞の意味をより明
示的に捉えることにも役立っている＊12。例えば、（10）（11）は
承前記号Ｂに属する「それで」の例だが、この場合は、「それで」
のパラフレーズを「て」と「ので」に分けることによって、「それ
で」の持つ２つの意味をうまく捉えている（pp.111–112）。

(10) おおかみは、おどろいてやねからころげおちました。それ
で、こしとあたまをひどくうってしまいました。

(10') おおかみは、おどろいてやねからころげ｛？おちたので／
おちて｝、こしとあたまをひどくうってしまいました。

(11) もうくろは、まだ小さくて、力がよわいから、畑のしごと
も車をひくこともできません。それで、おとうさんが畑へ
出かけるときには、もうくろは、母牛について行って、そ
ばで草をたべながらあそんでいるのです。

（11'）もうくろは、まだ小さくて、力がよわいから、畑のしごと
　　　も車をひくことも ｛できないので／？できなくて｝、おとう
　　　さんが畑へ出かけるときには～。

　ここで、（9）‐（11）について、『文型』の枠組みにしたがって
解釈を加えると次のようになる（pp.88ff.）。

　まず、文はその構造から次のように分類できる（pp.88-89）。

（12）1.　孤立型文
　　　1.1. 一語文
　　　1.2. 一語文的な文
　　　2.　結合型文
　　　2.1. 二点結合型文
　　　2.2. 多点結合型文
　　　3.　連結型文（1文中に述語が2つあり、前の述語が中止形
　　　　　またはテ形である）
　　　4.　展開型文（条件句と帰結句が仮定・確定、順接・逆接
　　　　　の関係で結ばれる）

　このうち、3の連結型文では、前件と後件の主語が同一であるも
のが162文（96.4％）、異なるものが6文（3.6％）であるのに対
し、4の展開型文では、それが同一であるものが34文（24.5％）、
異なるものが105文（75.5％）であった。このことは、後の南不
二男氏のモデル（南1974、1993）に対応させて考えると、連結型
文（中止形／テ形）は基本的にA類であり、展開型文はB類また
はC類であり、B類の場合は従属節の主語と主節の主語は異なるの
が普通であるということと解釈できる。C類と考えられる逆接の場
合は主語が同一か異なるかで差が見られないが（p.114ff.）、これ
もC類の従属節は独立度が高いということから説明できそうであ
る。

　このように、本書における具体的なテキストの分析を通して、
『文型』で提案されたモデルの妥当性が実証されることになるわけ
だが、このことは、南モデルの先駆けとしての林モデルが優れたも
のであることを示していると考えられる＊13。

5.3 承前要素

次に、承前要素について見ていく。前述のように、テキストを作る要因として、承前「記号」だけでなく、承前「要素」をも取り込んだところに、談話・テキスト研究における『姿勢』の先駆性が最も端的に表れている。

さて、『姿勢』では承前要素として次の4種類が認められている。なお、これらは同一テキスト内で共存しうるものではあるが、『姿勢』では各例において最も関与的であると見なされた要因のみを取り上げて集計している。

(13)承前要素A：語の意味の働きによるもの

承前要素B：語の付属形式の文法的な働きによるもの

承前要素C：文の成分の省略によるもの

承前要素D：先行文中の語の反復によるもの

これらを順に見ていく。

5.3.1 語の意味の働きによるもの

これは、語が持っている語彙的意味からつながりが出てくる場合である。例えば、次例の「そば」という語は、必ず「〜のそば」ということであり、意味上、「相対性」を持っており、そのことが承前性をもたらしている（p.140ff.）。

(14)三びきの子ぶたは、うちを出て、森のいりぐちまできました。そばのはたけに、わらがいっぱいつんでありました。

こうした「相対性」を持つ語が承前性（結束性）をもたらすということについては、仁田（1977）にも指摘があり、それを発展させたものに庵（2007）、（Iori 2013）がある。

一方、次例の「ふみきり」と「きしゃ」のように、意味的に関連を持つ語もつながりに貢献するということが指摘されている。

(15)ふみきりで、人や車がまっています。ひろしさんがいました。にいさんといっしょにいました。きしゃがとおりすぎました。

こうした「関連する語句」がつながりを持つというのは、H&Hが「語彙的結束性（lexical cohesion）」と呼んでいる現象のうち、

「コロケーション（collocation）」に当たるものであり、こうした点にも『姿勢』の先駆性が発揮されている。

5.3.2　語の付属形式の文法的な働きによるもの

ここに属するのは、助詞や助動詞が承前性を持つものであり、具体的には、助詞では「も」、助動詞では「のだ」が主に取り上げられている。これらについては特に説明は要しないと思われるので、例を挙げるに留める。

(16)テレビがあります。ラジオ<u>も</u>たくさんならんでいます。

(17)はるおさんとただしさんは、おもわずかおを見あわせました。そして、ふたり<u>と</u>もわらいだしました。かおにまでどろがついていた<u>のです</u>。

「のだ」に関しては、石黒（2008a）の「文末の接続詞」という捉え方が正鵠を射ていると考えられる。また、日本語教育の立場からの研究として庵・三枝（2013）、庵（2013a）などが挙げられる。

5.3.3　文の成分の省略によるもの

ここで取り上げるのは、次例のように、文の成分が省略され、その結果、文章につながりが生じている場合である。

(18)ほっかいどうへいく<u>ひこうき</u>だそうです。(a) なかなかとびたちません。

この例のa文には主語がない（省略されている）わけだが、ここでは、要素が「ない」ことがつながりをもたらしている。庵（2007: ch.5）では、こうした「省略」と「つながり（結束性）」の関係を理論的に述べているが、そこでも強調されているように、日本語においてはこのように、要素が表層に現れないのが無標（デフォルト）であるという点に留意する必要がある。

5.3.4　先行文中の語の反復によるもの

ここで取り上げるのは、先行文中の語の反復によるもので、前項の「省略」と合わせると、承前型全体の3分の1以上を占め（296文。37.7％）、承前記号全体（131文）よりもはるかに多いことに

なる＊14。

(19) よしこさんがおかあさんのてつだいをしていると、外から
　　　おとうさんがかえってきました。おとうさんはとりかごを
　　　さげていました。

この例のように、反復される語は「は」をともなうことが最も多
い。これは、「は」が、「定（definite）」かつ「旧情報（old/given
information）」である要素につくことが多いということによる＊15。

5.4　承前位置

ここに属するのは、次例のa文のように文中の位置によって承前
性に貢献する場合である。

(20)「それにしても、もう一ぴきのうさぎはどうしたのだろう。」
　　　a.　うんてんしゅさんがいいました。

6.　テキスト言語学から見た『文の姿勢の研究』

以上、本書の特徴を見てきたが、本節では、テキスト言語学から
見た本書の位置づけについて考えてみたい。

ソシュールによって現代言語学の扉が開かれた後も、言語学にお
ける分析対象の最大の単位は「文」であった。このことの背景には、
「文」を超える単位においては反証可能な分析はできないという考
え方があった（cf. 池上1983）。こうした考え方に対抗して、文を
超える単位における分析を目的としてヨーロッパを中心に現れたの
がテキスト言語学（text linguistics）である。テキスト言語学と言
っても一枚岩のものではなく、さまざまな考え方があるが、代表的
な論考に、de Beaugrande & Dressler（1981）、van Dijk（1981）、
Givón（ed.1983）、Chafe（1994）などがある＊16。

さて、このテキスト言語学の立場から見た際に、『姿勢』と最も
近い関係にあるのはHalliday & Hasan（1976）（H&H）である。

H&H は、Halliday（1985, 1994²）、Halliday & Matthiesen
（2004）などの三層構造観、すなわち、節（文＊17）は、命題内容
に関わる機能（ideational metafuncion）、対人関係に関わる機能

（interpersonal metafunction）、談話構成に関わる機能（textual metafunction）から構成されるという構造観のうち、談話構成に関わる機能を扱ったもので、その中でもテキストのまとまり（結束性 cohesion）のあり方を中心に考察したものである＊18。

H&Hは英語のテキストの分析に明示的な方法論を導入したものとして評価されているが（cf. 安井・中村1984）、4節で見たように、その射程は十分に広いとは言いきれないところがある。それに比べ、『姿勢』は、そうした海外の研究と全く独立に、H&Hに優るとも劣らない分析上の枠組みを提供しており、しかも、それを小学校2年生の教科書の全文を調査するという国立国語研究所のよき伝統にもとづく方法論によって達成しているという点において、その成果はまさに驚嘆すべきものであると言える。そして、その内容は出版後40年以上を経た現在においても全く色あせていない。実際、現在の談話・テキストの分析においても、『姿勢』の水準を超えているものはむしろまれである。

7. 『姿勢』を継承する

ここまでは、『姿勢』の内容を、研究史上の位置づけを含めて見てきた。本節では、『姿勢』の内容を現在に生かす試みとして、論者自身の研究の一部を紹介したい。

論者は指示詞の文脈指示用法を主に結束性という観点から考察してきた。論者の博士論文（庵1997b、2007）の最も中心的なテーマは、指定指示と代行指示における「この」と「その」の使い分けの原理を考察することであるが、こうした研究を志すきっかけは、『姿勢』および林氏の諸論考に負うところが大きい。本節では、論者の研究の中から、『姿勢』の考察を発展させている部分について述べる。

7.1 限定（指定）指示と代行指示

まず、取り上げるのは「限定指示」と「代行指示」の区別である。「限定指示」というのは、ある語で意味するものが無数にある中

から、特定のものを指定し限定すること（林1972: 113）であり、「代行指示」というのは、指示語の一部が他の要素の代行をしている場合（cf. 林1972: 113）である。「この」と「その」に限定して言えば、「限定指示」（論者の用語では「指定指示」）の場合は、「この／その＋名詞（句）」全体で先行詞（antecedent）と照応するのに対し、「代行指示」の場合は、「この／その＋名詞（句）」の「この／その」が「これの／それの」の意味で使われている場合である。例えば、（21）の「この／その寿司」は指定指示であり、（22）の「この／その味」は代行指示である。

(21)先週久しぶりに寿司を食べたんだが、この／その寿司はおいしかった。

(22)先週久しぶりに寿司を食べたんだが、この／その味はよかった。

　詳しい議論は省くが、指定指示における「この」と「その」は、次のようなテキスト送信者（書き手、話し手）による先行詞の捉え方の違いに対応して使い分けられている（cf. 庵2007，2012）。

(23)a. 「この」は、テキスト送信者が、先行詞をテキストのトピックとの関連性[19] という観点から捉えていることを表す。

　　b. 「その」は、テキスト送信者が、先行詞を定情報名詞句[20] へのテキスト的意味の付与という観点から捉えていることを表す。

　このうち、「テキスト的意味の付与」というのは、『姿勢』を受けた長田久男氏の一連の研究（長田1984ほか）で「持ち込み」と呼ばれている現象を精密化したものである。「持ち込み」というのは次のような現象である。

　（24）の後文では「見ていて」のヲ格目的語が省略されているが、そこで補われるべきものは、単なる「むぎわらとんぼ」ではなく、「石のところにとまっているむぎわらとんぼ」でなければならない。

(24)石のところに、むぎわらとんぼがとまっていました。ぼくはじいっと見ていて、さっとあみをかぶせました。

この場合、先行文脈から「石のところにとまっている」という部分

が「持ち込まれる」のである。

以上は「限定（指定）指示」における「この」と「その」の使い分けだが、「代行指示」の場合はこれとは大きく性質が異なる。

そのヒントになるのが林（1983）のデータである。林（1983）は夏目漱石の『夢十夜』を調査対象としたものだが、そこで次のように述べられている。

(25)「そ」が代行するものの後に相対関係を示すことばが来るという非常にはっきりした傾向が見られるのは、おもしろい。

（林1983: 17）

実際、「代行指示」の場合、「その」の後に来るのは全て何らかの意味で相対性を持つ語であり、かつ、この場合に「この」が使われた例はなかった[21]。

こうした現象を扱うために、庵（2007）、Iori（2013）では「1項名詞／0項名詞」という概念を導入した。「1項名詞」というのは、「弟、表紙、著書、そば、翌日、弁護人」のように、統語的に「〜の」をともなう必要があるものであり、「0項名詞」は、「男性、教師、小説、明日、弁護士」のように、「〜の」がなくても完全な名詞句として使えるものである[22]。

そうすると、「代行指示」では「1項名詞」が使われ、「その」の有無によって意味は変わらない（話しことばでは「その」がない方が普通[23]）のに対し、「この」が使えるには、先行詞がテンスを超えて離れていることが必要であることがわかる（cf. 庵2007、Iori 2013）。

(26)実験は {その／φ／*この} 結果が全てではない[24]。

(27)先日実験をしたんだが、{その／φ／この} 結果を見たら君も驚くよ。

7.2 接続詞をめぐって

『姿勢』の内容を現在に生かす次の試みは接続詞に関するものである（cf. 庵2007: ch.9）。

先に、4.2節で、接続詞と接続助詞とを関連づける『姿勢』の分析を紹介した。この分析法を用いて、「ので」節を含む文と「それ

で」を含む文連続の関係を考えてみよう。

まず、(28) は (29a) → (29c) の手順を経て (29c) に書き換えられる。

(28) 田中さんは熱がありました。<u>それで</u>、学校を休みました。

(29) a.　田中さんは熱がありました。<u>それで</u>、田中さんは学校を休みました。

　　b.　田中さんは熱がありました。<u>∅で</u>、田中さんは学校を休みました。

　　c.　田中さんは熱があった<u>ので</u>、学校を休みました。

この手順を逆にたどると、次のようになる。

(30) 田中さんは熱があった<u>ので</u>、学校を休みました。

(31) a.　田中さんは熱がありました。<u>∅で</u>、学校を休みました。

　　b.　田中さんは熱がありました。<u>それで</u>、学校を休みました。

　　c.　*田中さんは熱がありました。<u>これで</u>、学校を休みました。

つまり、(30) を 2 文に分ける*25 際に「で」という形を認めるのである。ここで、「で」の前に「それ」が挿入されれば (31b) になるが、この場合は「それ」が挿入されなくても文法的なので、(30) は (31a)(31b) のいずれにも対応することになる*26。

ここで、(31a) に挿入される「それ」は意味的に空な要素なので、その有無で意味は変わらない。こうした意味的に空な要素はソ系統にしか存在しないため、(31c) は不可となる。三上章は指示詞の形式を含む接続詞（三上の用語では「承前詞」）にはソ系統のものしかないことを指摘している（三上 1955: ch.6）が、その理由はここで見た通りである*27（cf. 庵 2007: ch.9）。

7.3　〈やさしい日本語〉との関連

このように、『姿勢』の分析を採れば、接続助詞を含む複文と、接続詞を含む 2 文は基本的に相互に等価に書き換えられる*28。

このことは、論者が近年取り組んでいる〈やさしい日本語〉にとっても重要な含意を持っている。ここではこの点について述べる。

詳しい議論は他所に譲るが（cf. 庵2014b，2016a，Iori 2016）、
〈やさしい日本語〉には「居場所作りのための〈やさしい日本語〉」
という側面がある。論者はこの点を焦点化した新しい初級文法シラ
バスを策定した（cf. 庵2009，2014b，2015）。これらのシラバス
で含まれる項目に一部異同はあるが*29、共通しているのは、テ形
を分水嶺にし、初級前半（Step1）と初級後半（Step2）を分けてい
る点である。すなわち、Step1には（実質的に）活用がなく、活用
はStep2で初めて現れるということである（もちろん、「ます－ま
せん、ます－ました」のような対立はあるが、これらは形態論上の
負担がなく、学習者にとっては実質的に活用がないのと同様であ
る）。

　テ形が分水嶺になるというのは、テ形を境に学習者が脱落してい
くケースが多いという日本語教育の経験的な事実によるところが大
きいが*30、それだけではなく、KYコーパスを用いた山内
（2015）の分析結果からもテ形を境にすることの妥当性は示されて
いる。

　このように、テ形を分水嶺とした場合、「複文」は原則として
Step2レベルとなる。なぜなら、接続助詞は通常の意味で活用を含
むからである。ところが、（30）を（31b）に対応づけるといった
形で、接続助詞を含む複文を、2つの単文に分けると、接続助詞を
用いて表現する必要がある大部分の複文の内容を単文レベルで述べ
ることができるようになる（例外は、条件のタラ節と継起などのテ
節である。注28参照。また、庵（2017近刊b）も参照されたい）。

　これは、〈やさしい日本語〉という観点から言うと、「居場所作り
のための〈やさしい日本語〉」において最も重要な要素である「母
語でなら言えることを日本語でも言えるようになる」ということが
Step1レベルでもほぼ可能であることを意味しており、この文法シ
ラバスを「初期日本語教育の公的保障の対象」として考える上での
理論的含意は大きいと考えられる*31。

第4章　テキスト言語学から見た『文の姿勢の研究』　　85

8. おわりに

　以上、本稿では『姿勢』の特徴をさまざまな角度から見てきた。『姿勢』は、日本国内において、海外の特定の理論に依拠することなく、日本語のデータだけにもとづいてなされたものであるにもかかわらず、同時代の海外のテキスト言語学の理論的研究にも引けを取らない豊富な内容を持っている。これはまさに驚嘆すべきことだが、そうした先駆的な内容がこれまでほとんど研究者間で継承されてこなかったことが残念でならない。今後、「文を超える文法」や「テキスト言語学」を志す研究者が、『姿勢』の内容を発展させ、世界の談話・テキスト研究に貢献してくれることを心から祈念している。

＊　本章は、ひつじ書房からの復刊版の『文の姿勢の研究』に論者が記した「解説」を加筆修正したものである。
＊1　以下、本章での『姿勢』『文型』の引用はひつじ書房からの復刊版による。
＊2　これに関連して、テキスト内で情報は、それに反する解釈が提示されない限りデフォルト的に解釈されるとする、de Beaugrande & Dressler（1981）の指摘も合わせて考える必要があるように思われる。
＊3　テキスト研究における『姿勢』の最大の価値の1つに、その網羅性がある。この点については、本書所収の石黒論文（石黒 2017）を参照されたい。
＊4　『姿勢』の調査対象である、教科書2冊分の全文数 1025 文のうち、承前型の文は 786 文（76.7％）を占める（p.24）。
＊5　『姿勢』では承前型に限って、「記号」「要素」以外に「位置」も認めているが、これらの実数はそれぞれ、131 文（16.7％）、501 文（63.7％）、154 文（19.6％）となっており、「要素」が圧倒的に多くなっている（p.24）。
＊6　複数の文が集まって1つの意味的なまとまりを作るとき、そのまとまりを「テキスト（text）」と言う（cf. Halliday & Hasan 1976、庵 2007）。なお、「テキスト」は「テクスト」と表記されることもある。
＊7　(2) のような指示語の用法を「現場指示（deixis）」に対して「文脈指示（anaphora）」と言う。現場指示と文脈指示の関係や文脈指示の指示語をどのように取り扱うべきかについて詳しくは、庵（1994, 2012）を参照されたい。
＊8　なお、cohesion と coherence の関係については、ここで取り上げたもの以外にもさまざまな考え方がある。これについて詳しくは、Stoddard（1991）や de Beaugrande & Dressler（1981）などを参照されたい。

＊9 日本語において、いわゆる「省略」を「結束性」に属するものであると考えるべきであることについて詳しくは庵（2007: ch.1, 5）を参照されたい。

＊10 文を越えるレベルに「文法」（と言えるレベル）が存在するかについて、論者は、Leech（1983）とは異なり、テキストレベルの現象にも「文法」としてとらえられる（とらえるべき）ものがあると考えている（cf. 庵 2007、Iori 2015）。

＊11 論者は、テキスト言語学の究極の目的を、オンラインにおける言語処理の実相、庵（2007）の言う「実時間内処理可能性（online processability）」の解明にあると考えている。これはまた、日本語教育における真の「理解のための文法」の構築にとっても不可欠のものである（cf. 庵 2007、寺村 1987、石黒 2008b）。

＊12 これ以外にも、この方法には〈やさしい日本語〉との関連で大きな利点がある。この点については、7.3節を参照されたい。

＊13 ただし、林モデルと南モデルは、南氏自身が林モデルを自身のモデルの先駆けと見な（そうと）していた事実を考慮しても、本質的に異質のものであるという分析が尾上（2016）で行われており、論者もその説に賛同する。

＊14 黒田成幸氏は早くから、日本語において「代名詞」に当たるのは「彼／彼女」のようないわゆる人称代名詞ではなく、音形を持たない語（ゼロ代名詞）であることを指摘している（Kuroda 1965）。この見方に立てば、英語と日本語の違いは、英語で音形を持つ代名詞が使われる環境において、日本語では音形を持たない代名詞が使われるという違いにすぎないことがわかる。しかも、一般に、情報的に新規性が低いものほど音形が小さくなる傾向があり、最も情報的新規性が低いものは、統語的に許される限り「ゼロ」となる（cf. Givón 1983、1984）。以上のことを考慮すると、日本語の現象は「省略」ではなく、「ゼロ代名詞」が先行詞と照応するということであり、英語で音形を持つ代名詞が先行詞と照応するのと全く同じように捉えられる。このように考えれば、日本語において「省略」と「繰り返し」が音形を持つ「承前記号」よりも多く用いられるという『姿勢』の観察についても、自然な解釈が与えられることになる。なぜなら、「省略」は英語で言う音形を持つ代名詞による照応に対応するものであり、「繰り返し」はそれに最も近い形の照応であるので、「承前記号」によるものよりも本来的に無標であるからである。

＊15 「は」がつく要素は（名詞句の場合は）「定」でなければならないが、「旧情報」である必要は必ずしもない。例えば、次の例の「太郎は」は先行文脈で「太郎」のことが言及されていない、談話の冒頭でも使うことができる。
・太郎は私の親友だ。

＊16 時期的にやや古くなっているが、日本国内外の談話・テキストに関する研究をテキスト言語学の観点から概観したものに庵（1997a）がある。

＊17 ハリディの文法論では、通常の分析における「文（sentence）」に当たるものを「節（clause）」として扱う。

＊18 ハリディの文法論に依拠した優れた英文法書に村田（1982）がある。

＊19 テキストの「トピック」とは、そのテキストを1名詞句で要約した場合の「題」に当たるもので、トピックとの関連性が高い名詞句とは、トピックとの連想で聞き手の認識上に活性化される要素のことである。例えば、次のテキ

ストのトピックは「殺人事件」であり、トピックとの関連性が高い名詞句は「殺人者、被害者、殺人現場、事件の日時」などである。

・名古屋・中村署は、殺人と同未遂の疑いで広島市内の無職女性（28）を逮捕した。調べによると、この女性は20日午前11時45分ごろ名古屋市内の神社境内で、二男（1）、長女（8）の首を絞め、二男を殺害した疑い。

（日刊スポーツ 1992.11.22）

*20 「定情報名詞句」とは、テキスト内で2回目以降に出てきた名詞句のことで、次例の下線部の「男の子」「太郎」「この飲物」がこれに当たる（cf. 庵2003）。

・公園で男の子が遊んでいた。男の子はかわいいズボンをはいていた。
・太郎は今年大学を卒業した。太郎は私の甥である。
・私はコーヒーが好きだ。この飲物を飲むと、気持ちが落ち着く。

*21 一方、「指定指示」では、テキストタイプにより「この」と「その」の分布に差が見られるようである。庵（2002）の調査の結果によると、新聞と小説とで、「指定指示」の「この」と「その」の間に次のような分布の差が見られた。

テキストタイプと「この」「その」（指定指示）

	新聞	小説	合計
この	239	421	660
その	151	706	857
合計	390	1127	1517

$\chi^2(1) = 66.51$、$p < .001$、$\phi = 0.209$

　これに対し、「代行指示」の場合は、テキストタイプの違いに関係なく、「その」が「この」より有意に多く使われていた。

*22 「0項名詞／1項名詞」の区別は、西山（2003）の「飽和名詞／非飽和名詞」の区別に近いものだが、相違点もある。詳しくは庵（2007）参照。

*23 この点において、現代語と近代語の間には差異が見られる。庵（2016b）参照。

*24 「ϕ」はそこに音形を持った要素がないことを表す。

*25 このようにして分けられた2文のうち前の部分は、野田（1989）の「真性モダリティを持たない文」、野田（2002）の「子文」に相当する。

*26 「それから」の場合も同様に分析できる。「それで」との違いは、「から」は単独で接続詞として使えないため、下の派生の2行目が非文法的になり、「それ」の挿入が義務的になるという点である（「これ」が不可なのは「それで」の場合と同様の理由による）（cf. 庵（2007: ch.9））。

・田中さんは銀行に行ってから、駅に行きました。
・*田中さんは銀行に行きました。ϕから、駅に行きました。
・田中さんは銀行に行きました。それから駅に行きました。

*27 詳しい議論は庵（2007: ch.9）に譲るが、（31a）（31b）は基本的に、H&Hのellipsisとsubstitutionに対応する。このことからわかるように、

H&Hのellipsis（「省略」）と日本語の「省略」はレベルが異なるものである。すなわち、前者はハリディの用語で言う語彙・文法レベル（lexico-grammatical）のものであるのに対し、後者はテキストレベル（textual）の現象である。日本語の談話分析の文献の多くにこの点に関する誤解があるが、両者は全く別のものである。実際、H&Hではellipsisは「ゼロによる代用（substitution by zero）」（H&H: 142）とされており、ellipsisは「代用（substitution）」の下位種である。一方、日本語の「省略」は「指示（reference）」に関わる現象である（「指示」と「代用」をめぐる議論については庵（2007）、Iori（2015）を参照）。また、注14でも見たように、英語では通常、単文（および主節）で定情報名詞句がゼロ形を取ることは統語的にできないため、日本語の「省略」に形式上対応する装置（device）はH&Hには存在しないのである。

*28　ただし、条件を表す「たら」は書き換えられない。例えば、b文は表現として稚拙であるだけでなく、a文の前件とは異なり、明日の降雨という命題内容を「断定」してしまうことになり、この点からもa文の言い換えとは言えない。

・a. 明日雨が降ったら、私は出かけません。
　b. ??　明日雨が降ります。そうしたら、私は出かけません。
　ちなみに、同じ「たら」でも「事実的用法」の場合は言い換えが可能である。
・c. 昨日映画館に行ったら、太郎にばったり会いました。
　d. 昨日映画館に行きました。そうしたら、太郎にばったり会いました。
　条件の「たら」と同様に言い換えにくいのが、継起などを表すテ節である。次のようにすれば、形式上は言い換えられるが、この言い方は稚拙で、採用すべきものではないと言える（cf. 石黒 2000）。
・e. 今朝は6時に起きて、朝ごはんを食べて、学校に行きました。
　f. ?　今朝は6時に起きました。そして、朝ごはんを食べました。そして、学校に行きました。

*29　異同の最大の理由は、庵（2009、2014a）が地域型日本語教育向けのものであるのに対し、庵（2015）は学校型日本語教育向けのものである点にある。

*30　ちなみに、こうした形で学習者が脱落していく背景には、テ形を「一般的な規則として暗記して、その場で言える」ことを最初期から求めるという現行の教授法の問題点がある（cf. 庵 2013b、2016a）。

*31　これは学校型日本語教育においても重要である。なぜなら、このことから、より短い時間で、学習者に、自らの考えを日本語で述べることができるという「成功体験」を与えることが可能になり、学習者の日本語学習に対する動機付けを大きく高めることが可能になると考えられるからである（cf. 庵 2014b, 2017近刊a, 近刊b）。

参考文献

庵功雄（1994）「結束性の観点から見た文脈指示」『日本学報』13、31–42、大阪大学

庵功雄（1997a）「国語学・日本語学におけるテキスト研究」『言語とコミュニケーションに関する研究概観』48–70、平成8年度文部省科学研究費補助

金基盤研究（B）(1)（企画調査）研究成果報告書

庵功雄（1997b)「日本語のテキストの結束性の研究」（未公刊博士論文）大阪大学

庵功雄（2002)「「この」と「その」の文脈指示用法再考」『一橋大学留学生センター紀要』5、5–16、一橋大学

庵功雄（2003)「見えない冠詞」『月刊言語』21–10、36–43、大修館書店

庵功雄（2007)『日本語研究叢書21 日本語におけるテキストの結束性の研究』くろしお出版

庵功雄（2009)「地域日本語教育と日本語教育文法―「やさしい日本語」という観点から」『人文・自然研究』3、126–141、一橋大学

庵功雄（2012)「指示表現と結束性」澤田治美編『ひつじ意味論講座6　意味とコンテクスト』183–198、ひつじ書房

庵功雄（2013a)「「のだ」の教え方に関する一試案」『言語文化』50、3–15、一橋大学

庵功雄（2013b)「地域日本語教育における活用の扱い方について」『日本語教育、日本語学の「次の一手」』79–87、くろしお出版

庵功雄（2014a)「「やさしい日本語」研究の現状と今後の課題」『一橋日本語教育研究』2、1–12、ココ出版

庵功雄（2014b)「言語的マイノリティに対する言語上の保障と「やさしい日本語」―「多文化共生社会」の基礎として」『ことばと文字』2、103–109、くろしお出版

庵功雄（2015)「日本語学的知見から見た初級シラバス」庵功雄・山内博之編『データに基づく文法シラバス』1–15、くろしお出版

庵功雄（2016a)『やさしい日本語―多文化共生社会へ』岩波書店

庵功雄（2016b)「近代語から現代語における名詞修飾に関わる言語変化についての一考察―1項名詞に前接する限定詞を例に」福田嘉一郎・建石始編『名詞類の文法』3–20、くろしお出版

庵功雄（2017)「日本語教育から見た『基本文型の研究』」本書所収

庵功雄（2017近刊a)「大学における英語中心主義を生き延びるための留学生日本語教育と〈やさしい日本語〉」『言語文化教育研究』15、言語文化教育研究学会

庵功雄（2017近刊b)「新しい留学生向け総合教科書作成のための予備的考察」『言語文化』54、一橋大学

庵功雄・三枝令子（2013)『まとまりを作る表現―指示詞、接続詞、のだ・わけだ・からだ』スリーエーネットワーク

池上嘉彦（1983)「テクストとテクストの構造」『日本語教育指導参考書11　談話の研究と教育Ⅰ』7–41、国立国語研究所

石黒圭（2000)「「そして」を初級で導入すべきか」『言語文化』37、27–38、一橋大学

石黒圭（2008a)『文章は接続詞で決まる』光文社

石黒圭（2008b)『日本語の文章理解過程における予測の型と機能』ひつじ書房

石黒圭（2017)「読解研究から見た『文の姿勢の研究』」本書所収

尾上圭介（2016）「書評　林四郎著『基本文型の研究』（復刊）」『日本語文法』
　　16–1、120–129.

寺村秀夫（1987）「聴き取りにおける予測能力と文法的知識」寺村秀夫
　　（1992）『寺村秀夫論文集 I』くろしお出版に再録、97–114.

長田久男（1984）『国語連文論』和泉書院

西山佑司（2003）『日本語名詞句の意味論と語用論』ひつじ書房

仁田義雄（1977）「「文の文法」から「文を越える文法」へ」『佐藤喜代治教授
　　退官記念国語学論集』桜楓社

野田尚史（1989）「真性モダリティを持たない文」仁田義雄・益岡隆志編『日
　　本語のモダリティ』131–157、くろしお出版

野田尚史（2002）「単文・複文とテキスト」野田尚史・益岡隆志・佐久間まゆ
　　み・田窪行則『日本語の文法4　複文と談話』岩波書店

林四郎（1972）「指示代名詞『この』『その』の働きとその前後関係」『電子計
　　算機による国語研究IV』国立国語研究所

林四郎（1983）「代名詞が指すもの、その指し方」『朝倉日本語講座5　運用
　　I』朝倉書店

三上章（1955）『現代語法新説』刀江書院（くろしお出版から復刊（1972））

南不二男（1974）『現代日本語の構造』大修館書店

南不二男（1993）『現代日本語文法の輪郭』大修館書店

村田勇三郎（1982）『機能英文法』大修館書店

安井稔・中村順良（1984）『現代の英文法10代用表現』研究社出版

山内博之（2015）「話し言葉コーパスから見た文法シラバス」庵功雄・山内博
　　之編『データに基づく文法シラバス』47–66、くろしお出版

Chafe, Wallace. (1994) *Discourse, consciousness, and time*. The University of
　　Chicago Press.

de Beaugrande, Robert & Dressler, Wolfgang. (1981) *Introduction to text lin-
　　guistics*. Longman.

Givón, Talmy. (ed. 1983) *Topic continuity in discourse*. (Typological Studies
　　in Language 3) John Benjamins.

Givón, Talmy. (1984) *Syntax II*. John Benjamins.

Halliday, M.A.K. (1985, 1994²) *An introduction to functional grammar*. Ed-
　　ward Arnold.

Halliday, M.A.K. & Matthiessen, Christian. (2004) *An introduction to func-
　　tional grammar*. (Third Edition) Hodder Education.

Halliday, M.A.K. & Ruquiya Hasan. (1976) *Cohesion in English*. Longman.

Iori, Isao. (2013) "Remarks on some characteristics of nouns in Japanese",
　　Hitotsubashi Journal of Arts and Sciences. 54–1, 5–18, 一橋大学.

Iori, Isao. (2015) "What can the research on Japanese anaphoric
　　demonstrative contribute to general linguistics?", *Hitotsubashi Journal
　　Arts and Sciences*. 56–1, 13–27, 一橋大学.

Iori, Isao. (2016) "The enterprise of *Yasashii Nihongo*: For a sustainable mul-
　　ticultural society", 『人文・自然研究』10, 4–19, 一橋大学.

Kuroda, Sige-Yuki. (1965) *Generative Grammatical Studies in the Japanese*

Language. Ph.D. dissertation. M.I.T.

Leech, Geffery. (1983) *Principles of Pragmatics*. Longman.

Stoddard, Sally. (1991) *Text and texture*. Praeger.

van Dijk, Tuen A. (1981) *Studies in the pragmatics of discourse*. Walter de Gruyter.

Widdowson, H.G. (1978) *Teaching language as communication*. Oxford University Press.

第5章

読解研究から見た『文の姿勢の研究』*

石黒圭

1. はじめに

『文の姿勢の研究』(以下『姿勢』とする)は、1973年に明治図書出版から刊行されたもので、筑波大学における林四郎氏の博士学位取得論文(1980年)でもある。

学史上は、同時代的には、永野賢氏の『文章論詳説―文法論的考察』(永野1972)や市川孝氏の『国語教育のための文章論概説』(市川1976)などと並ぶ文章論の代表的著作として位置づけられている。もちろん、そうした見方は誤りではない。

しかし、現代的な観点から見ると、当時の文章論の枠組みには収まりきらない、現代言語学の潮流にも通じる優れた先進性を備えていることに気づかされる。『姿勢』によって示された今日的な課題を現代の私たちがいかに消化し、その成果を自身の研究に反映させていくかが、今求められているように思われる。

本稿では、『姿勢』の内容を概観したあと、『姿勢』に見られる「現代から見た林言語学の魅力」を、①「オンラインでの理解過程の重視」、②「コーパス研究の先駆け」という二つの観点から整理し、議論を深めていくことにする。

なお、本稿では、「読解研究から見た『文の姿勢の研究』」とした関係で、文章の理解に力点を置いているが、文章の理解のみならず、文章の産出にも『姿勢』の考え方が通用することをあらかじめ述べておきたい。

2.『文の姿勢の研究』概観

『姿勢』は、第1編「起こし文型の記述」と第2編「文章理解過

程の分析」の二部構成を取っている。第2編は、第1編に示された「起こし文型」の体系を分析原理として、一つのまとまった文章の流れを追うという実践編であるが、英語の文章を対象としたものであるため、本章での言及は第1編に絞る。

　第1編は、第1章「文章の流れ」、第2章「始発型の文」、第3章「承前型の文」、第4章「転換型の文」、第5章「後続文のタイプへの予測」の五つの章からなる。「始発型」「承前型」「転換型」の3分類*1 はよく知られ、それぞれ、明確に指摘できる、固定した形態的指標を持つ「記号（symbol）」と、明確な形態的指標が指摘しにくい、内に隠れた条件を持つ「要素（agent）」に分けられる。その結果、「始発記号／始発要素」「承前記号／承前要素」「転換記号／転換要素」の六つが指摘できることになる。

　一方、第2編は、第1章「文章理解と起こし文型」と第2章「文章の理解をたどる」からなる。

3.　オンラインでの理解過程の重視

3.1　文章は文の把握から始まる

　文章論という学問分野は、時枝誠記氏の提唱（時枝1950）によって文章が言語研究の対象として考えられるようになり、それを契機に広まったことはよく知られている。事実、その後のさまざまな文章論の著作をひもとくと、その影響を大なり小なり受けていることがわかる。時枝誠記氏が文章を研究の対象にするという着眼に至ったのは、言語過程観と呼ばれる独自の言語観があったためであり（時枝1941）、文章を絵画ではなく音楽にたとえて説明したことはよく知られている（時枝1951）。しかし、『姿勢』ほど、言語過程観を忠実に継承し、独自のやり方で発展させた文章論の著作はほかにないのではないだろうか。

　そのことは、本書のタイトルにも表われている。本書のタイトルは『文章の研究』ではない。『文の姿勢の研究』である。一瞥しただけでは文章研究の著作であることがわからないだろう。言語過程観から考えて、文章全体をそのまま研究対象にすることはできず、

1文1文の「文の姿勢」を線条的に追っていくことで初めて文章研究が可能になる。『文の姿勢の研究』というタイトルは、そうしたアプローチを象徴的に示している。

文章論は、1950年の時枝誠記の提唱に基づいて50〜60年代に模索がなされ、70年代に隆盛を迎え（市川1976）、80〜90年代にそれまでの成果が大著にまとめられ（永野1985、森田1993、長田1995など）、その後は文章論を正面に掲げた著作は失われていく。佐久間編（1994）、野村（2000）、庵（2007）なども文章論の研究成果を受けた著作であるが、タイトルからはそのことはわからない。

21世紀になって文章論という学問分野が衰退して見えるのは、その隆盛期において主観的な全体構造把握が優先し、科学的な言語研究に必要な、実証的で堅実な方法論が失われていったことに原因があるように思われる。上掲の文章論の諸研究は、実証性が担保され、時代を超えて受け継がれている著作群であるが、こうした著作の著者の共通点として、文法家としても名をなしているという点があることに注意を喚起しておきたい。

そして、そうした著作群でも、『姿勢』の実証性は際だっている。これは、文章の本質を1文1文に求め、そうした文の分析基盤を「基本文型」に置いているからである。国語教科書に出てくる「起こし文型」を残らず分析し、その出現パターンを網羅的かつ緻密に整理することに成功している。

文章というものの性格を知るためにその全体構造を考えるのでなく、オンラインでの文章の理解過程にそって1文1文を丁寧に見る必要がある。そうした理念で『姿勢』全体が貫かれていることが、『姿勢』の価値を不動のものにしていると考えられる。

3.2 文の把握は文章を前提に始まる

しかし、いくら文の分析を厳密に行っていても、林言語学は文章論であることに変わりはない。「文の成立事情―文章論的文論への序説―」（林1990）では、同時期に発表された類似の観点を持つものとして野田尚史氏の「真性モダリティを持たない文」（野田1989）が引用され、その内容が高く評価されている。

たしかに、この二つの論文の着眼点は類似しているが、その背景は異なっているように思われる。野田（1989）はあくまで文法論の論文である一方、林（1990）は文章論を前提にした論文だからである。

野田氏のような文法論者の場合、たとえ文を超えた規則に言及するとしても、その言及対象は、形態的指標に裏づけられ、厳密に論証できる部分に限られる。あくまでも文の文法論の延長線上に文章論を構想するわけである。

しかし、林氏のような文章論者の場合、文章の存在が前提であり、現実の文脈のなかで文の把握を問題にする。すなわち、文章論の延長線上に文論が存在することになる。その意味で、林氏の発想は「テキスト文法」（Leech1983）でも「文法論的文章論」（永野1985）でもなく、あくまで「文章論的文論」なのである。

3.3　独創的な文脈観

ここでは『姿勢』からさらに一歩踏みこんで、林（1998）にそって林言語学の真髄を味わいたい。林言語学の特徴は、すでに見たように文と文章の一体化である。

> まず、文と文章を分けるのは、話の混乱を避けるためには大変いいことだが、その違いは、あくまでも形の上だけのことで、本質の違いではないと、私は考える。文は、文章の実現体の一部であることを確認したい。一つの文が作られた時は、もう文章が実現し始めているのだ。時には、その1文で完成してしてしまう文章もある。大抵は、それは、まだ最初のひと鍬で、前途三千里の思いに満ちた1文ではあるが、既に文章中に細胞として生き始めた1文である。そこから次々にできて行く文章中の文には、どの文にも、多かれ少なかれ、自分が全文章の代表だという意味がこもっている。どの文も、述べ終わった文脈を包み込んで、その先端に自分がいるという位置感覚を持つとともに、これから叙述が進んで行く方向へ顔を向けた姿勢を持っているはずだ。その意味で、文章中の文は、それも、既述文脈から未述文脈への渡りの姿勢を持っていると言える。文は、思

考の流れの中で、さらに新たに流れを作る働きをするものだ。
文は、それ自身が文章なのである。

　文章を一つの生き物だとすると、その特徴は、どこを切って
見ても、そこに必ず、文という生き物がいるということである。
（中略）だから、文と文章とは、同じ命を命として持っている
共同生命体なのである。であれば、文がそれ自身文章だと言え
るとともに、文章は、また、それ自身が文だとも言えるのであ
る。事実、私たちが文章を作るとき、実際にしていることは、
常に、文を作ることであって、それ以外の現実活動は、してい
ない。
　　　　　　　　　　　　　　　　　　　　　　（林1998: 10）
　このような言語観は、時枝誠記の言語過程観の帰結であり、『姿
勢』の帰結でもある。文章を記号生成の過程と見、同時に全体構造
を有する1つの言語単位と見ると、このような観点に到達するのは
必然とも言える。しかし、言語記号観にとらわれると、そのことに
は気づきにくく、たとえ気づけたとしても、そこにどのような論理
を見いだせるかで苦労することになる。
　文と文章の一体化する論理を考えると、どうしてもそこに文脈と
いうものの存在を意識せざるをえない。

　それに、まず認めるべきことは、文章を作る活動は、現実には、
常に文を作る活動であって、それが次々と相次いでいることで
ある。従って、文の文法ルールは、文章活動中絶えず働いてい
るのである。文の働きは文章の働きの中でも、同じように行わ
れており、その上に、文間の飛躍という現象が絶えず加わって
行くところに文章論理の複雑さが生まれるらしい。（林1998: 18）
このような理解を前提に「文塊」というものが導入される。

　文脈については、第3部において今一度論ずるところがあり、
そこでは、もう少し範囲を広げて論ずることになるが、ここで
は、説明文の理解という限定の中で、あまり話を広げず、なる
べく少ない原理を立て、文脈形成過程の、できるだけ規則的な
姿を求めて観察して行くことにする。

　文脈のでき方を二つの面で捉える。一つは、文に即した理解
の姿で、これを「文塊」の形成に見る。もう一つは、頭の中の

地の働きが、各文から抽象して、頼りになる言葉を拾ったり、それを自分の都合のいい言葉に変えたり、要約して捉えたり、言葉の理解を映像理解に置き換えたり、と、さまざまな変形操作を加えながら作って行く「理解の流れ」ともいうべきものである。

　「文塊」は、文間に起こる雪だるま現象である。それを表示するのに、円と楕円の図形を用いる。相接する2文の合体で出来る文塊を、2文を含む円で表し、それの文塊が更に他の文や他の文塊と合体して出来る新文塊を、それらを含む大きい楕円で表す。

　「理解の流れ」の方はどうか。こちらは、それをまた二つの面に分けて捉える。一つは、絵・図案・マークといったような、具体的な物の姿が、心のスクリーンに映って出来て行く、走馬灯アニメ的理解像で、これを「ノエマ文脈」ということにする。もう一つは、「ノエシス文脈」で、ノエマ文脈での諸事物に抽象的理解が加わることで生まれて来る、形而上的理解の流れである。ノエマ文脈にある具体的事物は、互いに絡み合って、事件とか現象とかいう動きを生んで行く。すると、諸事物がいろいろ意味を持つようになり、その意味がまた絶えず変化する。そういう過程を経ながら、理解が次第に深く広くなっていくのだが、その過程での、理解の抽象面の相をノエシス文脈と言う。

（林 1998: 206–207）

　ノエマとノエシスはフッサールの現象論に由来する名称で、ノエマはギリシア語で「考えの中身・知られる対象」、ノエシスは「考えることそのこと」を指す。関連性理論における「概念的意味（conceptual meaning）」「手続き的意味（procedural meaning）」の区別を想起させる考え方である（Blakemore 1992）。

　さらに、林（1998）は、ロマン・ヤコブソンの6要素6機能からなる有名なコミュニケーション・モデルを眺めるうちに、context と referential の対応関係から、context は「文脈」ではなく「内容」と考えるべきではないかという疑問を持ったことを紹介する。上述の「文脈については、第3部において今一度論ずるところ

があり」に対応する部分の記述である。

　そこで、contextの意味を調べて、段々判って来た。textは texture（織物）と同根で、conの「結び着け」により「糸を組んで織り出す」といった原義から「意味を結びつけて意味を織り出す」のような意味になって来たのがコンテキストなのだ。「脈」だからといって文脈のようにうねうねと続かなくてもいい、簡潔に織り出されてもコンテキストであり文脈なのだ。ただ、現実には文章はある程度長く続くものだから、結局、文章が作り出す意味の連続が文脈だということになる。結論は「言葉で作るメッセージが言葉の外に作り出すもの」がコンテキストだと理解されるのである。

　従って、文脈は、文章という客体の中に備わっているものではなくて、初め、表現者の頭の中にあって、それが話や文章になり、誰かが話や文章を受け取ると、受け手の頭の中に理解結果として生産される何かである。　　　　　　　　　（林 1998: 383）

　こうした文脈観を起点に、文脈というものは、声と文字からなる「言語文脈」、物と事からなる「事物文脈」、言語を操作する心と言語に表される心からなる「心文脈」の三つからなると主張する。これは本居宣長の「言（ことば）」「事（こと）」「意（こころ）」という三面観に従ったものである。この文脈論はさらに展開し、「意」から「言（能記）」「事（所記）」を見る記号論の世界、「言」から「事（詞）」「意（辞）」を見る文法論の世界、「事」から「意（無形）」「言（有形）」を見る認識論の世界へと到達する。

　実証性を重んじる言語学者からすると、林氏の論の自由闊達さに戸惑うかもしれない。しかし、自分の頭で自由にモデルを構築するところに林言語学の真骨頂がある。文の内部構造の精密な記述に飽き足らず、文間の飛躍に意味を見いだす学問姿勢と相通じるものがある。そして、文脈をとおして人間の言語使用が可能になるという言語処理過程重視の見方が、厳密性重視で閉塞感が感じられる現在の言語学の状況に風穴を開けてくれるとも思うのである。

3.4　先行文脈との関連　結束性

　議論を『姿勢』に戻そう。現実の文脈のなかで文の把握を考える場合、まず問題になるのが「起こし文型」である。たしかに文が開始されるときは先行文脈の影響下で始まり、そうした影響の痕跡が文の冒頭部を中心に形態的・意味的に現れる。そこでは、先行文脈との関連性が問題になる。

　庵（1999）が指摘するように、Halliday & Hasan（1976）が結束性の研究成果を発表する以前に『姿勢』はそのことに気づいている。そして、「承前記号による承前型」「承前要素による承前型」「位置による承前型」という独創的な分類に基づく結束性の研究が花開いたのである。そうしたことが発見できた背景には、言語過程観をベースにした『基本文型の研究』に見られる独自の言語観があったと考えられる。ここでは、「承前記号による承前型」「承前要素による承前型」「位置による承前型」のそれぞれについて概観しておきたい。

　「承前記号による承前型」は、「継起性の接続詞類」「論理心理性の接続詞類」「指示語」「応答の語」の四つに分かれる。すでに数々の議論がある接続詞、指示詞、応答詞が中心であるため、ここではその詳しい紹介は省く。

　「承前要素による承前型」は「語の意味の働き」「語の付属形式の文法的働き」「文の成分の省略」「先行文中の語の反復」「引用部の内外にまたがる承前」の五つに分かれる。

　「語の意味の働き」は「そば」「つぎ」「ほか」のような①「相対的位置関係を表す語句」、「また」「しばらく」「とうとう」のような②「先行事態を前提とする意味の語句」、「うまい」と「じょうず」のような③「類語性の語句」、「おかし」と「ドーナツ／ビスケット／カステラ」のような④「意味階層を構成する語句」、「とりかご」と「カナリヤ」や「ふみきり」と「きしゃ」のような⑤「関連する語句」、「ひよこ」と「おやどり」や「走る」と「とまる」のような⑥「対義関係の語句」、「三びきの子ぶた」と「いちばん上／二ばんめ／三ばんめ」のような⑦「集合把握と個別把握の語句」、「日よう日」と「二、三日」のような⑧「場面内で軸系列をなす語句」、「よ

い天気」と「せんたく」のような⑨「発生連鎖系列に属する語句」、「さようなら」のような⑩「結末しめくくり語句」、「どこ（でおりるの）」と「このつぎの村（でおりるんです）」のような⑪「問答関係に立つ語句」の計11に分かれる。

「語の付属形式の文法的働き」は、①「副助詞『も』」、「のだ」のような②「述語の解説性」の二つに分かれる。

「文の成分の省略」は、①「主語の省略」、②「題目語的な語句の省略」、③「ヲ格連用成分の省略」、④「ニ格連用成分の省略」、⑤「対象語格成分の省略」、⑥「ノ格連体成分の省略」、⑦「二種の格成分の省略」、⑧「副詞的修飾語句の省略」の八つに分かれる。

「先行文中の語の反復」は、①「前文中の語を反復」、②「直前にない先行文中の語を反復」、③「継続題目の受けつぎによる反復」、④「同文反復による承前」の四つに分かれる。

「引用部の内外にまたがる承前」は、①「カギの中の承前要素がカギの外の先行文脈を受ける」、②「先行文のカギの中の語句を受ける承前要素」の二つに分かれる。

さらに、「位置による承前」というものもあり、「発話文を解説する文」「音響を解説する文」「前文からの働きかけに応ずる文」「前文で叙した事態の中の事態を描く文」「前文で叙した事態の結果を描く文」「前文で叙した事態から生ずる行為を描く文」「前文で叙した認知行為の対象を描く文」「前文で叙した事態に並行する事態を追叙する文」「前文で叙した事態を別の角度からとらえ直して叙する文」「前文叙述の理由付けをする文」「前文の叙述に批評や感想を加える文」「前文と対の関係でつり合う文」「直前でない先行文を受けるために、前文と相並ぶ文」の計13からなる。

「発話文を解説する文」は、カギカッコに続く「おれいをいう」のような①「動詞『言う』で先行会話文を解説する」、カギカッコに続く「おしえてくれる」のような②「言語活動を表す『言う』以外のことばで先行発話文を解説する」、カギカッコの「ただいま」に続く「かえって来る」のような③「発話に伴う動作を示す語で先行発話文を解説する」の三つに分かれる。

「音響を解説する文」は、①「『音』という名詞で先行音響語を説

明する」、「ふうりん」「べる」「きてき」のような②「音響を意味する名詞で先行音響語を説明する」、「鳴く」のような③「音響を意味する動詞で先行音響語を説明する」、「汽車がうごきだしました」のような④「音響を発する行為を叙して先行音響語を説明する」の四つに分かれる。

「前文からの働きかけに応ずる文」は、前文に「つぎの」「ほかにも」などを含む①「予告性の文に応ずる文」、「まきおちゃんはどれがすき。」「ぼくは、ひしもちだ。」のような②「問いなどに対する答えの文」に分かれる。

「前文で叙した事態の中の事態を描く文」は、Ａという叙事がまず行われ、つぎにＡのなかを細かく割った $a1, a2, a3$ ……という叙事が続くようなものである。

「前文で叙した事態の結果を描く文」は、「前文で叙した事態の中の事態を描く文」と似ているが、後続の内容がＡのなかにあるとは感じられず、Ａのつぎに起こった／認知されたと感じられるものである。

「前文で叙した事態から生ずる行為を描く文」は、「前文で叙した事態の結果を描く文」と似ているが、後続の内容が「ナニがドウナッタ」ではなく「ナニをドウシタ」となるものである。前者は「すると」「そうしたら」が潜在していると感じられ、後者は「それで」「そこで」が省略されているように感じられる。

「前文で叙した認知行為の対象を描く文」は、前文に見たり聞いたり考えたりした動作が描かれ、当該の文には見たり聞いたり考えたりした内容が描かれるものである。

「前文で叙した事態に並行する事態を追叙する文」は、同様の事態を追加的に並べるものである。「そして」や「また」が潜在しているように感じられる。

「前文で叙した事態を別の角度からとらえ直して叙する文」は、前文の内容を何らかの意味で言いなおすものである。「詳化・深化・解説化」「主観叙事と客観叙事」「観点の変化」の３タイプが示されている。

「前文叙述の理由付けをする文」は、「なぜなら」「というのは」

「のだ」「からだ」が潜在しているように感じられるものである。

「前文の叙述に批評や感想を加える文」は、文字どおり、前文の表現の内容や表現の方法に批評や感想を述べるものである。

「前文と対の関係でつり合う文」は、広い意味での対句になるような、前文との関係がシンメトリックになるものである。

「直前でない先行文を受けるために、前文と相並ぶ文」は、「さあ、やろう。」「ぼく、きかん車。」「ぼく、せきたん。」「ぼく、かもつ。」のようなもので、あとに加えるものはどの順番にしても論理的に問題のないものである。

以上、「承前記号による承前型」「承前要素による承前型」「位置による承前型」について概観した。小学校2年生の国語教科書に出てくる語句であるだけに、わかりやすいものが多い。接続詞、指示詞、応答詞などの「承前記号による承前型」はすでにかなり研究が進んでいるが、「承前要素による承前型」と「位置による承前型」のなかには、分析が現在でもまだあまり進んでいないものも散見される。『姿勢』によれば、「先行文中の語の反復」の数がもっとも多く、ついで「位置による承前」「語の意味の働き」と続く。けっして接続詞や指示詞がその大半を占めているわけではない。そう考えたとき、今後深められるべき文章理解研究へのヒントが『姿勢』にはまだまだ隠れているように感じられるのである。

3.5　後続文脈との関連　予測

一方、言語過程観に依拠する場合、後続の展開の予測も考える必要が出てくる。

ここで、近年脚光を浴びている人工知能研究について考えてみたい。松尾（2015）の整理によれば、人工知能研究は「ブーム」と「冬の時代」を繰り返してきたという。

第一次AIブームは1950年代後半から1960年代前半にかけてで、推論・探索の時代と位置づけられるが、特定の単純な問題は解けても現実の複雑な問題は解けなかったことから冬の時代を迎えた。

第二次AIブームは1980年代であり、対話システムと、豊富な知識の導入によるエキスパートシステムが脚光を浴びた。しかし、

知識を記述・管理する方法の難しさからまたも冬の時代を迎えた。

　そして、2000年代に入って迎えた第三次AIブームでは、機械学習とディープラーニングが主役に踊りでて、そのブームは現時点では下火になる様子は見えない。

　2016年3月に、AlphaGoが世界トップレベルの韓国人プロ囲碁棋士イ・セドル九段に4勝1敗で勝ち越したことは世界に衝撃を与えた。囲碁を多少たしなむ筆者自身、2010年ごろまではコンピュータと対戦して負けることはなかったため、これほど早くトップ棋士がAIに負ける時代が来るとは想像もしていなかった。

　囲碁の場合、チェスや将棋と違い、最終目的が漠然としているため、着手を決定する評価関数を設定しにくいのが難点だったが、当該の局面からランダムに終局まで打ち進めて勝率を考慮して着手を選択するモンテカルロ木探索という方法で技術的な弱点を克服したようである。

　また、ディープラーニングを用いることで囲碁特有の図像的な感覚を手に入れ、数千万回自己との対局を繰り返すという機械学習によって急速に強くなったと言われている。

　モンテカルロ木探索とディープラーニングを組み合わせた結果、本来AIが苦手としてきた人間的な感覚を、人間をしのぐレベルにまで身につけたのである。

　現代はコンピュータがきわめて強力なボトムアップ処理能力を備えた時代であり、ビッグデータの処理にフル活用されている。それにくらべ、人間のボトムアップ処理能力が乏しいことを日々実感させられる。

　ただ、だからといって、現時点でAIが完全に人間を凌駕したわけではない。奥田（2016）によれば、東京大学の入試に合格できる点を獲得することを目標に、2011年度から国立情報学研究所が開発を進めてきた人工知能「東ロボくん」が、2016年11月に東京大学の合格は難しいと判断され、プロジェクトは凍結されることとなったという。大学入試センター試験の模擬試験において5教科で総合偏差値57.1と相当の成績をマークしたものの、もともとの計画では、2016年度までに大学入試センター試験にて高得点を獲得

し、2021年度の東京大学入学試験突破を掲げていたため、その見通しが立たなかったためと見られる。

　とくに、文章理解において、表面的な理解に終始してしまい、文章の細かい意味まで読み取ることができないため、国語の問題で苦戦したようである。また、数学の問題でも、計算はできても、問題文の意味の解釈に手こずることが指摘されている。つまり、文脈を利用した文章理解が苦手であり、そこではまだ人間のほうが能力が高いと言えるわけである。

　人間は、AIの持つ圧倒的なボトムアップ処理能力にはもはや太刀打ちできない。しかし、ボトムアップ処理能力の乏しさを強力なトップダウン処理能力で補い、ある面でコンピュータに劣らない高度な処理能力を実現しているのである。

　人間のこうしたすぐれたトップダウン処理能力は予測という形で現れる。日本語学の世界でそうした予測能力を問題にした記念碑的論文に寺村秀夫氏の「聴き取りにおける予測能力と文法的知識」（寺村1987）がある。日本語はSOV言語であるが、文の終わりまで聞かなければ意味がわからないわけではけっしてない。1文を読む過程で後続文脈がどのように終結、あるいは連続するかを1文の途中である程度見当をつけている。そのことを寺村（1987）は、夏目漱石の『こころ』の一節、すなわち「その先生は私に国へ帰ったら父の生きているうちに早く財産を分けて貰えと勧める人であった」という文を用いて、学生たちに予測させ、文法が線条的に働くことを確かめたのであった。そして、その研究はお茶の水女子大学の研究グループに継承され（平田1997）、日本語教育の分野でも盛んに論じられるようになった。

　しかし、『姿勢』は、第5章「後続文のタイプへの予測」で寺村（1987）よりもはるかに早い時期に予測について論じている。しかも、1文のなかの予測ではなく、1文を超える予測においてである。にもかかわらず、この研究が同時代の研究者に影響を与えることはほとんどなかった。提言自体が先駆的すぎて、時代が追いつかなかった不幸を感じざるをえない。

　しかし、その後、筆者自身が石黒（2008）で言及しているほか、

砂川有里子氏の『文法と談話の接点』（砂川 2005）に見られるキメの細かい考察にもその痕跡は感じられる。「は」と「が」および分裂文の選択が後続文脈のあり方と連動するという砂川（2005）の考え方は、文型の選択を 1 文のなかだけで論じることの限界を鋭く指摘したものである。これもまた、「文の姿勢」の現れの一つであると考えられる。

　予測について興味深いのは、『姿勢』によれば、文章理解の予測を確率的に考えると、当該の文の内容が承前要素で受け継がれることが多く、次は承前位置であり、承前記号は思ったほど多くないという点である。そのことは、文連続は文脈を背景にした意味でつながっており、文脈を帯びた意味の読み取りに人間が優れていることを示唆しているように思える。今後もし人間の文章理解能力に匹敵する AI が出現するとしたら、それは意味の理解に強い AI であるということを『姿勢』が 40 年以上前にすでに予言していたと言うのは言いすぎであろうか。

　また、表現活動を始めるきっかけとなる「始発型」と、承前型のなかの始発型に相当する「転換型」が後続への予測に効いており、それがジャンルによってかなり性格を異にすることも重要な指摘である。

　ここで、『姿勢』が「第 5 章 後続文のタイプへの予測」を閉じるにあたって述べている部分を引用したい。

　　　以上、細目表を度数順に並べてみて、後続文のタイプへの予測に、この表が働くことを考えてみたが、話を確率にまでもっていくためには、今後に多くの調査と工夫が要ることを痛感している。まず、各ジャンルの文章についての大量の調査が要る。ことに、説明文・論説文系統の文章についての調査をまだほとんどしていないので、それをしなければいけない。次に、確率は、常に特定の条件の中でしか考えられないことだから、ある文にどれだけの条件がそなわったら、どれだけ次に予測する手がかりができて来るかという相対性にして、文の連続を考えなければならない。その条件と、後続文タイプの選ばれる確率との関係を組織化して、表現構造のモデルを作ってみることがで

きれば、非常におもしろいことだと思っている。（林 2013: 347）

　ここで重要な指摘は2つである。1つは、「各ジャンルの文章についての大量の調査が要る」ということであり、もう1つは「確率は（中略）ある文にどれだけの条件がそなわったら、どれだけ次に予測する手がかりができて来るかという相対性にして、文の連続を考えなければならない」ということである。

　現在では、現代日本語書き言葉均衡コーパス（BCCWJ）のようなコーパスが整い、「各ジャンルの文章についての大量の調査」ができる環境が整っている。また、形態素解析の精度の飛躍的な向上により、「ある文にどれだけの条件がそなわったら、どれだけ次に予測する手がかりができて来るか」という点において、形態素レベルであれば条件の組み合わせによって確率の計算ができる時代になってきていると思われる。それでも、形態のみに依拠した確率論的なモデルではその精度に限界があることも明白であり（石黒 2009）、形態に意味を組み合わせたモデルが必要になることは疑いない。その意味で、『姿勢』には、今後コーパスを利用した予測研究の進むべき道を示唆しているように思われるのである。

4.　コーパス研究の先駆け

4.1　コーパスを見すえた先見性

　現代は、コーパス言語学が全盛を迎えている。コーパスによる研究は実証性という面で内省による研究に勝り、内省では気づかなかった多様な発見ももたらしてきた。その結果、コーパスを参照しない研究というのが現在ではむしろ少なくなっており、若い研究者にとってはコーパスのなかった時代を想像するのさえ難しいかもしれない。

　しかし、『姿勢』が書かれた当時、コーパスと呼べる規模の言語データも、高度な検索を可能にするコンピュータもなかった。そうしたなかで、林氏は、小規模ながらもコーパスに準じたシステムを、紙のカードを使って作りあげ、分析を行っている。将来言語コーパスが構築されたあかつきには、こうした研究が可能になるであろう

第5章　読解研究から見た『文の姿勢の研究』　107

という未来予想図をこの時代に示した先見性には驚かされる。

　また、データベースを構築するにあたって、小学校の低学年の国語教科書を選んだ着眼点も示唆的である。もちろん、林氏が国語教科書の編纂者であり、元国語教師として国語教育への貢献を自身の使命として課していたことが国語教科書選択の直接の動機であろうが、国語教科書は、日本語母語話者のコミュニケーション能力養成の基礎となるように、説明文、意見文、物語文など、私たちの日常生活に役立つように、ジャンルのバランスを考えて設計されたものである。つまり、ある種の均衡性を意識して作られたものであり、日本語という言語の総体を簡便に捉えるうえで有力なデータベースの一つと考えられる。

4.2　全数調査という信頼性

　現代のように、コーパスの規模が巨大になった場合、代表性を保つためのサンプリング手法が問題となる。どのようなコーパスから、どのようにバランスを取り、いくつの標本を取りだしたらよいか、大学院生に尋ねられて立ち往生することもしばしばである。

　しかし、データベースの規模が大きくなければ、面倒であっても、全数調査がもっとも信頼性が高い。『姿勢』は、地道な作業に支えられた全数調査であり、すべてのデータが例外なく分類されているので、分析結果に信頼感がある。ある形態素に着目してコーパスを見ると、どうしても着目している形態素に関わる部分だけを拡大解釈しがちである。また、直前直後の文脈しか見ないため、通して読んだときの理解と異なってしまうこともある。少なくとも、文章を読んでいるという意識が失われ、筆者の意図への理解が浅くなることは疑いない。大規模なコーパスに依存することはつまみ食いを習慣化させ、コース料理全体を味わう機会を損なってしまうおそれがある。

　また、『姿勢』では、1文内で複数の因子が認められる場合、全体の傾向をつかみやすくするために、もっともとらえやすい因子を優先している。すなわち、記号と要素が共存する場合は記号を、要素が二つ以上ある場合は形がはっきりした要素を優先するという方

針を採っているのである。もちろん、複数認定できていれば、より正確な実態は把握できる面もあろうが、複数数えてしまうと重複して数えてしまうおそれもあり、結果的に全体像をゆがめてしまうことにもつながる。まず明確な要素を採るという実際的な対応も、こうした全数調査を行ううえで参考になる手法であろう。

4.3 意味の数量化の可能性

　地道な全数調査は、さまざまな発見を生みだす。コーパス全盛の時代では、検索をかけて必要な用例を収集するのが基本であり、形態的指標に明確に現れるものでなければ処理が困難である。その結果、形態的指標としては現れにくい重要な現象が見すごされることが多くなっている。

　しかし、すでに見たように、人間の言語処理には、明確な形態的指標だけでなく、ある種の意味的類型が介在していることは論を俟たない。とくに、文章・談話のような長い単位を扱う研究の場合、意味を無視しては、研究の妥当性を欠いてしまう。「では、文章構成の生む世界はどんな世界かと問われれば、それはすぐれて『意味』の世界だと私は思う。言語の中核は意味なのであり、語・文・文章などのすべての単位体について、その中核は意味だと言っていいと考えるが、文章構成の生む世界は『すぐれて意味の世界だ』と思う」と宮地（2003: 27）が指摘するとおりである。

　たとえば、接続詞研究をしてみればわかることだが、全文数にたいする接続詞の出現割合は、一般的な文章の場合、10％前後であることが多い（石黒ほか2009）。つまり、残りの90％は接続詞が出現しないわけである。そう考えると、接続詞は有標な存在であり、無標のとき、どのように文連続が意識され、処理されているのかを知ることが重要になる。しかし、そうした90％の無標の文連続について、コーパスを使って研究することはかえって困難なのである。

　『姿勢』は、かぎられたデータベースの全数調査であるため、明確な形態的指標としては取りだしにくい潜在的な指標も正当に扱うことにも成功している。さらには、「位置による承前」のような、文の意味関係を加味した独特の観点からの分析も見られ、興味深い。

めぼしい形態的指標についてかなり分析が進んだ現在、顕在化した形態的指標のみに依存するコーパス研究は、曲がり角に差しかかっているように思う。『姿勢』に見られる「要素」の正当な位置づけ、さらには「位置」といった観点をコーパス研究にどのように組みこむかが、とりわけ文章・談話研究者にとって今後重要な課題となろう。

　自然言語処理の技術では、現代語の形態素解析は 100 ％に近い精度を実現しつつあるが、指示詞やゼロ代名詞など、意味を読みこまなければならない照応関係の解析精度は、信頼にはほど遠いレベルにある。このように、意味を読みこむことで精度を上げなければならない課題を考える場合、むしろデータの量を制限して網羅的に深く考えるという姿勢が、コーパス全盛の時代だからこそ求められているのではないか。『姿勢』を読み返してみて、そのことを強く感じるのである。

4.4　コーパスから見た予測

　予測については 3.5 で触れたように、寺村秀夫の研究がその嚆矢とされることが多い。寺村の研究は、当時の記述文法の方法にならった内省によるものであり、それを多人数にやってもらって確認したところにその特徴がある。その後、その方法が日本語学習者にたいしても応用され、日本語学習者の日本語習得のレベルが上がるにつれて、その予測のパターンが母語話者に近似することが明らかにされている（平田 1997）。

　予測している内容を内省によって確認する方法は有力な方法の一つであるが、後続文脈を意識的に予測させるという方法は、文章の自然な理解においてオンラインで行われていることとは異なり、文章理解にある種のバイアスをかけているともいえる。

　その点で『姿勢』が用いた、コーパスに予測させるという方法は、画期的であるといえる。テキストに出現した展開パターンがそのまま予測につながるというのは仮説にすぎないが、人間の言語習得が、日常の言語生活のなかで多数の談話・文章に触れ、ルールを一般化して行われるのだとすれば、現代のように巨大化した、また、その

均衡性も慎重に設計されたコーパスを用いて予測を考えることは有力な方法だといえる（石黒2008）。

5. おわりに

　以上、「オンラインでの理解過程の重視」「コーパス研究の先駆け」という観点から『姿勢』を検討してきた。

　「オンラインでの理解過程の重視」では、文章は1文1文の把握から始まる一方、文の把握は文章を前提に始まるということを述べ、林言語学が個々の文型を大切にしながらも、その基盤が文章論にあることを論じた。さらに、こうした文章＝文の見方が独創的な文脈観につながり、言語過程観に基づくこうした文脈観がこれからの言語学を新たに切り開く可能性があることを論じた。

　また、先行文脈との関連において、Halliday & Hasan の結束性に先んじて結束性に相当する概念の提案が行われている一方、後続文脈との関連においても、予測という概念がかなり早い段階で導入されている先見性についても論じた。

　「コーパス研究の先駆け」は、現代のコーパスを見すえた先駆性を当時から持ちえていた一方、全数調査の信頼性のもと、形態的指標に明確に現れるもののみならず、因子が隠れた条件として現れるもの、形態的指標には現れないものの文の意味関係からわかるものにも着眼し、分析していることを論じ、現時点では明確な形態的指標を中心に論じられているコーパス言語学に、意味という新たなファクターを組みこむときに参考になるアイデアが豊富に見られることを論じた。さらに、コーパスを使った予測という提案がほとんど顧みられることのないまま、現代に至っていることについても言及した。

　アイデアの宝庫である林言語学の魅力に多くの方が気づき、その鋭い着眼点をご自身の研究に生かしてくださることを心から願う次第である。

＊　筆者が学部時代から憧れていた林四郎先生と親しくお話しさせていただく
ようになったのは、21世紀に入ってから、先生が80歳を過ぎたころであった。
あまりにも遅い弟子入りであったが、先生は遅れてきた弟子をあたたかく迎え
てくださった。その後も、文章研究のことで、また、聖書翻訳のことで（先生
も私も聖書翻訳に携わるキリスト者である）、折あるごとにやさしい言葉で励
ましつづけてくださった。学恩にあらためて感謝申しあげる。なお、本章は
2015年度日本語文法学会のパネルセッションにおいて同題で口頭発表した内
容に加筆修正したものである。
＊1　この三つのいずれとも判定しがたい文は、便宜上「自由型」に分類され
る。

参考文献

庵功雄（1999）「テキスト言語学の観点から見た談話・テキスト研究概観」
　　『言語文化』36、pp.3–19

庵功雄（2007）『日本語におけるテキストの結束性の研究』くろしお出版

石黒圭（2008）『日本語の文章理解過程における予測の型と機能』ひつじ書房

石黒圭（2009）「文章理解における予測研究の方法と可能性」『第二言語とし
　　ての日本語の習得研究』12、pp.159–173、第二言語習得研究会

石黒圭・阿保きみ枝・佐川祥子・中村紗弥子・劉洋（2009）「接続表現のジャ
　　ンル別出現頻度について」『一橋大学留学生センター紀要』12、pp.73–85

市川孝（1976）『国語教育のための文章論概説』教育出版

奥田由意（2016）「『東ロボくん』が偏差値57で東大受験を諦めた理由」
　　（http://diamond.jp/articles/-/108460、2016年11月19日取得）

佐久間まゆみ編（1994）『要約文の表現類型―日本語教育と国語教育のために
　　―』ひつじ書房

砂川有里子（2005）『文法と談話の接点―日本語の談話における主題展開機能
　　の研究―』くろしお出版

寺村秀夫（1987）「聴き取りにおける予測能力と文法的知識」『日本語学』6–3、
　　pp.56–68

時枝誠記（1941）『国語学原論』岩波書店

時枝誠記（1950）『日本文法 口語篇』岩波書店

時枝誠記（1951）「文章論の一課題」『国語研究』8 愛媛国語研究会（山口仲
　　美編（1979）『論集日本語研究8 文章・文体』有精堂所収、pp.7–23）

長田久男（1995）『国語文章論』和泉書院

永野賢（1972）『文章論詳説』朝倉書店

永野賢（1985）『文章論総説』朝倉書店

野田尚史（1989）「真性モダリティをもたない文」仁田義雄・益岡隆志編『日
　　本語のモダリティ』pp.131–157、くろしお出版

野村眞木夫（2000）『日本語のテクスト―関係・効果・様相―』ひつじ書房

林四郎（1960）『基本文型の研究』明治図書出版［2013 ひつじ書房より復刊］

林四郎（1973）『文の姿勢の研究』明治図書出版［2013 ひつじ書房より復刊］

林四郎（1990）「文の成立事情―文章論的文論への序説―」『国語学』160、

pp.40–50

林四郎（1998）『文章論の基礎問題』三省堂

平田悦朗（研究代表者）（1997）『日本語学習者の文の予測能力に関する研究及び読解力・聴解力向上のための教材開発』1994～1996年度文部省科学研究費補助金基盤研究（B）（2）研究成果報告書

松尾豊（2015）『人工知能は人間を超えるか―ディープラーニングの先にあるもの―』KADOKAWA

宮地裕（2003）「文章・談話の重層性」佐久間まゆみ編『朝倉日本語講座7 文章・談話』pp.23–45、朝倉書店

森田良行（1993）『言語活動と文章論』明治書院

Blakemore, D. (1992). *Understanding Utterances*. Oxford: Blackwell.（武内道子・山崎英一訳（1994）『ひとは発話をどう理解するか―関連性理論入門』ひつじ書房）

Halliday, M.A.K., & Hasan, R. (1976). *Cohesion in English*. London: Longman.（安藤貞雄・多田保行・永田龍男・中川憲・高口圭轉訳（1997）『テクストはどのように構成されるか』ひつじ書房）

Leech, G. N. (1983). *Principles of Pragmatics*. London: Longman.（池上嘉彦・河上誓作訳（1987）『語用論』紀伊國屋書店）

第6章
「起こし文型」設計思想の検討*
なぜ「終結型」はなかったか

俵山雄司

1. はじめに

　林四郎氏がその著作において打ち出した言語分析のための概念や
枠組みは、枚挙に暇がない。本稿では、その中でも、特に『文の姿
勢の研究』（1973年、2013年復刊）で展開された「起こし文型」
に焦点を当て、本稿筆者が興味を持つ「談話の終結」という観点か
ら、その設計思想について論じる。

　次の2節では、まず『文の姿勢の研究』の記述を参照しながら、
「起こし文型」について解説する。その後、3節で、「起こし文型」
の分類中の「談話の終結」に関する事項を確認したうえで、4節で、
林が「起こし文型」の分類を「始発型」「承前型」「転換型」の3タ
イプとし、「終結型」を設定しなかった理由について議論する。こ
の理由を考えることにより、「起こし文型」の設計思想に接近する。
5節では、試みに「終結型」を設定し、22篇の文章（紹介文）を
データとして、用例を分類・記述してみることで、4節で提起した
理由の妥当性について検証する。6節では、全体のまとめを行う。

2. 「起こし文型」とは何か

　ここでは、「起こし文型」について『文の姿勢の研究』の記述を
参照しながら、要点をまとめて示す。具体的には、「起こし文型」
の前提、文の分類、認定方法の分類、調査結果の4点について取り
上げる。その後、「起こし文型」が影響を与えた研究3つを紹介し、
それぞれが受け取った影響から「起こし文型」の特性・意義につい
ても述べる。

2.1 「起こし文型」の前提 「流れ」と「構え」

「起こし文型」の前提としては、文章の「流れ」と「構え」が区別されている。文章は、認識のかたまりを作り、それを他のかたまりと関係づけ拡張していくという思考活動であり、その関係づけには、2つの対称的な力が働くとされている。力の1つ「流れ」は「近接情報への無抵抗な移行」（p.7）を示し、もう一方の「構え」は「一応離れるが、やがてつながるべく意図されて離れる」（pp.6–7）ことだという。

ただし、A情報からB情報への移行では、「流れ」の力と「構え」の力が相互に作用しており、どちらが優勢かによってその移行が「流れ」か「構え」かの色分けがなされる。

そのうえで、林は上記の色分けは文章を書く立場に立ってのものであり、文章を読む立場から見ると、出版された文章では、つながりの悪さや発想の飛躍は特別に感じられないとする。そのため、「構え」は無視し、それも「流れ」に入れてみると述べている。

このような考えに至り、林は、基本的に文章中のすべての文は、「構え」を持ちながらも「流れ」に乗り、「全体として大きな流れを作って進んでいく」（p.9）ものだとしている。

2.2 「起こし文型」による文の分類 「始発型」「承前型」 「転換型」

林は、文章を大きな流れとみなした場合、文章中の個々の文には、文章中での「相対位置」（新たな流れを作る位置、流れを受け継ぐ位置、流れを止め新たな構えを示す位置）が見出せると考えた。この「相対位置」を判定する言語的な手がかりは、接続詞のように文の頭の部分に来ると予想される。つまり、1文の「起こし」の部分である。この「起こし」の部分から見た文のタイプということで「起こし文型」という名称が付けられている。

ただし、調査の結果、文章中での「相対位置」を判定する言語的な手がかりは、必ずしも文頭のみでなく、文中・文末にも出現していた。そのため、林自身も、この名称は現実に即していないとしている。

文章中に生起する文は、「起こし文型」の観点から、以下の3タイプに分類される。

　　始発型：流れを作る最初の起動力を蔵し、その姿勢を外に表している
　　承前型：一度呼び起された流れを受け継ぐ姿勢を持っている
　　転換型：流れにちょっとストップをかけて、新たな構えを示す

　また一方で、「自由型」というタイプを作り、上記の3タイプに分類できない文は、そこに入れるという措置をとっている。

2.3 「起こし文型」の認定方法の分類　「記号」と「要素」

　「起こし文型」の分類は、ある文の文章中の「相対位置」を判定する言語的な手がかりによる。林は、その手がかりを「因子」と呼んでいる。因子は、さらに「記号」（symbol）と「要素」（agent）に分けられる。

　「記号」については、「ある語がある因子を固定して負っている場合」（p.13）にその因子を「記号」と認定している。具体例として、接続詞「そして」が、承前因子を専ら負うため、承前記号となることが挙げられている。

　「要素」については、「記号のようなあからさまな形式ではなく、もうすこし内にかくれた条件に宿っている場合」（p.13）にその因子を「要素」と認定している。説明のための具体例としては、以下の文が挙げられている。

（1）夕方、雨が降り出した。雨は夜に入っていよいよ激しくなった。　　　　　　　　　　　　　　　　　　　　　　（p.13）

　この場合、後続文は先行文に対して、承前性を持っており、承前因子は、「雨」の反復であるとされる。「雨」は、この文脈にあることで、承前因子となっているのであり、文脈から離した場合には承前性とは無関係である。この点をもって、「記号」と「要素」とを区別するわけである。なお、3分類中の「承前型」には、「記号」「要素」ともに認められず、先行文との相対位置によって承前性の

認定が可能な文がある。この因子には「承前位置」と名付けて、
「記号」「要素」とは別扱いにしている。

2.4 「起こし文型」の調査結果

　林は、この基準を用いて、小学校国語教科書『あたらしいこく
ご』に含まれる1025文の分類を行った。その際、全体の傾向をつ
かみやすくするため、以下のような作業上のルールを設定している。

・1文内に複数の因子が存在している場合は、最もとらえやすい
因子のみ採用する。
・複数の因子が存在している場合は、形のはっきりしたものを採
用する。具体的には、要素より記号を採り、2つ以上の要素が
ある場合は形のはっきりしているほうを採る。

　「起こし文型」の調査により、1025文は、始発型98文、承前型
786文、転換型104文、自由型（分類不能なもの）37文と分類さ
れた。3つの型は、記号による認定か、要素による認定かによって
2つに分けられるが、さらにその中に複数の下位カテゴリーを持っ
ている。最も数の多い「承前型」を例にとると、以下のような下位
カテゴリーが見られる。

　　承前記号（fs = following symbol）
　　fsA　　継起性の接続詞類
　　fsB　　論理心理性の接続詞類
　　fsC　　指示語
　　fsD　　応答の語
　　承前要素（fa = following agent）
　　faA　　語の意味の働き
　　faB　　語の付属形式の文法的働き
　　faC　　文の成分の省略
　　faD　　先行文中の語の反復
　　faE　　引用部の内外にまたがる承前

位置による承前（fp＝following place）

fpA　発話文を解説する文

fpB　音響を解説する文

fpC　前文からの働きかけに応ずる文

fpD　前文で叙した事態の中の事態を描く文

fpE　前文で叙した事態の結果を描く文

fpF　前文で叙した事態から生ずる行為を描く文

fpG　前文で叙した認知行為の対象を描く文

fpH　前文で叙した事態に並行する事態を追叙する文

fpI　前文で叙した事態を別の角度からとらえ直して叙する文

fpJ　前文叙述の理由づけをする文

fpK　前文の叙述に批評や感想を加える文

fpL　前文と対の関係でつり合う文

fpM　直前でない先行文を受けるために、前文と相並ぶ文

　この「承前型」の分類に際して、林は、仮に1文に含まれる承前因子をすべて数え上げれば、「位置による承前」は、承前性を持つすべての文に認定されることになり、種類はさらに増えるだろうと予測している。

2.5　「起こし文型」の特性と意義

　2.1節から2.4節まで「起こし文型」の要点をまとめてきた。ここから「起こし文型」は以下の特性を持ったものと言える。

・独自の文章観・文章の展開原理（流れと構え）から導き出された考え方である。

・原理に基づいた、体系的な分類（始発型・承前型・転換型）を持つ。

・認定の際に、言語形式と機能の一体性・臨時性への視点（記号と要素）を重視する。

・分類（調査結果）は、多面的かつ網羅的な下位カテゴリーを持

つ。

　この特性を見ると、「起こし文型」が、言語・文章に対する深い洞察と丹念な作業によって成り立っていることがわかる。

　この「起こし文型」は、2000年代に相次いで出版された2つの博士論文に少なくない影響を与えた。

　1つは庵（2007）である。庵は、文を超える言語単位を分析対象とするテキスト言語学を標榜し、その一分野であるテキスト文法の立場から日本語における結束性を担う言語要素（結束装置）について検討している。ここで庵は『文の姿勢の研究』について日本のテキスト言語学の出発点であると述べ、「起こし文型」の網羅性を評価している。また、結束性と一貫性の区別において、「起こし文型」に関する「記号」「要素」の考え方が参考とされている。

　もう1つは石黒（2008）である。石黒は、文章論の研究成果をもとに、文章理解における予測を扱った研究である。石黒は、「起こし文型」による分類の網羅性や、「記号」「要素」の区別をまず評価し、そのうえで、分類結果を後続文のタイプの予測にも利用しようとする発想を「先駆的」であるとしている。石黒の予測研究の手法には、「起こし文型」における言語表現への視点が生かされているように思われる。

　また、未公刊ではあるが、本稿の筆者の博士論文（俵山2015）も、「起こし文型」の影響を多大に受けている。俵山（2015）は、「起こし文型」では、談話の終結についての言及が少なく、また「終結型」のような独自のカテゴリーが設けられていないことに着目し、談話の終結に寄与する言語表現を分析対象に据えた。そして、分析の中で、各形式が持ちうる終結を促す性質（「統合」「収束」など）を認定し、それを複数持つ形式が、林が提示した「記号」に該当する可能性を提起した。

　この3つの研究は、「起こし文型」による分類の網羅性、「記号」「要素」の2分法にさまざまなレベルでの影響を受けている点は共通している。一方で、その研究の発展方向は、それぞれ異なっている。この点は、「起こし文型」の概念や分析結果が、さまざまな側

面で魅力的であることを物語っている。

　次節以降では、「起こし文型」に談話終結をメインに扱うカテゴリーがないことの理由を議論していくが、3節ではその前段階として、「起こし文型」の下位カテゴリー中にある談話終結に関わる事項をみることにする。

3.「起こし文型」における談話終結に関する事項

　談話の展開について言及する際に、談話話題がどの局面にあるかという観点から「開始」「展開」「転換」「終結」といった用語が使用されることが多い。一方、「起こし文型」には、「始発型」「転換型」はあるが、「終結型」はない。

　ただ、「始発型」と「転換型」の下位カテゴリーの中には、談話終結に関わる事項が含まれている。それは、以下の2つである。

　　承前型　承前要素（fa）　faA　語の意味の働き　faA10 結末し
　　　　　　　　　　　　　　　　　　　　　　　　　　めくくり語句
　　転換型　転換要素（ta）　taL　しめくくりをする文

　両者ともに、「しめくくり」という談話終結との関連がうかがわれる表現がカテゴリーの名称に含まれている。以下で、それぞれについて詳しくみる。

　また、『文の姿勢の研究』には、「始発型」の記述の一部として、文学作品の冒頭文について、「始発型」らしさの強弱を検証する実験的調査の節があり、その中で「終結性」という語が用いられている。これについても紹介する。

3.1 「語の意味の働き」中の結末しめくくり語句

　「語の意味の働き」類は、意味論上の「意味」を扱うもので、その中に11の下位カテゴリーを含み持っている。「語の意味の働き」全体では135例であるが、結末しめくくり語句は4例と少数である。その例を以下に挙げる。例文中の〔　〕は先行文、下線部は承前因

子と認定された部分を指す。

(2) 〔あさって、うちへかえります。〕さようなら。

(3) 〔「さあ、そろそろ出かけるとしよう。」と、うんてんしゅさんがいいました。はるおさんとただしさんは、うんてん台からおりました。トラックは走りだしました。〕「さようなら。」ただしさんが大きな声でいいました。

(4) 〔正月には、ゆき子さんといっしょにあそびに行きます。〕おばさんによろしく。

(5) 〔おばさんによろしく。〕さようなら。

このカテゴリー内の4例中3例が「さようなら」という語によって承前性があらわされている。この語については、以下のように解説がなされている。

> 「さようなら」ということばは、別れのことばであるから、同時に、会話や手紙の終末を意味することばでもある。終末の一点は、他のいかなる点に対しても、必ずうしろに位置することになるから、絶対的な意味で承前性をもつ。「絶対的」というのは、「相対的」でないという意味である。直前の文との関係で承前性をもつのではなく、文章全体における位置づけから、むしろ、直前の文とは無関係に承前性を発揮するのである。

(p.171)

ここで扱われている別れを告げる語句は、すべてが会話や手紙の末尾に出現しているものである。その点で、本稿が扱おうとする、談話の終結性とは質が異なるものである。

3.2 しめくくりをする文

「しめくくりをする文」類は、まず、これが「転換型」に分類される理由が知りたいところである。まず、「転換型」全体の規定を確認する。「転換型の特性」のタイトルがついた節から、該当の部分を抜き出して示す。

> 前章で承前型の文を観察した際は、受けつぐ部分だけに注目したのであるが、逆にいえば、その部分以外は、新しく発する何かについて述べているわけである。(中略)

このように、読者にとって、文章中の各文は、ほとんどすべて、情報の既知性と未知性とから成り立っている。時々、未知性の方がうんと目立って、「おや、新顔だぞ。」という感じを強く起こさせる場合、そういう文を転換型の文と呼んでみたい。

（pp.301–302）

　これは、「転換型」の要件として、「承前性」を前提としつつも「未知性」の際立ちがある文である、ということを言っている。

　「しめくくりをする文」がこの「転換型」に分類される理由については、この類についての記述の冒頭の説明がその疑問に答えるものである。以下に引用する。

　承前要素Ａ（語の意味の働き）の中に「結末しめくくり語句」（faA10　171ページ）の項を立て「さようなら」「よろしく」などの語を、承前要素とした。とじることは、前を受けることだという点を重視したわけである。

　しかし、しめくくりをすることには、受ける面があることとともに、新たに起こす面もあることに注意しなければならない。だれでも、終わりのあいさつをする時には、態度をあらため、一段と声の調子を高くして、発話するだろう。途中はくずれていても、始めと終わりはきちんとするものだという常識が誰にもある。ということは、「終り」には、新しくなる要素があることを意味する。物理的にいっても、動いているものを止めるには、新たに力を加えなければならない。制動には、始動に通じるものがある。

　結末をしめくくるための文には、承前性もあり、始発性もあるとすれば、これを転換型の文にかぞえることができる。

（p.336）

　この記述から、林が「結末しめくくり語句」と「しめくくりをする文」の間に共通性は認めつつも、前者は、終結のために「前を受ける」側面が強いのに対し、後者は「新たに起こす」側面が強く出ていると認識していることがわかる。「前を受ける」「新たに起こす」という部分には、「転換型」全体の規定の「既知性」「未知性」との対応が見て取れる。

第6章　「起こし文型」設計思想の検討　**123**

「しめくくりをする文」として分類されたのは以下の9例である。文の一部の語句が転換要素のものが4例、文全体が転換要素と認められたものが5例である。

(6) 秋のにわは、まるで<u>虫のおんがくかい</u>です。

(7) みんなは、<u>ほんとうに</u>おなかがいたくなるほどわらいました。

(8) <u>みんなは</u>、汽車のまま、左の方へはいって行きます。

(9) <u>三人で</u>すかんぽのうたをうたいながらかえりました。

(10) <u>いろいろの雲</u>が来ました。

(11) <u>せいかつぶからのおねがいをおつたえしました。</u>

(12) <u>きょうは、くまの冬ごもりのお話でしたよ。</u>

(13) <u>かぜにかからないように、みんな、よく気をつけましょう。</u>

(14) <u>れっ車は、東京へと走って行きます。</u>

(6) は、「夜になると、にわの方から、いろいろな虫のなき声がきこえてきます。」から始まる作品で、作品中に登場するさまざまな虫の鳴き声を総括して「虫のおんがくかい」と述べており、「受け止めの姿勢」と「新しい価値づけの態度」が見られるという。(7) は、「みんな」で一家団らんを総括し、(8) もその同類、(9) は登場人物3人の総括、(10) はさまざまな形の雲の総括という説明が付されている。ここからわかるように、「しめくくりをする文」では、文中のある要素が文脈中で帯びる「総括」の働きが、その文を「転換型」ならしめていると言える。

(11) (12) は、それぞれが校内放送の、ある1つの話が終わる時の結末の文であり、文全体で、その話を総括していると述べられている。

(13) は「田中先生」の「うがいについてのお話」という作品中の第一段落の結末文で、段落のテーマとなる文であるため、話全体という観点からは「冒頭文の役目」を果たすとされている。

(14) は、トンネルを出て走りつづけることを言っているので、「新局面への移行」だと解釈されている。他の転換要素であるtaG「新局面への移行を叙する文」に入れてもよいと述べているが、新局面に移行してのしめくくりも、「終わり方の常套手段の一つ」だ

と説明している。

　以上、「しめくくりをする文」の9例についてみてきたが、この中で（6）から（12）までについては「総括」という言葉が、その要素の働きをあらわす際に用いられているが、（13）（14）については、「総括」という言葉を用いず、それぞれ「冒頭文の役目」「新局面への移行」という言葉で要素の働きを表現している。このことから、「しめくくりをする文」の要素も、いくつかに色分けできる可能性が示唆される。

　一方、「転換型」の持つ「未知性」については、（6）（13）（14）にそれぞれ、「新しい価値づけの態度」「冒頭文の役目」「新局面への移行」といった対応が見て取れる語があるが、それ以外の6例の解説には見当たらない。そのため、「未知性」については、程度性があるように思われる。「未知性」が薄いものは転換性も薄いと考えるならば、ある種の「しめくくりをする文」を「終結型」のような別のカテゴリーで処理することも可能ではないかと考える。

3.3　「始発型の文における始発性の強弱」の検証における終結性

　先にも述べたように、「始発型」についての記述には、「始発型」の文の分類・解説以外に、16の文学作品の冒頭文を取り出し、始発性の強弱を検証する実験的調査の節がある。その調査結果の分析において、「起こし文型」の3タイプに対応する「始発性」「承前性」「転換性」という語とともに「終結性」という語が用いられている。

　調査は、短期大学1年生を対象として、質問紙で提示した10個の文がそれぞれ作品のどの位置にあると思うかを答えさせるものである。位置は、以下の4つのうちから選ぶこととされている。

　　冒頭……作品全体の冒頭位置
　　段頭……一段落内の先頭位置
　　中途……冒頭でも段頭でもない。文章の中途の位置
　　結び……作品全体の結びの位置

そして、調査結果を分析する前段階として、「冒頭」は強い始発性があるため2点、「段頭」は弱い始発性があるため1点を与え、「中途」「結び」は始発性と無関係であるため0点として、この合計を始発点として数値化を行っている。

この始発点の数値と、「冒頭」「段頭」「中途」「結び」の各項目への人数の分布から、16文の性質が検討されている。その際、4つの文について「終結性が強い」「始発性と終結性を分有」「始発性と終結性に傾斜」「転換性・終結性がやや」というように、「終結性」という語が用いられている。ここでは、「終結性」は他の「始発性」「承前性」「転換性」と同じ資格の語として並立しているように見える。

3.1節と3.2節でみたように、林はいくつかの文について「しめくくり」という語を用いて、談話終結に関わる事項を論じている。また、上記のように、始発性の検証という限られた場所ではあるが、「終結性」という語を、他の3類型と並列させて用いている。以上のことから、林が談話終結に関する事項についてきちんと目配りしたうえで、「起こし文型」の3タイプを設定していたことがうかがわれる。

4. 「終結型」の不在からみえる「起こし文型」の背後にある思想

本節では、「起こし文型」に「終結型」がない理由について、筆者の見解を述べる。また、この理由を考えるなかで、「起こし文型」の設計思想を探っていく。

4.1 「終結型」の可能性を検討する背景

まず、「始発型」「承前型」「終結型」のほかに、「終結型」が存在してもよいのではないかと筆者が考えた背景について述べる。

一般的に言い慣わされてきた文章の構成に「起承転結」の4段構成がある。「起承転」までは「起こし文型」の3タイプと対応するが、最後の「結」もそれに並び称されるものという感覚がある。

また、「起こし文型」で「記号」として扱われているものが多い接続表現の分析においても、「終結」に関わる機能が設定されているものがある。たとえば、佐久間（1992）は、従来、意味・用法面の分類が多くを占めていた接続表現について、「文脈展開機能」の観点での分類を試みている。「文脈展開機能」については、「文章・談話の内部にある文脈を先へ展開させて、完結し、統一ある全体を形成して伝達する働き」と定義され、文の連接類型とも対応させた以下の3類12種の分類が設けられている。

表1　接続表現の文脈展開機能による分類試案

文脈展開機能	連接類型	接続表現の例
A. 話を開始する機能	転換型	ソレデハ・デ・ジャア・サテ
B. 話を展開する機能		
b1 話を重ねる機能	添加型／対比型／補足型	ソシテ・サラニ／マタハ／ナオ
b2 話を進める機能	順接型／逆接型／対比型	ソコデ／ケレドモ・ガ／ムシロ
b3 話を深める機能	同列型／補足型	タトエバ・スナワチ／ナゼナラ
b4 話をそらす機能	転換型／補足型	デ／タダ・モットモ・チナミニ
b5 話を戻す機能	転換型	トコロデ／サテ・ソモソモ
b6 話をさえぎる機能	逆接型／補足型	デモ・ダケド・シカシ／ダッテ
b7 話をうながす機能	添加型／順接型	ソレカラ／ソレデ・デ・ダカラ
b8 話を変える機能	転換型／逆接型／補足型	トコロデ・ジャ／シカシ／実ハ
b9 話をはさむ機能	順接型／逆接型／補足型	ダカラ／ダケド・デモ／タダ
b10 話をまとめる機能	同列型／順接型／転換型	要スルニ／ユエニ／トニカク
C. 話を終了する機能	順接型／転換型	コウシテ・トイウワケデ／ジャ

(佐久間1992、p.16)

　ここでは、談話終結に関する機能として、b10「話をまとめる機能」やC「話を終了する機能」とそれに対応する形式が挙げられている。もちろん、形式からスタートして機能を見ている佐久間と、機能からスタートして形式を見ている林の観点が異なるのは当然である。しかしながら、林も「記号」として、多くの接続詞を認定しており、そこに談話終結に関する機能を見出すことは不自然ではないと考えられる。

以上、筆者が「終結型」が存在してもよいと考えた前提について
述べてきた。

4.2 「終結型」を設定しなかった理由 1

次に、林が、「起こし文型」に「終結型」を設定しなかった理由
について説明する。

理由の 1 点目は、林の「起こし文型」の設計が、言語形式による
型を重視したものであることである。

形式の重視は、「始発型」「承前型」の下位カテゴリーを並べてみ
るとよくわかる。

始発型
　始発記号（ss）
　　ssA　呼びかけの語
　　ssB　自己内感動詞
　　ssC　場面設定の語
　始発要素（sa）
　　saA　習慣的あいさつ文
　　saB　感動表出の文
　　saC　場面ないし主題設定の文

承前型
　承前記号（fs）
　　fsA　継起性の接続詞類
　　fsB　論理心理性の接続詞類
　　fsC　指示語
　　fsD　応答の語
　承前要素（fa）
　　faA　語の意味の働き
　　faB　語の付属形式の文法的働き
　　faC　文の成分の省略
　　faD　先行文中の語の反復

faE	引用部の内外にまたがる承前

位置による承前（fp）

fpA	発話文を解説する文
fpB	音響を解説する文
fpC	前文からの働きかけに応ずる文
fpD	前文で叙した事態の中の事態を描く文
fpE	前文で叙した事態の結果を描く文
fpF	前文で叙した事態から生ずる行為を描く文
fpG	前文で叙した認知行為の対象を描く文
fpH	前文で叙した事態に並行する事態を追叙する文
fpI	前文で叙した事態を別の角度からとらえ直して叙する文
fpJ	前文叙述の理由づけをする文
fpK	前文の叙述に批評や感想を加える文
fpL	前文と対の関係でつり合う文
fpM	直前でない先行文を受けるために、前文と相並ぶ文

　記号は、そもそもある働きを固定して負う形式があることが認定条件になっている。要素は始発要素と承前要素とで、少し様子が異なるが、相対的に言語形式を重視している。まず、承前要素はすべて形式の出現・反復・省略を扱っており、言語形式の有無自体が重要視されている。次に、始発要素を見てみると、「saA 習慣的あいさつ文」は、ある程度限定された範囲の表現である。「saB 感動表出の文」と「saC 場面ないし主題設定の文」は、形式よりは文の意味を扱ってはいるが、後者では該当の例を、「イツ」「ドコ」「ダレ」を含んだ構文として定式化しようとする姿勢がある。例えば、「日よう日のことでした」を「イツ のことでした。」と捉え、「朝早くおきて、にわに出てみたら、あさがおがたくさんさいていました。」の中の イツ と ドコ を取り出すといったものである。承前位置については、すべてが先行文と後続文との意味関係を論じているが、この位置自体が「始発型」と「転換型」では設定されておらず、記号と要素の認定が優先されていることを考えると、例外的なものと捉

えてよいだろう。

このように、一部例外はあるものの、言語形式を重視する姿勢は、「始発型」「承前型」の分類に顕著である。

では、「転換型」はどうだろうか。各下位カテゴリーの理解に具体例が役立つため、記号については該当の形式を示し、要素については例文を加えて示す。〔　〕内は例文の先行文脈で、例文中の（改）は元となるデータ中の改行をあらわす。

転換記号（ts）

　tsA　　詞的転換記号（「ところが」「では」「それでは」）

　tsB　　辞的転換記号（「つぎは」「つぎに」「こんどは」）

転換要素（ta）

　taA　　語彙的転換要素

　・〔あたまのところがくるくるとまるまって、はなが出て、あごがつき出ていました。〕（改）つぎに来たのはくまのようでした。

　taB　　時間場面を新たに設定する語句や文

　・〔あきらさんは、子犬がほしいとおもっていました。〕ある日、おとうさんが、「森田さんのうちで、子犬がうまれたそうだ。あきらにもらってきてあげよう。」といいました。

　taC　　空間場面を新たに設定する文

　・〔ぼくは、おとうさんやおかあさんといっしょに、しおひがりにいきました。〕（改）うみへいくと、まだしおがひいていません。

　taD　　新たな主題的人物を描き出す文

　・〔「わたし」が呼びに行くと、みんな、雨なんかへいきで田うえをしている。〕（改）おとうさんが、なわしろのほうから、なえをかごに入れて、おもそうにせおってきました。

　taE　　新しいトピックに移る文

　・〔〈「わたし」が父母と羽田空港へ。〉でんしゃやバスにのって、やっとつきました。〕うみがみえました。

　taF　　叙述の着眼点が変化する文

・〔れっ車は、いくつもえきにとまってから、大きなえきにつ
　きました。このえきでは、人がたくさんおりたりのったりし
　ました。〕（改）ホームでは、かくせいきがのりかえのことを
　知らせています。べんとうやおちゃやたばこやざっしなど、
　いろいろのものをうっている声がにぎやかにきこえてきます。

taG　　新局面への移行を叙する文

・〔「あと、どのくらいで、東京につくの。」まさるさんがたず
　ねると、おとうさんは、「三時間ぐらいだよ。」とこたえまし
　た。〕（改）れっ車は、いくつかえきをすぎてから、ガーッと
　トンネルにはいりました。

taH　　合流を見越して一時飛躍する文

・〔では、かぜにかからないようにするには、どうしたらいい
　でしょうか。うがいをすることです。〕かぜをひいている人
　がせきをすると、かぜのばいきんが空気の中にまきちらされ
　ます。その空気をすうと、ばいきんがのどの中につきます。
　これをほうっておくと、たいへんです。かぜにかかってしま
　います。ですから、よくうがいをして、のどをきれいにあら
　いましょう。

taI　　文種が変わる文

・〔ほうそうを聞くときには、ほかのことを考えたりしている
　と、どういう話かわからなくなります。また、声を出したり、
　つくえやいすをがたがたさせたりすると、ひとのじゃまにな
　ります。〕あなたも、よく気をつけて、ほうそうを聞きまし
　ょう。

taJ　　叙事の密度が急に変わる文

・〔よそのおばさんもせんたくに来ました。おばさんが「おは
　ようございます。」といいました。おかあさんも、「おはよう
　ございます。」と、あいさつをしました。〕（改）わたしはや
　っと一まいあらいました。

taK　　離れた先行文中の要素を受けつぐ文

・〔おかあさんにかんづめのあきかんを二つもらいました。そ
　れでかんのげたを作りました。（改）くぎとかなづちをもっ

第6章　「起こし文型」設計思想の検討　　131

て来ました。くぎをかんのまんなかに立てて、かなづちでく
ぎのあたまをたたくと、ぷすっとあながあきました。もう一
つのかんにもあなをあけました。〕（改）おかあさんからひも
を二本もらって、くぎのあなにとおして、かんのうちがわで
むすびました。

taL　　しめくくりをする文
・秋のにわは、まるで虫のおんがくかいです。

taM　引用文内の語句の働きによる転換
・「さあ、そろそろ出かけるとしよう。」と、うんてんしゅさん
　がいいました。

　転換記号は別として、転換要素は、taA から taD までは比較的形
式に焦点が当たっているが、「taE 新しいトピックに移る文」以降
は、文の内容的側面、文章の話題的側面、文章中の叙述スタイル的
側面などに焦点が当たっており、形式の取り出しや形式にもとづく
定式化がしにくいものが並んでいる。

　これは、「転換型」の認定が、内容・話題・叙述スタイルという
ものと不可分に結びついていることと関連しており、こうした側面
を無視しては論じられないものであるからである。

　しかし、一方で、形式重視の立場に「起こし文型」が立脚してい
ることは明らかである。「始発型」「承前型」の分類における形式重
視については先に確認した。その他の箇所にも、形式重視の立場が
うかがわれる記述がある。以下に 2 点紹介する。

　まず、林が「位置による承前」について規定する中で、「位置に
よる始発型」「位置による転換型」を立てなかった理由として「形
態上の類型を立てることが難しい」（p.257）ことを挙げている。

　また、「起こし文型」の構想が提示された『基本文型の研究』の
第 5 章「起こし文型」では、『文の姿勢の研究』での「起こし文型」
の認定とは異なり、「転換型」がない。この時点での分類はプロト
タイプ的なものであるが、型の認定の基準となっているのは、例外
なくすべてが語である。このことから、林が当初はまず、「始発型」
「承前型」のみを設定し、形式的なもののみを扱おうとしていたこ

と、作業を進める中でそれが難しいことに気づき、「転換型」を設定し、また、文の内容や話題的側面も要素として認定していく方針を立てたことがわかる。この考え方の変遷も、形式重視の立場が「起こし文型」の根底に存在していることを支持する。

　仮に「終結型」を立てようとした場合、「しめくくりをする文」が転換要素に含まれていることからみても、談話の終結も、転換と同様に内容・話題・叙述スタイルといった側面に焦点を当てざるを得ないため、形式重視の方針に沿わないものになってしまうことが予想可能である。このようなことから、林は、形式重視の方針が崩れ、分類の一貫性が弱くなることを危惧して、「終結型」の設定を行わなかったのではないかと考えられる。

4.3　「終結型」を設定しなかった理由2

　理由の2点目は、「起こし文型」の枠組みでは、終結性を示す記号や要素の扱いがあいまいになってしまうことである。

　ここでは俵山（2015）で取り上げられているものを、仮に終結性を示す記号や要素の候補として、この点を検討してみる。

　俵山（2015）では、従来の研究において談話の終結との関連をうかがわせる記述のあった表現として以下のものを挙げた。

・接続表現（こうして、このように、以上のように、結局）
・文末表現（思考動詞、各種モダリティ形式、わけだ、のだ）

　ここでは、まず、上記の表現のうち、終結記号の認定の可能性を探るため、「こうして」「このように」について取り上げる。これらは、先行文脈の要約・まとめといった特徴づけがなされており、談話終結との関連がうかがわれるものである*1。また、文末表現「のだ」についても、終結要素となりうるかどうか検討する。「のだ」は古くから、段落や文章の末尾にあらわれやすい傾向が指摘されている*2。

　まず、接続詞「こうして」「このように」についてみる。これらの形式を含む例を一例ずつ示す。

（15）新潟県で十日町市と合併した旧松之山町では、毎年、自宅に住む65歳以上の人に心の健康度のアンケートをしている。心配な結果が出れば、保健師が会って話を聴く。さらに精神科医が自宅を訪問して診察する。<u>こうして</u>10年で自殺率は4分の1に下がった。（朝日新聞2005年6月11日朝刊「社説」）

（16）ワニの脳の重さは体重の約1万分の1だが、人間は44分の1である。しかし、オオトカゲは30分の1で人間よりも上である。<u>このように</u>、今生存している爬虫類でも、体に比べて脳が非常に小さいものもいれば、逆に大きいものもいる。

（中原英臣・佐川峻『進化論が変わる―ダーウィンをゆるがす分子生物学』講談社）

『文の姿勢の研究』には、これらに該当する例はないが、先行する『基本文型の研究』の承前記号の中に「こうして」「このように」があることを確認できる。承前記号の例として、「指示語による接続詞相当の連語」が70例近く紹介されており、その中で「これに対して」「このため」などと並べられて提示されているが、文章中での機能についての言及は特にない。『文の姿勢の研究』では、教科書のデータに出現しなかったとみえて、これらの形式は取り上げられてはいないが、もし出現していたら承前記号の「fsC指示語」に分類されていたのではないかと推測される。

そうなると、仮に「こうして」「このように」を終結記号として認定する場合は、「終結型」だけでなく「承前型」にもまたがって認定されることになりうる。

なお、ある記号が、2つの型に分かれて配置されることは、「起こし文型」においても可能だと推測される。『文の姿勢の研究』では、そのようなケースはないが、『基本文型の研究』においては、以下の通り、同形の逆接接続詞が始発記号と承前記号それぞれに配置されている。

（17）しかし、驚いたなあ、きょうは。〈始発記号〉

（18）（ここは難所だ。）しかし、わたしは行く。〈承前記号〉

下の（18）は論理的逆接という「しかし」の中心的な用法だが、

上の（17）は、「例外的で正しい用法ではない」と断ったうえで、「まだ言語化されていない共通の体験を経たものの間での、話の切り出しに用いられる」（p.41）との解説が付されている。

　しかし、「こうして」「このように」を「承前型」「終結型」の2型に分けて配置することは現実的でないと考える。上記のように、明らかに別の用法である場合は別にして、「こうして」「このように」の終結性が、承前性を上回って発揮されているというような認定をすることは難しいからである。また、このような2型に分かれて配置される形式が増えることで、型としてのわかりやすさも減じてしまうことになる。

　次に「のだ」について検討する。該当の形式としては、承前要素の「faB2　述語の解説性」として「のだ」「のです」が取り上げられている。以下のようなものである、

　（19）〔きゅうに明るくなりました。〕れっ車は、トンネルを出た<u>のです</u>。

　この「のです」は文末の述語に解説性を与えるものだとされている。確かに「のだ」は（19）を見てもわかるように、先行文についての解説と解釈できるため、承前性は明白である。もし「終結型」を新たに設定し、文章の末尾の位置で承前性とともに終結性があると解釈される例があったとしても、その文の終結性が承前性を上回っているとの解釈ができるかどうかは微妙である。そうなると、こちらも分類上の問題があることになる。

　以上、本節では、終結型が存在しない理由として、①「起こし文型」の設計が言語形式による型を重視しており、「終結型」の設定は、その方針に沿わないこと、②「起こし文型」の枠組みでは、終結性を示す記号や要素の扱いがあいまいになってしまうことの2つを提示した。

5.「終結型」設定の試み

　本節では、4節での主張を検証するため、試みに「終結型」を設定し、日本語母語話者が執筆した文章（紹介文）をデータとして、

用例を分類・記述する。

5.1 データと分析方法

データとして用いるのは、国立国語研究所の『日本語学習者による日本語作文と、その母語訳との対訳データベース』プロジェクトで作成された作文データベースに所収の日本語母語話者が執筆した文章全66篇のうち、紹介文22篇である。これは「日本の行事や祭り、祝い事などの中からひとつを選び、日本語で紹介文を書いてください。」という指示にもとづいて、執筆されたものである。データとして多いとは言えないが、文脈をすべて把握できる数であるという点で、終結の型を見出すには適したサイズであるとも言える。

ここでは「終結型」の定義は行わず、各文章の末尾の文が、何らかの談話終結の因子を持っていると仮定し、それらの文を「記号」「要素」という2分法を使って、分析する。

調査の結果、以下のような分類が得られた

終結記号（cs＝closing symbol）
csA　まとめの表現　2例
終結要素（ca＝closing agent）
caA　語り手からの働きかけを示す文　2例
caB　語り手の判断を示す文　8例
caC　語り手の存在を暗示する文　2例
caD　読み手の時間へ回帰する文　2例
caE　事態の捉え直しをする文　1例
caF　引用による余韻を残す文　1例
終結性がみられなかったもの　4例

上記は、「起こし文型」の作業ルールにならい、形がはっきりしたものから並べたものである。この順番に従って、解説を加えていく。

5.2 終結記号

○ csA まとめの表現

終結の働きを専ら負っていると思われる形式として、「以上」を含む表現を認定した。先行文脈の一定範囲を「以上」によって統合することで、談話の終結に寄与していると考えられる。以下の例文中の（ ）内は先行文脈の内容についての説明である。例文の後の（ ）に、データの識別番号を示す。

(20)（文章冒頭から夏祭りの説明が続いた後で）<u>以上は</u>私の田舎の夏祭りの様子ですが、日本の夏祭りは本当に良いものです。 (JP18)

(21)（5月5日のこどもの日、3月3日のひなまつりの説明を終えた後で）<u>以上の</u>2つの日に、日本では様々な形によって、子供のよりよい成長を願うのであります。 (JP6)

両者とも、この1文のみで最後の形式段落をなしている。(21)については文末の「のであります」も、第1段落以来、談話中に登場してこなかった「私」の存在を暗示している要素と捉えられるが、文頭の「以上の」を優先して、分類としてはこちらに入れた。

5.3 終結要素

○ caA 語り手からの働きかけを示す文

談話を紡いでいく最中には、語り手の存在は時には潜在し、時にはまた表に出てくる。談話の終結の際は、それまで潜在していた語り手が登場し、談話（ここでは文章）を読み始める前、あるいは読み始めた直後には意識されていた「今・ここ・私」を再度意識にのぼらせることで、談話が終結するという感覚がもたらされることがある*3。

その「今・ここ・私」を意識にのぼらせる手段の1つとして、語り手から読み手への行為の働きかけがある。今回のデータでは、誘いの形式が観察された。そこまでの行事の説明を中心とした客観的な描写から一転して、聞き手に働きかける姿勢が鮮明に浮き出ることになる。以下の例文中の〔 〕内は先行する文である。

(22)〔ここで紹介したのは日本の習慣のほんの一部です。〕ぜひ

一度、日本で「お正月」を過ごしてみませんか。　　　（JP38）

(23)〔今年ももうすぐ七夕が来ます。〕あなたも、たんざくに何か書いて、織姫と彦星に<u>お願いしてみてはいかがでしょうか</u>？　　　（JP21）

○ caB　語り手の判断を示す文

　語り手の判断を示す文では、そこまでの文脈を踏まえた最終的な語り手の思考や願望を表現することで、語り手の存在が明示されることになる。8例出現したうち、思考動詞を含む文が7例、願望表現（願ってやまない）が1例であった。

(24)〔女性は柱をひいていく道のえん道の家でたくさんの人（知っている人も知らない人も）をもてなします。私は1回目は行ったけど2回目にはほとんど行きませんでした。〕次にあるのはいつかよくわからないけどちょっと行ってみたい<u>と思います</u>。　　　（JP4）

(25)〔そして式の後は、昔のお友達と飲みに行ったり、家族でお祝いをしたり、記念写真を写真屋さんに取りに行ったりします。〕成人式は一生のうちでとても大きなお祝いごとであり、とても楽しいものだ<u>と思います</u>。　　　（JP30）

　両者とも本来述語「思う」の動作主である「私」は言語形式として当該文の中には登場していない。(24)は先行文にあり、文脈で自明なため後続文で省略されていると捉えることができる。しかし、(25)の場合は、文章全体を通して一度も登場していない。

　次に、願望表現を持つ文についてみる。願望の持ち主である「私」については、「私は」のように直接文末表現と呼応する形では出現していないが、「私が住んでいた町内で」の部分で、間接的に出現している。

(26)今、私の住んでいる地域では子どものための町内会活動はみられない。たまに回覧板が回ってきたりするが、どこまでが同じ町内なのかもよくわからない。今、私が昔住んでいた町内で、十月十日にこのような行事が残っていること<u>を願ってやまない</u>。　　　（JP44）

○ caC　語り手の存在を暗示する文

先ほどは、文末表現で表される判断について、「私」という判断
の主体が表現されていたり、省略されていても復元可能なものであ
った。しかし、文末表現が何らかの判断をあらわしている場合でも、
元々語り手の存在を構文的に必要としないものもある。これらを語
り手の存在を暗示する文とした。データ中には「でしょう」「ので
す」の２例が観察された。以下に示す。

(27)祝典などの意味はあまり重視されず、形だけになってきて
　　　いるようにも感じますが、やはり外すことのできない年中
　　　行事といえる<u>でしょう</u>。　　　　　　　　　　(JP51)

(28)〔せっかく飾られたひな人形も、三月三日が過ぎても飾って
　　　あるとお嫁に行けなくなるからという理由ですぐにかたづ
　　　けられてしまいます。〕そしてまた次の年まで箱の中にしま
　　　われておく<u>のです</u>。　　　　　　　　　　　(JP14)

　語り手の存在の暗示の際に用いられる要素としては、「でしょう」
のように認識的モダリティ形式のようなものもあれば、「のです」
のように、認識的・義務的といった意味を持たないものもある。
「のです」は、承前要素として言及される際には「述語の解説性」
との特徴づけがあるが、ここでは、むしろ語り手の存在が色濃く出
ることで、「今・ここ・私」への回帰が行われていると言える。

○caD　読み手の時間へ回帰する文

　過去の出来事の叙述や時間を超越した一般性を持つ叙述が続いて
きたところの最後に、「今では」「今年」のような、時間的な現在を
指す表現が出てくることで、「今・ここ・私」が意識へとのぼり、
終結性を帯びる場合がある。以下に例を示す。

(29)〔その時にかかせない食べ物が、日本の伝統的な菓子の「お
　　　はぎ」である。それはもち米を炊き軽くつぶして丸めたも
　　　のに、あんまたはきなこをまぶしたもので、先祖の霊にお
　　　供えするものである。〕<u>今では</u>、一般的な和菓子の一つにな
　　　っている。　　　　　　　　　　　　　　　　　(JP25)

(30)〔私は、十八年この川越に住んでいますが、このような楽し
　　　い行事のある川越は、本当に大好きです。〕<u>今年も</u>この祭り
　　　が催されますが、今から楽しみにしています。　(JP56)

第6章　「起こし文型」設計思想の検討　**139**

○caE　事態の捉え直しをする文

　転換要素に「しめくくりをする文」というカテゴリーがあったことをみたが、そこで「総括」という言葉で表現されていたものが、この事態の捉え直しをする文にあたる。下の例では、最終文に至るまでに、年賀状やお正月の遊び（羽根つきなど）、初詣といったお正月に特有の行事が次々に紹介されている。それを「いろいろな伝統行事」という言葉で捉え直してまとめることで、談話が収束していると解釈される。

　　（31）〔お正月は神社やお寺にお参りにいく、初詣があります。お
　　　　　さいせんを投げて、手を2回たたいて合わせ、願いごとを
　　　　　すると叶うと言われています。〕お正月には、いろいろな伝
　　　　　統行事があり、みんな楽しみにしています。　　　　（JP49）

○caF　引用による余韻を残す文

　ここまでとは少し異質で、人物のことばの引用で終わることで生まれる余韻から、終結性が感じられるものである。この要素が観察されたのは、行事としての「お盆」を紹介する文章で、筆者個人のお盆の過ごし方についての描写があった後の、最終段落の第2文目である。

　　（32）〔ろうそくにマッチで火をつけながら、叔母の1人が言っ
　　　　　た。〕「もし私が死んだら、絶対にここに葬ってもらうわよ。
　　　　　夫の実家になんか、行くもんですか。」　　　　　　（JP53）

「起こし文型」の転換要素にある「taI文種が変わる文」や「taJ叙事の密度が急に変わる文」との共通性も感じられ、やはり終結の一部は転換との関連がありそうである。

○終結性がみられないもの

　22例のうち4例は終結性がないと判断した。以下に例を挙げる。

　　（33）〔とてもおいしいので私はおせちが大好物です。〕おせちに
　　　　　は、普段料理を作る主婦をお休みさせようといった意味も
　　　　　含まれています。　　　　　　　　　　　　　　　（JP28）

　上記は、お正月について紹介する文章の末尾である。「おせち」の叙述は、上記の部分を含め5文のみで、最後の文は、おせちの由来について触れて終わっている。ここから、終結性に関する要素を

140

取り出すことは難しかった。

　なお、4例のうち1例は、末尾の文そのものには、終結性を見いだせないが、その先行文とセットで、終結性を発揮している例であった。

(34)〔以上、正月のあいさつ、年賀状、おせち料理、お参りと説明をしましたが、その他にも正月特有の行事がたくさんあります。〕また、これらは地域や年代によっても変わってきます。　　　　　　　　　　　　　　　　　　　　　　　(JP40)

　最後の文のみを見ると、終結に関与するような特徴は見られないが、その前の文の「以上」が終結記号として認定できるため、文章としては収まりがついた形になる。ここは2文に分かれてはいるが、添加の接続詞「また」を取り、「…たくさんあり、これらは地域や年代に…」と1文にすることも可能である。

5.4　主張の妥当性の検証

　以上、仮に「終結型」があったらと仮定して、紹介文22編の末尾文について分析してきた。この結果から、以下の2つ主張の妥当性を検討してみる。

　　①「起こし文型」の設計が言語形式による型を重視しており、「終結型」の設定は、その方針に沿わないこと
　　②「起こし文型」の枠組みでは、終結性を示す記号や要素の扱いがあいまいになってしまうこと

　1点目については、終結要素中に「事態の捉え直しをする文」「引用による余韻を残す文」といった文の内容・話題・叙述スタイルに関する側面が含まれていた。これはデータを増やしたり、文章のジャンルを変えればさらに増える可能性がある。その点では、言語形式を重視する方針には沿わないことになる。

　2点目については、終結記号として認定した「以上」は承前記号としても認定されることが予想され、また、終結要素として認定した「のです」が既に承前要素としても認定されている。そのため、

これらはそれぞれ承前記号・要素と二重に認定される可能性がある。これは分類の難しさを上げ、型としてのわかりやすさを減じてしまう。

　以上のことから、あくまで少数のデータにもとづく分析という限定付きではあるが、4節で行った主張は妥当であると判断できる。

6. 終わりに

　本稿では、「起こし文型」に「終結型」がなかった理由として、①形式重視の方針に沿わないこと、②記号や要素の扱いがあいまいになり、型としてのわかりやすさを損ねることを主張した。また、「終結型」を仮に設定し、紹介文の末尾の文を分析することで、この主張の妥当性を確認した。これにより、「起こし文型」の設計思想の一端を、新たな角度から示すことができたのではないかと考える。

＊　本稿執筆にあたり、改めて『文の姿勢の研究』を読み、この本の魅力を再発見した。それは、緻密であり、しかし拙速を避ける記述スタイルにより林四郎という研究者の思考の道筋をたどるように読み進められるという点である。本稿で行った「起こし文型」の設計思想の検討は、この記述スタイルのおかげでなしえたものと言える。多くの研究者が、この本に触れ、この魅力を体験してほしいと願っている。

＊1　「こうして」については馬場（1993）、甲田（2001）などに談話終結と関わる記述がみられる。「このように」については、庵・高梨・中西・山田（2001）、日本語記述文法研究会編（2009）などに関連の記述がみられる。

＊2　「のだ」と談話終結との関わりについては、林（1964）、霜崎（1981）など、古くから指摘がある。

＊3　石黒（2008）では、「終了の予測」を誘発するものとして「視点の回帰：視点がもとの視座（今・ここ・わたし）に戻るもの」を挙げている。石黒が挙げている例は物語や小説のもので、本稿で扱っている紹介文のような説明的文章とは性質が異なるが、「今・ここ・わたし」へ戻るという点は共通している。

参考文献

庵功雄（2007）『日本語におけるテキストの結束性の研究』くろしお出版

庵功雄・高梨信乃・中西久実子・山田敏弘（2001）『中上級を教える人のための日本語文法ハンドブック』スリーエーネットワーク

石黒圭（2008）『日本語の文章理解過程における予測の型と機能』ひつじ書房

甲田直美（2001）『談話・テクスト展開のメカニズム』風間書房

佐久間まゆみ（1992）「接続表現の文脈展開機能」『日本女子大学紀要文学部』41：pp.9–22．日本女子大学

霜崎實（1981）「『ノデアル』考―テキストにおける結束性の考察―」『Sophia Linguistica』7：pp.116–124．上智大学大学院言語学研究室

マクグロイン・H・直美（1984）「談話・文章における『のです』の機能」『月刊言語』13–1：pp.254–260．大修館書店

俵山雄司（2015）『日本語の談話終結表現の研究』筑波大学博士論文（未公刊）

日本語記述文法研究会編（2009）『現代日本語文法7 第12部談話 第13部待遇表現』くろしお出版

馬場俊臣（1993）「指示語系接続語と指示語―『そうして、こうして』を例として―」『語学文学』31：pp.7–14．北海道教育大学語学文学会

林大（1964）「ダとナノダ」森岡健二・永野賢・宮地裕・市川孝編『講座現代語6 口語文法の問題点』明治書院

林四郎（1960）『基本文型の研究』明治図書出版［2013ひつじ書房より復刊］

林四郎（1973）『文の姿勢の研究』明治図書出版［2013ひつじ書房より復刊］

参照データベース

朝日新聞記事データベース『聞蔵Ⅱ』

国立国語研究所『日本語学習者による日本語作文と、その母語訳との対訳データベース』

日本語教育システム研究会『CASTEL/J CD-ROM V1.3』

第7章

国語教育における林四郎の基本文型論の再評価
『基本文型の研究』『文の姿勢の研究』及びその関連文献を中心に

山室和也

1. はじめに

　本稿の目的は、大きく分けて二つある。一つ目は、林四郎の『基本文型の研究』(1960)、『文の姿勢の研究』(1973)（以下『文型』、『姿勢』とする）及びその関連文献が国語教育に与えた影響を明らかにすることである。二つ目は、これからの国語教育における両著を中心とした文型教育を視野に入れた基本文型論の活用の可能性について考察することである。

　特に後者に関しては、2013年に『基本文型の研究』と『文の姿勢の研究』がひつじ書房から相次いで復刊され、2015年秋には日本語文法学会において「現代から見た林言語学の魅力」というシンポジウムが開かれ、その再評価が具体化してきている。そこでの論点は日本語文法研究、文章理解研究、コーパス研究、日本語教育の各立場からの再評価を試みることであった。それだけ両著の与える影響の範囲が広いということでもある。

　このように、国語教育の周辺領域において、林の研究成果がそれぞれ形を変えて再評価されているのに比べ、肝心の国語教育においてはこの両著の復刊に目を向ける者がどれだけいるのか、いささか心もとない*1。しかしながら、そもそも両著は国語教育のために書かれたものであった。そこで、本稿では国語教育の立場から、特に戦後の文法教育の変遷をふまえて林の基本文型論・文型教育論の再評価を試みるのである。

　そのためにまず、目的の一つ目として掲げた、発刊当時から現在までの両著の国語教育への影響について整理しておきたい。まず、成立背景としての国語教育における文型の扱いについて、文法教育の変遷という点から概観した上で、両著がどのようなことを意図し

て国語教育のための基本文型論・文型教育論として書かれたのかを確認しておきたい。その上で、特にこの両著に影響を受け、かつ林自身の文型に対する考えにも影響を与えた菅井建吉らの長野県飯田西中学国語研究会（のちに日本語文型教育研究会）による研究ならびに実践の成果との関係を押さえ、それらが国語教育、特に文法教育に与えた影響について確認する。

　以上のことをふまえた上で、目的の二つ目である両著の意義を国語教育の観点からとらえ、これからの国語教育において、『文型』『姿勢』で示された知見をどのように生かす可能性があるのかという点について考察する。

2.『文型』『姿勢』の国語教育に向けての意図

2.1　背景としての国語教育における文型の扱い方

　国語教育において、基本文型による教育が注目されたのは、戦時中の植民地における日本語教育の必要性からであった。それゆえ戦後の国語教育における文型教育の源流がここにあることになる。代表的な文献として、青年文化協会（1942）、輿水実（1942）、湯沢幸吉郎（1944）等が挙げられる。

　戦後、植民地の日本語教育を目的としたものから、国語教育における文法指導へと目的が変わった。その先駆的役割を果たしたのが、三尾砂（1948）である。これに端を発して「文法ブーム*2」の終わりの時期に、文型を取り扱った研究として、理論的な枠組みを中心にいくつかの試論が提出された。例えば、宮城県教育研究所（1957）、三上章（1958）、永野賢（1958）、上田保一（1961）等である。『文型』は、これらの研究の中に位置づけられる。

　また、これらの研究を客観的に支える資料として大きな役割を果たした国立国語研究所（1960, 1963）や遠藤嘉基・松井利男（1958）が、文型そのものに着目させ、さらに発達段階を加味したものの必要性を示唆した。これを踏まえ、現場での実践を意識し、発達段階を考慮した輿水実・中沢政雄（1963）らの一連の研究や、児童言語研究会（1957, 1958, 1965）、林進治（1971）等の一連

の研究・実践、また、鈴木重幸（1971，1972）に代表される教科研国語部会の一連の研究に引き継がれる。林の『姿勢』はこの流れの中で出されたものと位置づけられる。この林の理論は、現場での実践を通して検証され、その適用範囲を拡大してきた一連の教育に影響を与える。理論的背景としての林の研究、そして、それを指導方法として確立させていった菅井建吉、湯澤正範らによる日本語文型教育研究会の実践研究である。

2.2　両著に見られる林の意図

まず、林は『文型』において、既に「文型による学習指導」を視野に入れていた。林自身も、当初は日本の子どもたちへの学習の方法として「文型」が用いられるとは考えていなかったと述べている。しかし、「文型そのものも、まだ日本語では、はっきりしないのだから、ともかく文型とは何か、国語にどんな文型があるか、それをさがしてみようと、小学校の国語教科書を材料にして、調べ始めた。調べてみると、なかなかどうして、文型とは、その国のことばの秘密を宿した、大変な存在であることがわかってきた。」として、「それが本当に生かされるのは、文型の研究においてではないかと考えるようになった。」と述懐している（林1960: 195）。それが基本文型の研究の出発点ともなっている。

ところが、2.1で触れたように、昭和30年をはさんで、国語教育における文法の取り扱いが盛んに議論されるようになり、中学校だけではなく小学校段階からの文法指導を系統的に学習させるという議論も起こってきた。ただ、問題提起はされるものの現場になかなかその声が届かなかったことも確かで、やがてそのブームが去ると、文法の扱いに関する議論は、民間教育団体によるより体系的な指導理論の確立へと移行していく。このような時代背景をふまえた林の問題意識が、以下の記述から明らかとなる。

　　ちかごろ、文法学習や、言語の系統学習のかけ声がさかんである。しかし、どうすることが文法学習であるか、実際には、まだよくわかっていない。現場から、そのテコ入れを要望する声がよく聞かれる。必要は感じられるが、どうしたらいいか、

わからない、ということは、国語教育の基盤になる理論に、ど
こか大穴があいている証拠である。その穴をうずめる一つの方
法は、文型の理論をしっかりきずくことであると、今は、わた
しは考えている。(中略) 見つかった一つの型について、考え
方の練習として、文型練習をすることは、国語教育で常時行う
べき、基礎学力養成に役立つはずである。そのためには、文型
練習の方法が、組織的に組み上げられなければならない。

(林 1960: 196)

　この認識に立って、「文型」というものを理論的に確立させる必
要があると考え、それを明らかにしていくのである。
　『文型』では、文型を「ある言表の意図に従って、文法の支配の
もとに、現に成立して通用している、ことば及び音調の型」と仮に
定義して、文法能力は「文型を用いる能力」であるとした(林
1960: 14–15)。その上で、これまでの文型や文の構造に関する研
究をふまえて、「文型において、「構造」として大切なのは、文法上
の構造ではない。もっと、意味に即した構造である。」と述べてい
る。そして、さらに言表の構造を考察した上で、「心中の想が言語
化されるに際して、想の流れに一応のまとまりをつけるために、支
えとして採用される、語の並びの社会的慣習である。」(林 1960:
40–41) と、文型を再定義している。これらの定義に従って、言語
の側面を、

　1) 言い始めの時の姿勢

　2) 言い終わりまでを見通した姿勢

　3) 言い終わる時の姿勢

という異なった三つの段階に分けて、そのそれぞれの段階で採用さ
れる文型を「起こし文型」「運び文型」「結び文型」とした。「起こ
し文型」は、文の連接の仕方として、従来は文章論で論じられてい
たものを、文型という枠でとらえようとした試みであるとしている。
また、「結び文型」は、従来の「文の表現意図に関する文型」に相
当し、述語の陳述部を問題とするものであり、「描叙」「判断」「表
出」「伝達」という四つの段階を踏むととらえた。さらに、「運び文
型」は、従来の文型では十分扱い切れておらず、文構造の意味的な

解明を目指すものとした。

『姿勢』では「文の承前性について考えているうちに、それまで見落としていた承前性の要素が、しきりに見えるようになってきた」（林1973: 2）と述べられており、文章の流れと思考の関係を、「起こし文型」の詳細な分析によって明らかにしたのである。この分析の目的について、林は「文章の読みということを大きな着眼点としたので、本書は全体に読解過程の研究でもある。その意味で、これは国語教育の基礎づけを目指す議論のひとつだと考えている。」（林1973: 2）と述べており、読解の過程を明らかにするために文型というものを使おうとしていることがわかる。

2.3　その後の著作における主張

これを受け林（1974: 248）では、文型による文章研究を「全文を通読してから巨視的に段落分けをするというやりかたではなく（中略）、一文が与えられるごとに、先行文との関係でその文の位置をきめていくようなやりかたによる構造研究」と位置づけた。これに深く関わるのが「起こし文型」による分析と、局部文型の「そそぎ」「くくり」「ならび」の関係を適用した分析になる。そして言語行動全体を視野に入れ、そこに文型が位置づけられるようになる。つまり『姿勢』で読解を目的の中心にしていたものを、話す・聞く、書く分野へとその適用範囲を拡大させていくことになるのである。

その一方で、文型による読解が語彙指導にも関わることにも言及している。語彙に関しては、その後林（1987）において、語彙の分類へと発展する。

また、表現のための文型については、林（1981, 1982a, 1982b）において具体化されている。これらが、菅井建吉らの日本語文型教育研究会による理論・実践に強い影響を与えている。

3. 『文型』『姿勢』両著における国語教育に関わる具体的な提案

3.1 『文型』における提案

『文型』においては、第3部として「文型による学習」について言及されている。そこでは「表現を養う学習」「読解を深めるための学習」「教師の目を肥やす」という三つの観点から述べられている。その中でも「表現力を養う学習」の中に様々な文型練習が取り上げられている。それは、「言いかえ法」「着せかえ法」「創作法」の三つである。特に詳細に説明されているのが「言いかえ法」で、それをさらに（1）肯否定、（2）結合様式、（3）連結・結合の関係、（4）文の合成と結合、（5）疑問詞の位置、（6）注ぎとくくりの関係、（7）優勢・劣勢の相という7つの観点で分類している（林 1960: 158–165）。

「読解を深めるための学習」においては、一つの文章（豊島与志雄「天下一の馬」）を例にとりながら、「文章の展開するすがたをとらえること」の重要性を、まずは一文ずつ、それらのつながりを説明しながら述べている。そしてそこには、連続する二つの文の関係だけを捉えるのではなく、二つの文が結合して始発文となるとしたり、はじめから7番目の文（段落2つ分）までが「全体合して、文章全体の始発文となっている」（林 1960: 168）ととらえたりもしている。このように言葉の働きを文型によって追求すると主張しているのである。

3.2 『姿勢』における提案

『姿勢』の中心は、「起こし文型」のより詳細な分析である。そのポイントは、庵（2013）が指摘しているように、「記号」と「要素」の区別である。本書の分析の対象は、昭和36年から同39年まで使用されていた小学校2年生の国語教科書（柳田国男・岩淵悦太郎編、東京書籍発行『あたらしいこくご』2年Ⅰ、Ⅱの2冊）における文1025個である。そこには、説明文、物語文だけではなく詩、劇、生活文、記録文、児童による作文・日記・手紙なども含ま

れている。これらを、林の「起こし文型」の分類で整理した結果が以下のとおりである（林1973: 15）。

　　始発型98（記号によるもの58、要素によるもの40）

　　承前型786（記号によるもの131、要素によるもの501、位置によるもの154）

　　転換型104（記号によるもの10、要素によるもの94）

　　自由型37

　そして、特に承前型に限って「位置」を設けているが、承前型全786文のうち63.7％（501文）が「要素」によるものであることが明らかになったことは注目に値する。「記号」によるものが16.7％（131文）であるのに対し、その3倍強の割合で「要素」によって文が連なることが明らかになったのである。その「要素」とは、「語の意味の働き」「語の付属形式の文法的働き」「文の成分の省略」「先行文中の語の反復」の四つである。これが「記号」による「接続詞」「指示語」「応答の語」などに比べて圧倒的に多いのである。これらをさらに詳細に分類しているのが『姿勢』なのである。

　しかしながら林は、承前型の分類については既に永野（1972）・市川（1959）の文章論の研究成果によって定説化されており、自身が発見したものはほとんどないとして、その中で『姿勢』は「一定の資料内で数をかぞえ、傾向を見出そうとしたところにやや特色があるにすぎない」と述べている（林1973: 411）。林が定説化されたととらえた承前型の分類については、永野・市川とも「記号」による分類に詳しく、市川（1978: 88-93）で分類をさらに詳細にまとめ、林の「要素」に該当する「連鎖型」について言及しているものの、「要素」による分類については、そこまで詳細に分類されてはいない。永野（1986）でも文法論的文章論の中の連鎖論において「主要語句の連鎖」という視点としてこれに近い考えを示したが、『姿勢』が出された時期のものとしてはやはり特筆すべき成果と言えるだろう。

　永野（1972，1986）・市川（1978）の文章論は、国語教育に一定の影響を与えて、文と文、段落相互の連接関係、特に接続詞を始めとした接続語句の分類が教科書においても反映されている。その

一方で、この「要素」による接続については、一部の教科書を除きほとんど取り上げられることがなかった*3。

このことは、今後の国語教育における文型の生かし方に大きく関わるものであると考える。

4. 菅井建吉らの日本語文型教育研究会との影響関係

4.1　菅井建吉らの日本語文型教育研究会との出会い

菅井建吉を代表とする長野県飯田西中学校国語研究会のメンバーは、日々の実践を通して基礎的な国語力として考察を加えた結果、(1) 語イ力、(2) 文構成力、(3) 文と文との関係づけの力の三つが最も基本的な要素であるとした。さらに (2) と (3) はことばの法則に基づいて行われるものであるから、最も基盤的な国語力は (1) 語イ力、(2) 文法力だとし、この「文法力」は「いままでの学校文法の体系や知識を指すのではない。ことばのきまりに従ってことばを使いこなす広い意味での「文法運用能力」のことである。」と明言している（菅井ら 1968: 26）。このような問題意識を持っている時期に林の『文型』と出会ったとされている。また、ほぼ時を同じくして、もう一つの理論的な影響を受けた三上章 (1963)『日本語の論理』（それ以前の「基本文型論」の論考は 1958 年）とも出会ったとされている（菅井ら 1968: 27）。

この出会いによって林は、自分の理論が現場でどのように生かされるものなのかを知ることができ、菅井たちは、自分たちの指導理論の根拠として、林の言語研究の成果を採り入れることができたのである。林自身は、菅井らの実践研究に自らも参画し、彼らの著作の序文を書いたりして、問題意識の修正や、国語教育に対する考えを明らかにしていくのである。

菅井ら (1968) は「一個の言語主体が、ひとつの事象に対決して、認識や思考を確立し、発展させようとする時、それを支え、成立させるものとして、ことばの法則を見出さねばならない。」とし、この「ことばの法則」を「文型」としている点が、その考え方の基本となっている（菅井ら 1968: 78）。

実践としては中学校におけるものから始まったのであるが、国語教育全般の系統化を目指し小学校段階からの系統性を志向していた。そして、小学校一年生の段階から文型教育は始められなければならない、とも述べている。その理由は、「文型」が「意識の教育だから」だとする（菅井ら 1968: 82）。

　こうした目的意識の下で、前述したように林の『文型』から基本文型理論を学び、さらに三上の題目論から大きな示唆を受け、文の基本的枠組みを構築していったとされる。

　述語については、イツ・ドコデ・ナニ・ダレ等を表す要素が格助詞等によって述語に結合し、説明部を構成するとして、その述語をアル系（ガアル系とデアル系）とスル系（スル系とナル系）の四つに分類している。例えば、ガアルを述語とする文は、次のようになる。

　　　　ナニ　が　ドコ　に　ドレホド　（ドノヨウニ）　アル。

　こうした基本的枠組みに、さらに述語に現れる認識の種々相を加味して、次のような五つの基本文型（①〜⑤）を導き出している（菅井ら 1968: 54）。

（1）デアル系
①ナニ　が　ナニ　である。―同定・所属
②ナニ　が　ドノヨウニ（ナニより・ナニにとって）ドウ　である。　　　　　　　　　　　　　　　　　　　　　　　　　―性質・状態
（2）ガアル系
③ナニ　が　ドコ　に　ドレホド　アル。　―存在
（3）スル系
④イツ　ドコ　で　ダレ・ナニ　が　ナゼ・ナンノタメニ　（ドノヨウニ）（ナニ　を）ドウスル。　　　　―行為・動き
（4）ナル系
⑤イツ　ドコ　で　ナニ・ダレ　が　ナゼ　ナニ・ドノヨウ　に　ナル。　　　　　　　　　　　　　　　　　　　　　―変化

第7章　国語教育における林四郎の基本文型論の再評価　**153**

これが、菅井（1972）では、書く指導や話す指導に拡がる。さらに菅井（1982）では、林の理論の進展に沿って、文の連接から文章論への確立を志向した記述もみられる。この段階で、すでに文型文法のとりたて指導系統案が完成している（菅井1982: 132–138）。さらに実践研究は進んでいくが、文型による指導を拡げていけばいくほど、問題意識は文型を支える語彙の問題へと方向転換をしていくことになる。

　そのことは、菅井が「文の要素を、イツ、ドコ、ダレのように疑問詞化するのもその立場からであるが、文と文の関係も、単に接続詞の類や指示語だけでなく、語と語の関係や文型まで見てはじめて把握できるのである。」と述べていることからもわかる（菅井1972: 132–138）。

4.2　文型から語彙へ

　そこで、次に文型と語彙における両者の影響関係を見ていきたい。林（1963）も、読解において文型を活用する場合に、必然的に語彙指導との関わりが出てくると指摘し、「透視図によって、この文章を理解するのに必要な「ダレ」「イツ」「ドコ」「ナニ」等が、おのずと明示されたから、こんどは、これらを整理すると、語彙的考察になる。」と述べている（林1963: 267）。

　このように、文型によって抽出された要素相互の語彙的な関係に着目させることで、各文の文型相互のつながりが問題にされてくる。これが後述する文と文、文章における文という発想へとつながっていくわけである。菅井らも、もともと語彙に関しては問題意識の一つとして次のように掲げていた。

　　文型指導は、練習の場では、必然的に具体的な事実と結びつけて行われるから、それに伴って語イの指導が行なわれるようになることもまた当然であろう。（中略）「生きて働く語イ力」もまた、文型練習を基盤とした時、はじめて伸びるのである。

（菅井1972: 29）

　それゆえに、「語イ」と文型とを結びつけることに対して両者の間で共通理解が図られやすかったのであろう。そして、林の示した

（1）文法機能語、（2）準文法機能語、（3）機能的接辞、（4）思考基本語、（5）叙事基本語、（6）方面別基本語、（7）方面別発展語という語彙体系が、菅井たちの語彙指導に関わる理論的根拠となっていく。その中でも特に林は（1）文法機能語を「日本語の中核部にあたる言葉だ」としている（林1987: 214）。時枝文法でいう「辞」に当たり、助詞・助動詞・活用語の活用語尾の類が該当する。（2）準文法機能語は形式名詞「こと」、準体助詞「の」を代表とするものである。この（1）と（2）を文型における語彙の中の重要なものとして位置づけている。このことをふまえて、菅井・湯沢（1988: 30–36）の「語彙指導の段階」では具体的な語彙指導を展開している。

　このように、菅井らが語彙への教育に辿りつくに至った理由について、林は次のように述べている。

　　「文型」は、思考の枠組みとして言語を活用するために、どうしても無くてはならない形式です。この形式は、枠の中に入る単語や語句がなければ実現のしようがありません。ですから、文型による言語教育をずっと実践して来られた両氏のグループが、語彙の教育に直面しないはずがありません。

　　　　　　　　　　　　　　　　　　（菅井建吉・湯沢正範 1988: 2）

　また、林自身が具体的な「読みの指導」として、小学校三年生の教科書*4 の教材文（畑正憲作「ぼくのくろう」）の以下の冒頭文を取り上げたものがある（林1982b: 14–15）。

　　　　日ぐれでした。

　　　　まるく大きな太陽が、西の海にしずんだばかり。風がありません。海には波一つなく、あたりは、まるですべてのものがまほうにかかったように、しいんとしていました。あの歌ずきのみつばちさえ、だまりこんでいます。

　これらの五つの文は、具体的な海浜の情景が像を結んで行く。そして、そのささえとして持っている文法的骨組みの構造があり、それは次のようなものだと指摘しているのである（林1982b: 14–15）。

　　　　イツでした。

　　　　ナニがドコにドウシたばかり。ナニがドウです。ドコはドンナ

で、

　ドコはドノヨウにドウでした。あのダレさえドウシテイます。
　また、別のところでは、「文法の力とは、語句を、テニヲハによ
って、文中の必要な位置に配置し、表現や伝達の意図に従って、文
末をとじるようにすることである。」とも述べている。そして、表
現のための文法学習として「助詞と文型」「助動詞による文末表現」
「語句と文型」という三つの観点を挙げている（林 1982a: 138）。
前述した文法機能語が具体的な指導として形になっていることがわ
かる。まさに文型指導と語彙指導との関係の具体例といえる。
　それと同時に、林は「「文」は思考の流れの実現形式である「文
章」を生産する過程で生まれる」として、文の学習が文章の学習に
も発展することを示唆している（菅井建吉・湯沢正範 1988: 2）。
ここで、文章を「生産する過程」ととらえている点は、特に注目し
なければならない。『文型』『姿勢』において林が基本的に考えてい
た「過程」というものが、ここにつながっていると見ることができ
るからである。

4.3　文型から文章、思考のユニットへ

　これまで見てきたように、文型から語彙レベルへと進めたのとは
逆に、文型から文章に着目するようにもなる。林は「一回の表現が
一箇の文だけですまされることは少なく、実際には、いくつもの文
を相ついで生産しなければ、表現は果たされない。従って、文章の
中で、文を作るに際し、今までの文脈をよく受けて、必要な発展を
とげるようにしなければならない。文脈の展開に資するように文を
組み立てることにも、文法の力が働く。」（林 1982a: 138）と述べ、
文型と文章との関係についても言及している。
　さらに、それを拡げた思考と表現の問題に言及し、林（1981）
では「表現のための文法」を構想して、そのアプローチとして次の
三つを挙げた。

　　A　思考法のユニットによる表現型の記述
　　B　文法範疇のケースによる表現型の記述

C　言語形式別による徹底的な実用文法の記述

この林の論を発展させ、具体的に形としたものが、湯澤（2002）であった。そこでは林（1998）をふまえて、主に小学校国語教科書の文章の分析を通して、文連接の単位（思考の単位）を見出し、「日本語における思考ユニット」と名づけたのである。

4.4　文型教育論の浸透について

以上のように、両者はお互いに影響を受けながら、文型というものを柱にして、国語教育の理解・表現活動において必要となる基礎的な力として、文法と語彙を位置づけた。また、文法の対象が文だけではなく、文章にも拡張されること、それは思考・認識の活動（林の言で表現すれば「心の文法」）に関わることであるという意識の下で、文型という考えをとらえていったのである。つまり、文型から語彙、文型から文章へとその研究・実践の対象が広がって行ったのは必然的なものであるとするのである。そのことが幸いしてか、なかなか現場への浸透が見られない「文型」ということを前面に出さずに済んだとも言えるわけである。

それゆえ、表面的には、語彙と文章の指導を重視するというように見える。しかし、その背後には当初から確立させた文型論がしっかりと根付いていることを見逃してはならない。

それにもかかわらず、この文型教育は全国の小中学校に拡がり、定着をするまでには至らなかった。菅井らは、現場教師の問題を指摘したり、自らの考え方に原因があると述べたりもしている。具体的には、現場教師の問題として「その多くは文学志向であって、文法はどうも、という人が多い。「文型」などというと、文法よりももっと堅苦しくて、型はめの教育だと受け止めてしまう。」という文型文法に対する抵抗感が根強く存在していることを指摘している（菅井1984: 50）。

さらに、文型文法の最も大きな問題として挙げたのが「教師の言語観と力量」であるとし、「特に文節文法になじんでしまったり、なまじ文学的感覚がすぐれていると自認していたりする場合には、

それが足をひっぱって却って混乱を生じることが多い」ことを指摘
している（菅井1984: 109）。

　菅井によれば、理論そのものの問題というよりは、受け入れる現
場の、特に教師の問題があるというのである。もちろん、読解・表
現指導の中にこの実践研究の成果を活かし、独自に実践した現場教
師もいたに違いない。ただ、それを文型教育論として大成させ、浸
透させるのは難しかったのであろう。

5. 林の基本文型論の国語教育への影響と成果

　これまで見てきたように、林の文型教育論を含めた基本文型論の
国語教育への影響は、基本的な考え方として間接的には大きいもの
の、直接的には極めて限定的な範囲となっていたことがわかる。そ
こで、直接の影響関係にあった日本語文型教育研究会の成果も含め
て、影響と成果をまとめてみたい。

　まず1点目として、体系文法か機能文法かという一大議論に答え
を出したことが挙げられる。これは国語教育における文法の取り扱
いに対する考え方の両極として、永遠のテーマの一つにもなってい
る問題である。特に、文法ブームの時期には文法を体系的に扱うべ
きか、機能的に扱うべきかという問題が盛んに議論された。明確に
どちらかに定説化されることはなく、学習指導要領ならびに検定教
科書による文法教育の考え方は機能文法、それに対抗する体系的指
導の必要性を主張する民間教育団体の考え方は体系文法という二つ
の考え方が今でも併存している。この問題に対して、林は文型論を
用いることで難なく乗り越えられることを以下のように示したので
ある。

　　　指導要領で、文法に関して終始述べられているのは、主述・修
　　飾の関係ということである。そこで、これを現場で扱う場合、
　　主述関係とか、修飾被修飾関係とかの概念をどう料理するかが
　　問題になる。体系文法か機能文法かの議論がそこに起こったわ
　　けだが、ここに示すような、文型に着眼する方法は、その議論
　　を無用にする。述語Pを発見させ、それを中心に、述語へかか

158

る他の要素成分をつかませる点では、体系文法的でもあるが、
「主語」「述語」「修飾語」、あるいはそれの代用をなすいろいろ
な術語がいらない点では、機能文法的でもある。が、どちら的
かということよりも文型指導の利点は、指導者が文法だ、文法
だと考えなくても、実際に文法指導ができることである。

（林 1963: 264-265）

　つまり、文型教育論は体系文法、機能文法それぞれの要素を持ち
合わせた融合したものを形作ることができるとしたわけである。

　次に2点目として、文型が文法と語彙の橋渡しをしたことが挙げ
られる。1の体系文法と機能文法の融合にも通じる考え方であるが、
文における語の役割を考えていくことと、それを文型として整理し
ていくことのそれぞれに語彙の問題が関わって来る。まず要素間を
つなぐ役割を果たすのが前述の「文法機能語」「準文法機能語」で
あり、「ダレ・イツ・ドコ・ナニ」などの各要素に来るべき語の総
体について考察していく。それは、従来の文法書の順序と逆になる
（菅井・湯沢 1988: 62-63）。こうして文型に着目することで、文法
教育は単なる文法の教育ではなく、語彙の教育へも拡がりを持たせ
た指導を展開できるようになったことは大きな成果と言える。

　最後に3点目として、文から連文、段落、文章とそのつながりに
目を向けるようになったことが挙げられる。文型というと一つの文
のレベルでの問題になりがちである。しかしながら、一つ一つの語
ではなく2点目に挙げた「語彙」という視点を入れることで、文章
における語のつながりという見方ができ、文と文、文脈、文章にお
ける文ということが当然問題になってくる。この点の基礎を作り上
げたのが『姿勢』であり、現在、国語教育の周辺領域で再評価され
ている点も、テキスト言語学や文章理解研究など、文と文とのつな
がりに関わるもの、文章全体を視野に入れたものが多いことからも
うなずける。

　いずれにせよ、文法を文法として孤立させず、しかも文章を語彙
の力を使いながら理解・表現していくために「文型」を位置づけた
のである。

6. 林の基本文型論の国語教育における活用の可能性

6.1 学習者の実態に照らし合わせて

これまで見てきたように、林の基本文型論を基に、菅井らが実践により文型教育論を構築してきたわけだが、そこでは菅井らの学習者に対する見方と、林の文型（文章）研究に対する考え方との齟齬も存在した。

1965年の段階では、菅井らは生徒たちの実態からすると一文レベルの「運び文型」をまずしっかり押さえなければならないという認識であったのに対し、林自身の興味は、その一歩先の「起こし文型」に向いていた。しかし、林は無理に「起こし文型」を菅井らに強いることはなく、自身の研究をさらに進めた結果が『姿勢』としてまとめられるわけである。それをふまえて、菅井らも語彙や文章に目を向けて、最終的には文と文との有機的な関係に目を向けた「思考ユニット」というものに辿り着くことになるのである。

しかしながら、理論としての深まりは見られたものの、それが現場への浸透という点では逆に思うようには進まなかったことを考えると、指導側が文型に関する理論を構築することと同時に、文型教育論は学習する側の実態をしっかりとふまえた上で構築されなければならないということがわかる。

その具体例として、山室（2014b）では、平成25年度全国学力・学習状況調査（小学校国語A）において、学習者の文の理解に課題があることが指摘されたことについて言及した。その課題とは、①文が句点で区切られることの理解、②複数の内容を含む文について、主語と述語の関係や接続語の役割を押さえながら文を分析的に捉えること、の二つである。このうちの②は、具体的には二文を一文にしたり、接続語を用いて一文を二文にしたりすることに関する課題である。これらの課題については、林の『文型』で取り上げられていた「言いかえ法」によって、その意識を高め改善を図ることが可能となる。

また、もう一つの具体例として、松崎（2015）で取り上げられた平成21年度全国学力・学習状況調査（中学校国語A）における

「主語と述語の不照応」の課題がある。いわゆる「モナリザ文」という抽象名詞主題文における述語の表現に対する理解が十分できていないというものである*5。この主・述不照応の課題は作文指導と文法指導との連携で取り上げられており、作文指導においては松崎の他にも実践的指導も含め研究が行われてきている。

　ただ、その解決法の多くは、主語に合わせた述語の表現の修正に論点が集中している。文型という視点から、「モナリザ文の文型」として学習させるというのも一つの方法ではある。しかし、先の「言いかえ法」によって不照応を回避する方法が他にもいくつかあるということを理解しておくことで、対応に幅が出る。例えば、

　　(1)　彼の話から学んだことは、練習をしっかりやることの大切
　　　　さを学びました。

という文の主・述の不照応を、述語部分の修正によって、

　　(2)　彼の話から学んだことは、練習をしっかりやることが大切
　　　　だということです。

　　(3)　彼の話から学んだことは、練習をしっかりやることの大切
　　　　さです。

というように修正させることの他に、

　　(4)　私は、彼の話から練習をしっかりやることの大切さを学び
　　　　ました。

　　(5)　練習をしっかりやることの大切さを、私は彼の話から学び
　　　　ました。

など、主語の部分を換えさらに語順を換えるなどの方法で回避することも可能であるということである。つまり、述語の修正ばかりではなく、主語を換えたり、文型そのものを換えたりする発想も有効な場合があるということだ。

　さらに、主語に抽象名詞が来るということ自体、学習者の発達段階と照らし合わせながら検証する必要があるだろう。その意味で、基本文型における文の操作をある程度自在にできるようにすることは、学習者の理解・表現に大きく寄与することが可能となり、学力調査の結果における基礎学力の課題を解消する手立てになるのではないか。

特に小学校低学年に対しては、林の基本文型のとらえ方を生かし、単なる「何がどうする。何がどんなだ。何が何だ。何がある。」というだけの「基本」文型から、もう一歩前進させることができるのではないか。そこには、前述した通り発達段階に関する研究成果も取り入れていくべきであろう。

6.2　語彙と文法を巻き込む文型教育論の見直し

林の基本文型論は、文法と語彙の橋渡しを具体的に示してきた。そのことが文と文との連続、文章への展開の理解と表現への活用につながっていく。このような、林の文章における文のとらえ方に着目する中で、語のつながりが語彙となり文章の中に位置づけられるという発想は、永野賢の文章論の連鎖論、特に主要語句の連鎖という発想にも通じる。

そこで注目すべきなのが、『姿勢』で分析されてきた「起こし文型」における「要素」による文の連鎖である。語と語とが文をまたいでどのようにつながっていくのかを明示的な「記号」だけでなく、「要素」同士のつながりとして把握していくことである。そのためには、各文における語の位置（林の「ダレ、イツ、ドコ、ナニ」など）の把握という意味では文法的把握が必要となる。そして、その語同士がどのように後につながり、文章全体の中にどのように位置づけられていくのかを考えることは語彙的な考察なくしてはできない。

これまで国語教育における文法指導では、学習の対象（教科書の教材本文）から離れた例文を用いて、独立した例文で説明されることが多く、学習者は学んだことが「わかり」「使える」という実感を持ちづらいという課題がある。他の読解・表現の教材を用いつつ、具体的に読み・書きに直結する形で学ぶことができれば、文法が孤立することもなく、語彙も単に言葉の整理だけに終わることはない。

7.　おわりに

これまで、林四郎の『文型』『姿勢』を中心とした基本文型論の

国語教育における影響と成果、今後の活用の可能性について論じてきた。特に、影響についてまとめる中で、研究としての評価の高さと、教育における評価の高さは必ずしも連動するものではないということを再認識することとなった。菅井らの日本語文型教育研究会が林の基本文型論を高く評価し、実践を通して具体化し、それを様々な形で広める努力をしてきたが、それでも国語教育界全体に対する評価の広がりは限定的であったことからもわかる。

そのことをふまえつつ、林の文型教育論を含めた基本文型論を国語教育において再評価するということは、そこに越えなければならない壁がいくつか存在することを頭に入れておかなければならない。その一つが、学校現場の教師の言語観、文法観、文法教育観である。そしてもう一つが、学びの主体となる学習者の理解度である。これらの把握が欠かせない。

乗り越える手立ての見通しは、対教師については教員養成の段階から、そして年次研修や免許更新講習の機会をうまく活用していくことによって、対学習者についてはコーパスなどを活用しつつ、実態を把握していくことによってその可能性が拓かれていく。その上で、教材の開発、指導法の開発をしていくことが求められる。広めるという点では、検定教科書などに少しでも反映させていくことが最大の近道であるが、それにはその有効性を研究の側でもしっかりと再評価していくことが必要である。そこでは、国語教育の周辺領域の研究成果との交流からも有益なヒントが得られるはずである。

＊1　国語教育の分野で林の業績を取り上げたものとしては、本稿4節で取り上げるものを除けば、管見の限り白倉（1994）、渡邊（2006）、植山（2009）、山室（2011,2014a）ぐらいしか見当たらない。

＊2　昭和28年頃から30年代初めにかけて、国語教育において文法の教育・指導に関する議論が盛んになされた。「ブーム」という語は倉澤栄吉に端を発しており、やや皮肉の意味を込めて用いられていた。

＊3　教育出版の昭和37年版『標準中学国語』である。三尾砂が口語文法部分をすべて担当した教科書である。この教科書は連文に着目した教材作りがなされている点に特徴がある。この点については山室（2015）で詳述した。

＊4 東京書籍の昭和55年版『新しい国語』三年下：8-23に掲載された教材である。引用文は林（1982b）をそのまま用いた。

＊5 「この（＝モナリザの）絵の特徴は、どの角度から見ても女性と目が合います。」という主述のねじれを取り上げたものである。この「文のねじれ」については、学習者の作文コーパスを用いた実態把握とそれに基づいた指導法研究が、松崎（2015）をはじめ様々な視点から行われ、現在も進行中である。

参考文献

庵功雄（2013）「テキスト言語学から見た『文の姿勢の研究』」林四郎『姿勢』ひつじ書房、解説：423-440

市川孝（1959）「文と文章論」『言葉の研究』国立国語研究所論集Ⅰ、31-44、秀英出版

市川孝（1978）『国語教育のための文章論概説』教育出版

上田保一（1961）『小学校国語科指導用文型百二十五種』日本文化科学社

植山俊宏（2009）「戦後説明的文章指導論の萌芽（3）：林四郎の基本文型論を中心に」『全国大学国語教育学会発表要旨集』117号：235-236、全国大学国語教育学会

遠藤嘉基・松井利男（1958）『文型による文法学力調査』くろしお出版

倉澤栄吉（1959）『文法指導』朝倉書店

国立国語研究所（1960）『話しことばの文型（1）』秀英出版

国立国語研究所（1963）『話しことばの文型（2）』秀英出版

輿水実（1942）『日本語教授法』国語文化研究所

輿水実・中沢政雄（1963）『機能的作文指導』明治図書

児童言語研究会（1957）『小学校低学年文法教育の実践』春秋社

児童言語研究会（1958）『小学校高学年文法教育の実践』春秋社

児童言語研究会（1965）『言語要素とりたて指導細案上・下』明治図書

白倉晶子（1994）「中学校における文末指導と文型論」『横浜国大国語教育研究』創刊準備号：44-53、横浜国立大学国語教育研究室

菅井建吉（1972）『基本文型による書くことの指導』明治図書、林四郎・序

菅井建吉（1973）「自前の文法を求めて」『思想の科学』25

菅井建吉（1982）『文型文法のとりたて指導』明治図書

菅井建吉（1984）「国語教育の科学化のために」『月刊国語教育』6,7

菅井建吉・湯沢正範（1988）『ことば＝語彙の教育』三省堂、林四郎・序

鈴木重幸（1971）『日本語文法・形態論』むぎ書房

鈴木重幸（1972）『文法と文法指導』むぎ書房

青年文化協会（1942）『日本語練習用日本語基本文型』国語文化研究所

中沢政雄（1958）「文法教育の体系と方法・小学校」『国語教育のための国語講座5 文法の理論と教育』267-297、朝倉書店

中沢政雄（1979）『小学校基本的文法事項の指導』明治図書

永野賢（1958）『学校文法概説』朝倉書店

永野賢（1972）『文章論詳説』朝倉書店

永野賢（1986）『文章論総説』朝倉書店

長野県飯田西中学校国語研究会（1968）『基本文型による国語教育の改造』明

治図書　林四郎・序

日本語文型教育研究会（1984）『文型による詩の見方・教え方』明治図書

林四郎（1960）『基本文型の研究』明治図書出版［2013 ひつじ書房より復刊］

林四郎（1961）「文章論と文型論」『教育科学国語教育』28

林四郎（1963）「読解・表現指導における語彙・文法の位置」『児童心理』

林四郎（1965）「国語教育と基本文型」『教育科学国語教育』82–84

林四郎（1969）『文章表現法講説』学燈社

林四郎（1973）『文の姿勢の研究』明治図書出版［2013 ひつじ書房より復刊］

林四郎（1974）『言語表現の構造』明治書院

林四郎（1975）『文学探究の言語学』明治書院

林四郎（1978）『言語行動の諸相』明治書院

林四郎（1981）「表現のための文法」『月刊言語』10–2

林四郎（1982a）『私の文法教育論』東京書籍

林四郎（1982b）『ことばを大切にする文学教材指導の技法』東京書籍

林四郎（1987）『漢字・語彙・文章の研究へ』明治書院

林四郎（1998）『文章論の基礎問題』三省堂

林四郎（2010）『句末辞文法論への道』みやび出版

林進治（1971）『言語要素とりたて指導入門』明治図書

堀川勝太郎（1959）『基本文型による読解指導』明治図書

松井利男（1955）『文法の指導計画』光風出版

松崎史周（2015）「中学生の作文に見られる「主述の不具合」の分析」『解釈』
　　684 集：12–20、解釈学会

三尾砂（1948）『国語法文章論』三省堂

三上章（1958）「基本文型」『国語教育のための国語講座 5 文法の理論と教
　　育』153–207、朝倉書店

三上章（1963）『日本語の論理』くろしお出版

宮城県教育研究所（1957）『基本文型とことばの指導』宮城県教育研究所

山室和也（2011）「戦後文法教育史における基本文型論の展開について：林四
　　郎の基本文型論と菅井建吉らの文型教育論の考察を中心に」『全国大学国
　　語教育学会発表要旨集』120 号：299–302、全国大学国語教育学会

山室和也（2014a）「文法教育における「連文」の扱い：その歴史的位置づけ
　　と有効性について」『学芸国語国文学』第 46 号：43–53、東京学芸大学国
　　語国文学会

山室和也（2014b）「小学校段階の文の意識確立に関する指導―現状と課題と
　　その改善策について―」『月刊国語教育研究』506 号：28–31、日本国語
　　教育学会

山室和也（2015）「文法教育史における三尾砂の連文的視点導入の再評価―文
　　法の機能的指導の具体化と体系化のために―」『学芸国語教育研究』第 32
　　号：160–173、東京学芸大学国語科教育学研究室

湯沢幸吉郎（1944）『日本語表現文典』国際文化振興会

湯澤正範（2002）『日本語のかたち考え方のしくみ』文芸社

渡邊洋子（2006）「作文教育における描写表現の研究 3」『全国大学国語教育
　　学会発表要旨集』111 号：47–50、全国大学国語教育学会

第8章

日本語教育から見た『基本文型の研究』*

庵功雄

1. はじめに

本章では、『基本文型の研究』（以下、『文型』）を日本語教育の観点から考察する。

2.「文法」と「文型」

まず、「文法」と「文型」との関係を見ておく。

『文型』（1960年刊行）で言う「文法」は形式的な色彩が濃い。そして、林氏は（少なくともこの本では）そうした「文法」に批判的である。次の部分を見てみよう。

(1) 今ここに、沈黙は金である。という言表があるとする。これは、沈黙と金との等価性を、明快に断じている。この判断をめぐって、いろいろな言い方がありうる。

　　① 沈黙は金であることがある。

　　② 沈黙は金であるといえる。

　　③ 沈黙は金でないとはいえない。

　　④ 沈黙は金であるといってよい。

等々、原文とこれらの文との違いは、「である」という判断の明快さがどの程度にぶるかというところにある。すなわち、比ぶべきものは、判断の型としての「である」「ことがある」「であるといえる」「でないとはいえない」「であるといってもいい」などである。ここに、なまじっか「文法」が介入すると、（中略）①の述語は「ある」で、その主語は「こと」であるとか、②は主語のない文で、「沈黙は金である」とは「いえる」にかかる連用修飾語であるとか、<u>そん</u>

167

な文法的なせんさくをすることが、この場合、何の役に立つであろうか。これら5つの文章は、その文法的構造がどうであろうとも、沈黙が金であるかないかということを同一の対象にした文で、文末に現われた判断の形式が違うだけなのである。これが、文型からの見方であり、前段で「文の生命を形の上から追跡する」といったことの一つのあらわれである。　　　　　　　　（林2013a: 19–20＊1　下線論者）

　現在から見れば、ここで林氏が「文型」と呼んでいるものが「文法」だと思われるかもしれない。しかし、そうした「日本語学的な」見方が一朝一夕に成立したわけではないことがこの引用部分からもよくわかる。そして、ある意味では今日でも、学校文法ではここで林氏が挙げている「文法」と類似の見方がとられているのではないかと思われる。林氏がこの当時、主流だったこうした「文法」観から完全に自由であり得たのは、林氏が文章の理解・産出を目的とする国語教育の観点から考えていたことによる。そして、そうした林氏のとらえ方はそのまま、日本語教育にも当てはまるのである。

3．文章を理解・産出するための「文型」
「想」の言語化手段としての「文型」

　林氏の文型論は、氏の言語観に由来している。次の引用部分にそれがよく表れている。

（2）ここで、言表というものの構造を、あらためて考えてみよう。ことばを発する前には、必ず心の中に何らかの想がある。想が完全に熟してからことばを発する場合もあり、熟さぬうちに口を開いたり、筆を取ったりする場合もあるが、発せられた限りにおいては、それまでの想は、心中すでに言語化されていたわけである。（中略）おぼろげながらでも、これから言及することがらの到達点と、途中のコースについて何らかの目星はついている。その目星をたよりに、一歩一歩、直前の道を懐中電灯で照らして、足をふみ出していくように、実現することばは、いつも、実現の直

前に確定するのである。その直前段階で行われる作業は語
句の選択である。すこし遠い見通しとして、意味の一段落
を予想するときその段階で行われる作業が文型の選択であ
る。すなわち、<u>文型とは、心中の想が言語化されるに際し
て、想の流れに一応のまとまりをつけるために、支えとし
て採用される、語の並びの社会的慣習である。</u>

（林 2013a: 28　下線論者）

「想が言語という形を取って実現する」という見方は、「機能主義
は、意味がどのように形に写像されるかを扱うものである」とする
Hallidayの選択体系文法の考え方（Halliday 1994）にも近い。そ
して、何より、後述するように、理解と産出を目指す日本語教育に
はうってつけの考え方なのである。

4. 起こし文型、運び文型、結び文型

林氏は上記のように、言語を時間的存在としてとらえるが、その
ことの反映として、文の「姿」を次の3つの段階に分けて考える。

(3) a.　起こし文型

　　b.　運び文型

　　c.　結び文型

このうち、「起こし文型」は文の起こしに関わる部分であり、「結
び文型」は文の表現に関わる部分に対応する。このうち、「結び文
型」に関しては詳細を本書所収の丸山論文（丸山 2017）に譲る。
また、「起こし文型」については、『姿勢』においてその研究が大き
く深められているので、これに関しては『姿勢』の内容にそくして、
本書所収の別稿（庵 2017a）で論じる。

5. 運び文型　「条件」の表し方を例に

本節では、運び文型の内容を「条件」の表し方を例に紹介する。
「条件」は言語運用上、重要なものである。林氏は次のように述
べている。

（4）ことばを、事実の叙述に用いるか、非現実の事態の叙述に用いるかは、英文法では、動詞の直説法（Indicative Mood）、仮定法（Subjunctive Mood）の区別として、基本的な区別となっている。言語のいかんを問わず、この区別は、事実とことばに対する人間精神の態度として、見逃しえない違いである＊2。 （林 2013a: 70）

その上で、条件の設け方だけでなく、条件の受け止め方も重視し、それぞれを次のように体系化している（『文型』における条件の扱い方について詳しくは本書所収の前田論文（前田 2017）を参照されたい）。

（5）条件の設け方の型

Ⅰ　仮定条件（条件の実現を予想しながら（ありうることとして）条件を仮設する）

Ⅱ　想定条件（条件が実現しないことを知りながら（現にないこととして）条件を仮設する）

Ⅲ　述定条件（実現する・しないを問題にしないで、単に基準として条件を記述する）

Ⅳ　確認条件（条件が実現したことを認める）

Ⅴ　見立て条件（表現法として、仮に条件設定の形を取る）

（6）帰結の述べ方の型

A　期待に沿った方向で受け止めて

　　1　推量的に述べる　　　　2　断定的に述べる

B　期待に反した方向で受け止めて

　　1　推量的に述べる　　　　2　断定的に述べる

C　期待方向の定まらぬ状態で

　　1　推量的に述べる　　　　2　断定的に述べる

これらを一覧にすると、次のようになる。

表1　条件の表され方（林2013a: 72-73の表を簡略化したもの）

結果の設け方の型		A　順方向		B　逆方向		C　不定方向	
条件の設け方の型		1　推量	2　断定	1　推量	2　断定	1　推量	2　断定
条件設定	I 仮定条件	―バ/タラ/ナラ、―ダロウ	―バ/タラ/ナラ、―ダ	―テモ/デモ/タッテ、―ダロウ	―テモ/デモ/タッテ、―ダ	―タラ、ドウダロウ、ドウ―タラ、―ダロウ	
	II 想定条件	―ノダッタラ/トスレバ/タトスレバ、―ダロウ		―トシテモ/タトシテモ、―ダロウ			
	III 述定条件	―タノナラ、―ダロウ	―ト、―ダ ―ノデハ、―ダ				ドウ―テモ、―ダ
	IV 確認条件	―カラ/タカラ/タノダカラ、―ダロウ	―カラ/タカラ/ノデ、―ダ/ダッタ ―タノデ、―ダッタ ―ト、―シタ		―ガ/ケレド（モ）、―ダ ―ノニ/クセニ、―ダ、―ニシテハ、―ダ ―タガ/タノニ/タニシテハ、―ダ/ダッタ	―ト/タラ/タトコロガ、―ダ/ダッタ	
	V 見立て		―ガ―ナラ/―ヲ―トスレバ、―ハ―ダ			―モアレバ、―モアル、―カトオモエバ、―ダ	

6.『文型』を現代に活かす

　ここまで、『文型』の特徴を紹介してきたが、本節では、日本語教育の観点から『文型』を現代に活かす方策を論じる。

6.1　体系的な文型リスト

　日本語教育から見た『文型』の最大の魅力はその体系性にある。

　例えば、上で見た「条件」を表す表現の場合、論理的に考えて、「条件」に関わる表現は表1のどこかに必ず位置づけられると考えられる*3。

　これと同じく、『文型』では、日本語を用いて表現するのに必要なすべての表現類型を取り出すことが企図されている。例えば、「結び文型」に属する「判断段階の表現型」としては、次のものが取り上げられている。

（7）a.　肯定判断

　　　b.　否定判断

　　　c.　可能判断

　　　d.　過去認定判断*4

　　　e.　推量判断

　　　f.　疑問判断*5

日本語で「判断」に属すものはおそらくこれで尽きていると思われる。そして、各類型の中にさまざまな文型が含まれる。

　例えば、疑問判断には、次の形式が含まれている。

（8）a.　か、のか

　　　b.　かな、のかな

　　　c.　かしら、のかしら

　　　d.　だろうか系

　　　e.　ないか系（ない（の）（だろう）か、はしない（だろう）かetc.）

　　　f.　のではないか系

　　　g.　たらどうか系

　　　h.　たものか

172

文を「判断」として述べる際には、まず、（7）の中から判断の
タイプが選ばれ、さらにそれぞれの判断のタイプの中から、（8）
にあるような具体的な文型が選択される。同じことは、文を「表
出」として述べる際にも、「伝達」として述べる際にも見られる。
これが、（2）で見た、「文型とは、心中の想が言語化されるに際し
て、想の流れに一応のまとまりをつけるために、支えとして採用さ
れる、語の並びの社会的慣習」であるという林氏の見方の具体的な
現れである＊6。

　そして、このことから、この考え方が「表現文法」ということを
考えるのにうってつけの考え方であることがわかる。日本語教育に
おける文法教育としては、この林氏の考え方を徹底させるという立
場のものがあってもよかったはずだが、管見の限り、そうした考え
方にもとづく教材はほとんど作られてこなかったようである＊7。

6.2　〈やさしい日本語〉の観点から

　上で、『文型』の考え方にもとづいた教材はほとんど作られてい
ないと述べた。しかし、『文型』の考え方は十分現代に活かせるも
のであると論者は考えている。ここでは、論者が近年取り組んでい
る〈やさしい日本語〉の観点から、この点について考えてみたい。

　詳しい議論は他所に譲るが（cf. 庵 2014a, 2016）、論者は、「や
さしい日本語」という観点から、日本語を用いて自らの考えを表現
するのに最低限必要な文法形式をリストアップし、初級および中上
級の文法シラバスを作成した（庵 2015a, 2015b）。

　このシラバスは初級部分と中上級部分で役割を分担している＊8。

　初級部分の役割は、「母語で言えることを日本語でも言えるよう
にする」ことである。これは、定住外国人が日本を「居場所」とす
ることができるための最も重要な点である（「居場所作りのための
〈やさしい日本語〉」＊9）。

　これを実現するには、日本語の階層構造で必要な要素を線条的に
配置し、文法カテゴリーや節のタイプを設定すればよいと考えられ
る。なぜなら、そうすれば、まずは日本語で森羅万象が表せるが、
言語として表したい内容は基本的に母語（の構造）の違いにはよら

ないはずなので、定住外国人が母語で考えた内容は基本的に日本語に写像可能であると考えられるからである*10。

この初級シラバスは、具体的には南（1974）の階層構造および仁田（1995）の複文の構造にもとづいて、それぞれの文法カテゴリーや節に属する項目を最低限に絞った形で作られている。

まず、単文の場合の構造は次のようになる*11。

(9) 格 語幹 ボイス アスペクト 肯否 テンス 対事的　　対人的
　　　　　　　　　　　　　　　　　　　　　モダリティ モダリティ
　　　てもらう　てい　　ない　た　と思う　　　よ

一方、複文の場合の構造は次のようになる*12。

(10)付帯状況節*、中止節（テ節）、因果関係節（条件節、譲歩節*、
　　　ながら　　　　　て　　　　　　　　　たら　　　ても
　　　理由節）、時間節、接続節（逆接節、並立節*）
　　　から／ので　とき　　　　　けど　　し

(9) と (10) は基本的に統合的（syntagmatic）関係を表しており、これらで基本的には日本語の文構造は尽きている（連体節を除く*13）。したがって、これらの形式を使えるようになれば、母語で言いたいことを日本語で言えるということになる。

以上が初級についてであるが、中上級はこれらを精密化していく部分として位置づけられる。例えば、「条件節」では、「たら」以外に「ば」「なら」「とすれば」といった形で、「たら」とは異なる条件の表し方が可能になってくる。

これは次のように表せる。ここで、Step は庵（2015a, 2015b）で想定している初級前半（Step1）から上級前半（Step6）までを見通した文法シラバスにおける各段階を表している。

(11)とすれば／としたら／とすると　Step5（中上級）
　　　なら／のだったら　　　　　　Step4（中級）
　　　ば　　　　　　　　　　　　　Step3（初中級）
　　　たら　　　　　　　　　　　　Step2（初級後半）

このように、中上級の文法項目は、初級で横に統合的に（syntagmatically）配列された各文法カテゴリー／節に対して、縦に範列的（paradigmatical）関係にある。このようにとらえた場合、より

174

上位の Step に進むということは、より精密なコード（elaborated code）を獲得するということを意味する。

注8で見たように、中上級の文法項目は「バイパスとしての〈やさしい日本語〉」に関わっている。「バイパス」が必要な対象として想定しているのは、外国にルーツを持つ子どもたちとろう児たちである。そのいずれにとっても必要なのが学習言語の獲得であるが*14、少なくとも文法から見た場合、学習言語というのは「コードの洗練化」ということとしてとらえられるのではないかというのが庵（2015a, 2015b）における論者の提案である。

こうしてできた文型リスト（庵2015a, 2015b）を林氏の文型リストと比較すると、両者は一見かなり違ったものに見えるが*15、「想を形にする」ということに動機づけられているという点では非常に近いものと言えるのである。

6.3 山内編（2014）との類似性

もう1つ、林氏のモデルと発想において近似しているものとして、山内博之氏編による『実践日本語教育スタンダード』（山内編2014）を取り上げる。この本は、国立国語研究所編集の『分類語彙表』と同様のシソーラスであるが、日本語教育の観点から、分野と難易度が定められている。

例えば、「食」の中の【料理名：個体】には次の語が登録され、それぞれが親密度順に A～C として配列されている*16。

(12) A.　カレー、パン、ごはん、サラダ、うどん

B.　サンドイッチ、ステーキ、ハンバーグ、刺身、実、麺、そば

C.　ライス、粥、漬物、〜漬け

これ以外に、言語行動のタイプ（場面）、タスクの難易度が組み合わされて実際の語が選択される。この本は、学習者が実際に語を選ぶというよりも、語彙シラバスや教材を作るための素材としての利用を想定して作られたものではあるが、「話題」「場面」「難易度」からそれぞれ選択を行うということ、そして、それぞれが範列的な要素で構成されている点において、林氏のモデル（および Halliday

のモデル）との共通性を持っていると言える。

7. 英語教育との関連性

『文型』を読んでいると、そこここに英文法を意識した記述が見つかる。

　例えば、「運び文型」の最初には英文法の体系表が掲載されている（林2013a: 52）し、第12章として、ホーンビーの文型リストが挙げられている。もちろん、林氏は、「英文法を知ることは、英文による表現を行うための必要条件になる」ことを認めつつ、同時に、「日本文法が作文に寄与することがどうも少ない」のは「日本語の表現様式が、語順（語の配置法）によって決定されない」ためであることを認めている（林2013a: 53）。

　しかし、それでも「日本文を、表現様式の上から構造的にとらえて記述することは不可能ではないと考え」（林2013a: 54）、「文型」をもとにしたこの本を書いたということである。

　松下大三郎が、若い頃に読んだ英文典の完成度の高さと当時の日本文典の落差の大きさに衝撃を受けて、自らの研究目標を定めたことは有名である（寺村1982: まえがき）が、林氏においても、やはり、英文法は1つの目標であったのではないかと考えられる。それは、英文法（伝統文法）が、「英文を正確に読み、書く」ことにおいて非常に重要な役割を担っているからであると思われる。つまり、林氏のように、自らの「想」を、日本語を用いて、読み、書くという基準から「文型」を考える立場からすれば、英文法を「横目で見る」ことは当然必要になってくるわけである。

　翻って、こうした英文法への意識は日本語教育においても必要なのではないかと思われる。現在の読解教育では「長文を読むための文法」は必ずしも明示的に行われていないのではないかと思われるが、日本の学校英語教育における「英文解釈」の逆に当たる部分も必要なのではないだろうか*17。

　そして、何より重要なのは、「書くための文法」である。正確な文章（特に、アカデミックな内容やビジネス文書）を早く書けるよ

うになるには、正確な文法知識（林氏の場合で言えば、「文型」知識）が不可欠であると言えるが、この際にも英文法は参考になる*18。

8. まとめ　日本語教育から見た『文型』の現代性

以上、本稿では、日本語教育という観点から『文型』について見てきた。ここでは、まとめとして、現代のわれわれが本書から学ぶべき点に関する私見を述べたい。

まず、学ぶべき第1の点は、その体系性である。

「日本語で表現をするにはどのような「文型」が必要なのか」をリサーチ・クエスチョンにして、それに回答を与えたのが『文型』（および『姿勢』）であると考えられる*19。そこには、「全体」を見渡した「体系性」がある。

もちろん、林氏のリストを日本語教育に持って行く場合、難易度、必要度などを考慮する必要がある。この点は、6.3で取り上げた山内氏らのリストと同様である。ただ、林氏のリストは「体系的」かつ「網羅的」であるので、そうした形で日本語教育の現場に持ち込むことは容易であると考えられる。実際、『文型』や『姿勢』については、長野県飯田市および下伊那郡・上伊那郡の中学校の先生を中心とする「日本語文型教育研究会」が作られ、この両書で提案された「文型」の概念を用いた研究が行われた（林2013b: 412–413）。このことは、この両書を日本語教育の現場に持って行くことが可能であり、かつ、意義のあることであることを示していると論者は考える（両書と日本語文型教育研究会の関係について詳しくは本書所収の山室論文（山室2017）を参照されたい）。

両書の現代性の第2点は、日本語文法研究と国語教育、日本語教育、さらには英語教育をつなぐ可能性という点である*20。『文型』「復刊の辞」から関連部分を引用する。

（13）文法というと理屈っぽくて面白くない、と学生は思う。理屈はいらないのだ、型なんだ。わたしたちの頭の中には、単語の辞書があるし、意味類型という辞書もある。そうや

って遊びながらやっていくのがよいのです。

意味の世界と計量の世界は組み合わされていて、意識しなくても組み合わされているので、自分はこんなにシステマティックに単語を使い、文の中に入れているんだ、ということがわかると、自分の言語行動のあり方が分かるのです。

あり方が分かってくれば、逆に難しいと思っていたものが、案外システマティックだったということが分かってくる。だから、枠に入るものと入れ方について手をさしのべてやれば、分かるようになるので、子どもも興味を持ってくる。

自分の頭の中がじつは機械である。日本語というシステムを知らずに喋っている機械だったんだ。そういうことが、型を確認することによって分かってくるのです。日本語が分かれば英語も分かるし、外国語の文型もわかりやすくなるでしょう。

そのように考え、わたしは文型主義をとり、本書において日本語の「文（センテンス）」の「型」を一つのシステムにまとめてみたわけです。　　　　　　　　　　　　（林2013a: v）

ここには、今われわれにとって大きな問題の1つとなっている「日本語学をどう教えるか」に関する1つの見事な解答があるのではないだろうか（日本語学の教え方については、福嶋・小西編（2016）も参照）。

『文型』は単なる古典ではなく、まさに現代のわれわれに直接語りかけてくる素材である。本書で林氏が取り組んだ課題をわれわれがどう引き継げるかに、日本語学や日本語教育の今後の発展可能性に関する大きなヒントがあると論者は考えている。

＊　本章は、2015年度日本語文法学会パネルセッションにおいて口頭発表した内容（庵2015e）の内容を加筆修正したものである。

＊1　以下、本章での引用は、ひつじ書房からの復刊版による。

＊2　直説法と仮定法（接続法）の区別を重視するこの林氏の見解は尾上圭介氏のモダリティ観とも響き合うものがある（尾上 2004, 2014）。また、論者も現代日本語における接続法の表され方について考察しているので参照されたい（庵 2014b、2017 予定、Iori 2014）。

＊3　この表に取り上げられていない形式があるかもしれないが、仮にそうした表現があったとしても、その表現が属すべき場所はこの表中に用意されている。これが重要な点である。

＊4　林氏は、山田孝雄の説に従って、「た」を「客観的な過去を描くのではなく、過去と認める主観的判断」と見て、これを 1 つの類型として立てている。

＊5　林氏は、「疑問」は「心中の判断の定まらぬさまを表現するもの」、「質問」は「相手に問いを発するもの」として区別し、前者は判断段階、後者は伝達段階に属するとしている。

＊6　前述のように、こうした林氏の見解は Halliday の選択体系文法の考え方に近い。林氏のモデルでは、「起こし文型」「運び文型」「結び文型」のそれぞれで、まず、（7）に相当する選択が行われ、その選択された型の中で（8）に相当する個別の文型の選択が行われる。一方、Halliday のモデルでは、文の内容に関わる観念構成的（ideational）な部分、聞き手との関係などに関わる対人関係的（interpersonal）な部分、テキストの構成に関わるテキスト的（textual）な部分で、それぞれ（7）（8）に相当する選択が行われる（Halliday 1994）。ちなみに、Halliday のこうした見方は仁田（1997）で示されている言語観に近いと、論者は考えている（庵 2013b）。

＊7　『文型』で取り上げられている文型のリストは、現行の日本語教育をかなりの部分で規定している旧日本語能力試験の出題基準（国際交流基金 1994）と大幅に重なる。両者の根本的な違いは、前者は体系的で日本語を理解し産出するという具体的な言語活動のために配分されているのに対し、後者にはそうした観点が決定的に欠けているという点にある。

＊8　詳しい議論は庵（2016）などに譲るが、〈やさしい日本語〉には、「居場所作りのための〈やさしい日本語〉」「バイパスとしての〈やさしい日本語〉」という 2 つの側面がある。このうち、初級部分は前者に、中上級部分は後者にとって重要な意味を持っている。

＊9　母語で言えることを日本語でも言えるようになることの重要性についてはイ（2013）も参照。また、定住外国人がこのレベルの日本語を確実に身につけることができれば、そうした外国人を対象に、公的文書や日本国内の重要なニュースを〈やさしい日本語〉で発信し、外国人が〈やさしい日本語〉でこれらの情報を手に入れることが可能になる（cf. 岩田 2014, 2016、田中他 2013）。さらに、このレベルの日本語に自らの日本語を調整する能力を養うことは、日本語母語話者にとっても重要な意味を持つ（cf. 庵 2015d, 2016）。

＊10　ここで採っている考え方は、「機能主義はある意味がどのような構造に写像されるかを考えるものである」（cf. Halliday 1994）とするハリディの考え方に基づいている。論者は、この考え方が対照研究において極めて重要であると考えている（Iori 2015）。また、こうした対照研究に関する考え方は井上優氏のものに近いものとも考えている（cf. 井上 2013, 2015）。

*11 項目は例である。詳しくは庵（2015a）を参照されたい。

*12 ＊をつけた項目は地域型日本語教育における初級シラバスを論じた庵（2014a）にはなく、学校型日本語教育を想定した初級シラバスである庵（2015a）で加えたものである。この点について詳しくは庵（2015a）を参照されたい。

*13 庵（2015a）では階層構造の中に連体節を位置づけていないが、庵（2015b）では中上級シラバスの中に連体節を位置づけている。

*14 学習言語（の習得）に関する諸問題についてはバトラー（2011）参照。

*15 こうした見かけ上の違いは、林氏のものが母語話者を対象とする国語教育のために作られたものであるのに対し、論者のものが非母語話者ができるだけ少ない負担で短期間に身につけられるものとして作られているという違いに由来するものであるが、この形でスタートした学習者でも、最終的に native-like を目指す段階では林氏のリストをすべて身につける必要が出てくるので、両者の間に本質的な違いがあるわけではない。

*16 （12）に含まれていない食べ物はいろいろあるが、そのことが問題なのではなく、ある食べ物がどこに位置づけられるかがわかるようになっていることがこのリストの真価である（cf. 庵2013a）。そして、これは注3で林氏のリストについて述べたのと基本的に同じことである。両者の違いは、山内氏らのリストは「語彙」という「開いた」体系のものであるため、網羅的に述べることが原理的にできないのに対し、林氏のリストは「文法」という「閉じた」体系に属するため、網羅的に述べることができる可能性が相対的に高いという点にある。

*17 これは必ずしも「精読」がいいということではない。むしろ、文章の中にある「型」を取り出し学習者に意識づけることで、「早く正確に読める」ようにするということである。

*18 論者は「日本語教育文法」の目的をこの点に定めて研究を進めている。「日本語教育文法」に関する論者の考え方については庵（2011, 2012, 2013b, 2015c）などを参照されたい。また、これに関連して高梨（2013）も参照されたい。

*19 林氏は「小学校のうちに身につけさせたいもの」を「基本文型」として『文型』に取り上げている（林2013a: 14）が、挙げられているリストから考えて、これに加えるべき「文型」はそれほど多くないと考えられる。

*20 この点については、日本語学、言語学、国語教育、日本語教育、英語教育などの連携の必要性を説いた長谷川（2015）も参照されたい。

参考文献

庵功雄（2011）「日本語記述文法と日本語教育文法」森篤嗣・庵功雄編『日本語教育文法のための多様なアプローチ』1–12、ひつじ書房

庵功雄（2012）「日本語教育文法の現状と課題」『一橋日本語教育研究』創刊号、1–12、ココ出版

庵功雄（2013a）「書評『実践日本語教育スタンダード』」『図書新聞』3123号（http://www.hituzi.co.jp/books/img/tosyosinbun130809.jpg）.

庵功雄（2013b）『日本語教育・日本語学の「次の一手」』くろしお出版

庵功雄（2014a）「「やさしい日本語」研究の現状と今後の課題」『一橋日本語教育研究』2、1–12、ココ出版

庵功雄（2014b）「テイル形、テイタ形の意味・用法の形態・統語論的記述の試み」『日本語文法学会第15回大会発表予稿集』51–59、日本語文法学会

庵功雄（2015a）「日本語学的知見から見た初級シラバス」庵功雄・山内博之編『データに基づく文法シラバス』1–14、くろしお出版

庵功雄（2015b）「日本語学的知見から見た中上級シラバス」庵功雄・山内博之編『データに基づく文法シラバス』15–46、くろしお出版

庵功雄（2015c）「「産出のための文法」に関する一考察―「100％を目指さない文法」再考」阿部二郎・庵功雄・佐藤琢三編『文法・談話研究と日本語教育の接点』19–32、くろしお出版

庵功雄（2015d）「「やさしい日本語」研究が日本語母語話者にとって持つ意義―「やさしい日本語」は外国人のためだけのものではない」『一橋大学国際教育センター紀要』6、3–15、一橋大学

庵功雄（2015e）「日本語教育から見た『基本文型の研究』『文の姿勢の研究』」『日本語文法学会第16回大会発表予稿集』、pp.84–93.

庵功雄（2016）『やさしい日本語―多文化共生社会へ』岩波書店

庵功雄（2017）「テキスト言語学から見た『文の姿勢の研究』」本書所収

庵功雄（2017予定）「現代日本語における「ムード（接続法）」を表す形式」庵功雄・田川拓海編『日本語のテンス・アスペクト研究を問い直す　2　「している」の世界』ひつじ書房

井上優（2013）『そうだったんだ！日本語　相席で黙っていられるか―日中言語行動比較論』岩波書店

井上優（2015）「対照研究について考えておくべきこと」『一橋日本語教育研究』3、1–12、ココ出版

イ・ヨンスク（2013）「日本語教育が「外国人対策」を枠組みを脱するために―外国人が能動的に生きるための日本語教育」庵功雄・イ・ヨンスク・森篤嗣編『「やさしい日本語」は何を目指すか』259–278、ココ出版

岩田一成（2014）「公的文書をわかりやすくするために」『日本語学』33–11、44–54、明治書院

岩田一成（2016）『読み手に伝わる公用文―〈やさしい日本語〉の視点から』大修館書店

尾上圭介（2004）「主語と述語をめぐる文法」尾上圭介編『朝倉日本語講座6　文法Ⅱ』1–57、朝倉書店

尾上圭介（2014）「モダリティ」『日本語文法事典』627–629、大修館書店

国際交流基金（1994）『日本語能力試験出題基準（改訂版）』凡人社

高梨信乃（2013）「大学・大学院留学生の文章表現における文法の問題―動詞のテイル形を例に」『神戸大学留学生センター紀要』19、23–41、神戸大学

田中英輝・美野秀弥・越智慎司・柴田元也（2013）「「やさしい日本語」による情報提供―NHKのNEWS WEB EASYの場合」庵・イ・森編（2013）所収、31–57.

寺村秀夫（1982）『日本語のシンタクスと意味Ⅰ』くろしお出版

仁田義雄（1995）「日本語文法概説（複文・連文編）」宮島達夫・仁田義雄編『日本語類義表現の文法（下）』383–396、くろしお出版

仁田義雄（1997）『日本語文法研究序説』くろしお出版

長谷川信子（2015）「英語教育における母語（日本語）教育の必要性と重要性―タスク遂行型言語教育の限界を見据えて」『日本語／日本語教育研究』6、5–20、ココ出版

バトラー後藤裕子（2011）『学習言語とは何か―教科学習に必要な言語能力』三省堂

林四郎（2013a）『基本文型の研究』（復刊）ひつじ書房、（初版）明治図書（1960）

林四郎（2013b）『文の姿勢の研究』（復刊）ひつじ書房、（初版）明治図書（1973）

福嶋健伸・小西いずみ編（2016）『日本語学の教え方―教育の意義と実践』くろしお出版

前田直子（2017）「『基本文型の研究』における条件文の分類」本書所収

丸山岳彦（2017）「『基本文型の研究』における文型観と階層観」本書所収

南不二男（1974）『現代日本語の構造』大修館書店

山内博之編（2014）『実践日本語教育スタンダード』ひつじ書房

山室和也（2017）「国語教育における林四郎の基本文型論の再評価―『基本文型の研究』『文の姿勢の研究』及びその関連文献を中心に―」本書所収

Halliday, M.A.K. (1994) *An introduction to functional grammar.* (2[nd]Edition.) Edward Arnold.

Iori, Isao. (2014) "Notes on the subjunctive mood in modern Japanese", *Hitotsubashi Journal of Arts and Sciences.* 55–1, 45–57, 一橋大学.

Iori, Isao. (2015) "What can the research on Japanese anaphoric demonstrative contribute to general linguistics?", *Hitotsubashi Journal Arts and Sciences.* 56–1, 13–27, 一橋大学.

謝辞

本章および第4章は、科研費17H02350（研究代表者：庵功雄）および科研費16K02804（研究代表者：太田陽子）の研究結果の一部である。

第9章

ストーリーテリングにおける順接表現の談話展開機能

砂川有里子

1. はじめに

　林四郎氏は、言語を「時系列の中にのみ存立する、思考と伝達の媒介物である（林 1960: 28–29）」と捉え、文については「思考の流れの中で、さらに新たに流れを作る働きをするもの（林 1998: 10）」と述べている。すなわち、文とは、次に続く思考を目指して思考の過程で紡ぎ出される言語の構造物なのである。文についてはさらに、「表現者がある表現意図を以て文章場面を作り、文章生産活動に入ってから、文章の一部として生産するもの（林 1990: 40）」と述べられているように、林氏にとって、文と文章生産活動は切っても切れない表裏一体の存在なのである。

　1980 年代後半から 10 数年間に渡って発表された林四郎氏の主要な論文と一連の書き下ろし論文から編まれた『文章論の基礎問題』（三省堂 1998 年）の刊行時に、林氏からお手紙を頂戴した。その中に次の言葉がある。

　　　出来上がった文論を使って文章論へ進むと考えるのは、順序のようで順序でない。文章論の心と目で文論を開発するのが文章論出発点の仕事だ。

　文章論に基づく文論の探求という姿勢を貫こうとする林氏の強い決意を改めてここに読み取ることができる。石黒（2015: 77）が述べるように、林氏は、「テキスト文法」（Leech 1983）でもなく「文法論的文章論」（永野 1985）でもなく、あくまで「文章論的文論」を追求されているのである。

　時枝誠記の言語過程説に学び、時枝誠記がなしえなかった文章論的文論の世界を切り拓いた林四郎氏の功績を、ここに讃えたい。本稿では氏の姿勢をできるかぎり受け継ぐことを心がけながら、ス

トーリーを語る談話（ここでいう「談話」とは、林四郎氏の「文章」に相当する）における「先行文脈から後続文脈を引き出す文脈接続の働き（林1990: 46）」を持つ接続表現について考察する。

2. 本稿の目的と研究方法

ストーリーは、時系列に沿って生起する出来事を次々に展開させながら結末に向かって進行する。ストーリーを語る者は、完結したストーリーの全体、あるいはその一部を思い描きつつ、物語世界で起こる出来事を、さまざまな脚色を加えながら順次言語化する。本稿では、このようにして口頭でストーリーを語ることをストーリーテリングと呼ぶ。

ストーリーテリングには逆接や順接の接続表現が数多く出現する。逆接の接続表現は、これまでの文脈とこれから語り継ぐ文脈との間に対立や矛盾をはらむことを表すため、ストーリーの転換点をマークするのに使われることが多い。一方、順接の接続表現は多くの場合、聞き手の予想できる文脈が続くことを表すため、明確な転換点をマークすることはさほど多くない。しかし、順接の接続表現も時としてなんらかの意外性を表し、それによってストーリーの流れを思いがけない方向に導くことがある。ストーリーの語り手は、逆接や順接を表す種々の接続表現を適切な箇所で効果的に使用することにより、ストーリーの流れに緩急のリズムを作りだし、ストーリーに活き活きとした色合いを添えることができるのである。

以下の談話は母語話者によるストーリーテリングの例である*1。

(1)

文番号	発話
1	ケンはうちの鍵を持っていませんでした
2	夜遅くに家に帰ってきました【が】、家に入れません
3	どうしようかと思っている【と】、2階の窓が開いているのに気が付きました
4	「マリ起きてくれよ」、ケンはマリに話しかけました【が】、マリは

	ぐっすり眠っているようです
5	仕方がない【ので】、家の外にあった梯子を持ってき【て】、2階に上がろうとしました
6	【すると】、通りかかった警官に、職務質問をされました
7	警官は、ケンを泥棒だと疑っているようです
8	どうしましょう、困りました
9	【しかし】、丁度マリが目を〈覚まし〉、ケンの疑いは晴れました
	(JJJ57)

　短い談話の中に、明示的な接続表現は【　】で囲んだ7つの表現が観察される。また、〈　〉で囲んだ動詞の連用形も節と節を結びつける働きを持っている。これらのうちの【が】と【しかし】は逆接の接続表現で、前の節で述べられた事から予想できない新たな事態が後の節で表されることを示している。それに対して順接の接続表現は、理由と帰結という関係で前後の節を結ぶ【ので】や時間的に連続する出来事として前後の節を結ぶ【て】があり、予想できることがらを語り継ぐものとして用いられている。しかし順接の接続表現の中にも、「(文番号3) どうしようかと思っている【と】、2階の窓が開いているのに気がつきました」の【と】のように、新たな事態の発見を予告したり、「(文番号6)【すると】、通りかかった警官に、職務質問をされました」の【すると】のように、意外な出来事への展開を予告するために用いられることもある。(1) の語り手は、タイプの異なるさまざまな接続表現を駆使してストーリーに活力を与えていることが分かる。
　一方、次の例は中級レベルの学習者のものである。

(2)

文番号	発話
1	ケンは、うちの鍵を持っていませんでした
2	あー、たぶん会社で、置いと、といたと思います【が】、あのー、家に帰っ【て】、鍵がなかった【から】家ーに、入れなかった【ので】、マリさんは中に寝ていた【ので】、呼びかけ【て】、頑張りま

第9章　ストーリーテリングにおける順接表現の談話展開機能　185

	した【が】、起こせなかった【から】、梯子を使っ【て】、あのマリーの、あの部屋の、窓、に入ろっかなーって思って【て】、誰か、警察を呼びました
3	【そして】、あのー、警察が来【て】、怒られ【て】、【そして】、あのーメリーさんは、あっ実は、あのー、ケンさんはうちゆ、うちの、あのー、夫なんですけどって言って【て】、あの警察がちょっと恥ずかしかった【けど】、あのたい、大変なことをおこれな、お、おこなく【て】、あのー、嬉しい、嬉しかった【ので】、うん、あの、全部大丈夫になりました
	(EAU15)

　この例には、(1) よりもはるかに多い18もの接続表現が用いられている。その多くは、接続助詞であるために、節が次々につなげられ、文の切れ目がほとんどない。そのため、ストーリーのどこが注目すべき箇所なのか、どこがストーリーの転換点なのかといった談話展開のポイントが分かりにくく、ストーリーの流れが追いにくい。次も学習者の例である。

(3)

文番号	発話
1	ケンはうちの鍵を持っていませんでした
2	【そして】家に、入ることができませんでした【から】、マリさんに声をかけました
3	【しかし】マリばもう寝てしまいました【から】、声を、聞きませんでした
4	ケンは、近くにある梯子、を使っ【て】、そその梯子に上がろうとした【時】、警官が、見つかりました
5	【そして】警官は、泥棒、と思った
6	【でも】ケンと警官の会話を聞く【時】、マリも、お起きました
7	【そして】、マリはケンと知り合いと言うことを、う確認しました
8	【そのあとは】警官がんん「さよなら」と言いました
	(HHG09)

　この例は短い文が連ねられ、次々に起こる出来事の内容が簡潔に語られている。そのため、いくつかの文法的な誤りを訂正しさえす

186

れば、ストーリーの展開自体は追いやすい。しかし、ケンが警官に見つかった場面や、マリが騒動に気付いた場面で、母語話者が「すると」や「しかし」といった接続表現を効果的に用いているのに比べると、「（文番号4）そその梯子に上がろうとした【時】、警官が、見つかりました」や「（文番号6）ケンと警官の会話を聞く【時】、マリも、お起きました」という学習者の表現は、母語話者の表現にある談話展開の緊張感とでも言うべきものが欠けているように感じられる。

そこで、本稿は、順接の接続表現に的を絞り、日本語母語話者と日本語学習者のストーリーテリングを集めたコーパスを活用することによって、母語話者と学習者それぞれのストーリーテリングを観察する。そして、順接の接続表現がストーリーテリングの談話展開においてどのような機能を果たしているのかという問題について考察することにしたい。

3. I-JAS の内容と本稿で取りあげる順接表現

本稿で用いるのは、国立国語研究所が現在構築を進めている I-JAS という学習者コーパスである。正式名称は「多言語母語の日本語学習者横断コーパス（International Corpus of Japanese as a Second Language）」で、国内外の日本語学習者による発話と作文のほか、対照データとして日本語母語話者による発話と作文が納められている*2。2020 年までに 1,050 名分のデータの公開を予定しているが、2016 年 5 月に第一次公開データとして母語別や学習環

表1　第一次公開データの協力者の内訳

協力者		人数
海外の学習者（12 言語 × 15 名）		180 名
国内の学習者	教室環境	15 名
	自然環境	15 名
国内の日本語母語話者		15 名
合計		225 名

境別のグループ各15名、合計225名分のデータが公開された。公開された学習者は2種の日本語能力テスト（J-CAT*3 と SPOT 90*4）の得点を統計にかけて同程度と認められた中級レベルの者が選ばれている。第一次公開データの協力者の内訳は表1の通りである。

　本稿ではこのうちの海外の学習者60名（母語は韓国語、中国語、ハンガリー語、英語、各15名。すべて教室環境）と国内の学習者30名（自然環境と教室環境の学習者各15名。母語の統制はされていない）に日本語母語話者15名を加えた105名分の発話データを使用する。

　I-JAS の発話データは以下の4つのタスクからなる。

　1．ストーリーテリング（「ピクニック」と「鍵」）

　2．インタビュー（30分程度の半構造化インタビュー）

　3．ロールプレイ（依頼と断り）

　4．絵描写（絵を見て自由に描写するタスク）

　本稿で使用するのはこのうちの「鍵」と題されたストーリーテリングである。このタスクは図1のタスクシートを学習者に見せ、ストーリーを理解させた上で、「ケンはうちの鍵を持っていませんでした」という1文に続くストーリーを、口頭で調査者に語るというものである。調査者の相づちなどが入ることがあるが、ほぼ独話の形で進行する。

　本稿が対象とする接続表現は、順接の接続助詞（…て、…と、…ので、など）と接続詞（そして、そこで、すると、など）、およびそれらに相当する複合形式（そのとき、それから、…てから、など）である。以下ではこれらの表現を「順接表現」と呼ぶことにする。

　順接表現の検索は全データを目視で確認して集める手法と中納言（ver.2.2.1 短単位データ 20160729 版）で検索する手法を併用し、両者の結果をつきあわせた上で最終的に確定した。

　本稿の考察は以下の手順で進められる。

1.「鍵」で使用された順接表現の種類と頻度を観察し、学習者グループそれぞれの特徴を探る。（4.1〜4.2節）

図1　ストーリーテリング「鍵」のタスクシート

2. 「鍵」で使用された順接表現の種類と頻度について、母語話者と学習者を比較し、その違いを明らかにする。(4.3節)
3. 「鍵」のストーリーで母語話者と学習者の順接表現の使用に大きな違いが観察された場面を抽出し、その場面で順接表現がどのように使われているのかを観察する。(5.1節〜5.3節)
4. その場面で母語話者が用いた順接表現の談話展開機能を検討した上で、学習者が用いた順接表現を取りあげ、談話展開機能という点から母語話者と学習者との違いについて述べる。(6.1節〜6.3節)

4. I-JASの調査結果

4.1　順接表現の種類と頻度

「鍵」で使用された順接表現は、大きく〈継起関係〉〈同時関係〉〈因果関係〉〈添加〉の4種に分けられる。その内訳は以下の通りである。「そして」や「それで」のように2つ以上の種類に属するものもある。

〈継起関係〉

…て、…と、…ところ、…たら、すると、そして、そこで、それで、で、など。

〈同時関係〉

…とき（に／から、etc.）、指示詞＋とき（に／は）、など。

〈因果関係〉

…ので、…から、だから／ですから、そこで、それで、で、など。

〈添加〉

そして、それで、で、など。

　ストーリーテリング「鍵」のデータに生起した順接表現は表2に示す通りである。この表は学習者グループの平均値が高い順に並べてある。母語話者と学習者グループの人数はそれぞれ15名である。

表2　母語話者と学習者に使用された順接表現の形式と頻度

形式	品詞	母語話者	学習者							
			韓国語	中国語	英語	ハンガリー語	自然環境	教室環境	合計	学習者グループの平均
…て	接助	30	46	28	40	38	62	53	267	44.5
指示詞＋とき（に／は）	接	0	6	21	14	8	14	25	88	14.7
そして	接	0	9	20	14	16	2	6	67	11.2
…ので	接助	9	5	2	12	4	19	14	56	9.3
…から	接助	2	5	5	15	13	11	4	53	8.8
…とき（に／から／は）	接助	2	1	7	9	6	10	11	44	7.3
それで	接	1	17	1	5	9	7	5	44	7.3
…たら	接助	0	3	2	0	3	13	9	30	5.0
だから／ですから	接	0	4	6	11	5	1	0	27	4.5
で	接	1	5	0	3	0	13	2	23	3.8
それから	接	0	0	4	1	4	0	2	11	1.8

指示詞＋あと（は）	接	0	0	0	3	5	0	2	10	1.7
そしたら（したら）	接	0	0	0	0	0	9	0	9	1.5
…てから	接助	0	0	0	2	0	2	2	6	1.0
あと（は）	接	0	0	0	0	2	0	3	5	0.8
…あと（に／で）	接助	0	0	0	0	1	1	0	2	0.3
なぜなら	接	0	0	1	1	0	0	0	2	0.3
…途中（に／で）	接助	1	0	0	0	0	1	1	2	0.3
…と	接助	8	0	0	0	1	1	0	2	0.3
指示詞＋瞬間	接	0	1	0	0	0	0	0	1	0.2
そこで	接	11	0	0	0	0	0	1	1	0.2
…結果	接助	1	0	0	0	0	0	0	0	0.0
すると	接	4	0	0	0	0	0	0	0	0.0
…ところ	接助	5	0	0	0	0	0	0	0	0.0
合計		75	102	97	130	115	166	140	750	125

　表 2 の品詞で「接」とあるのは接続詞ないしは接続詞相当の複合形式、「接助」とあるのは接続助詞ないしは接続助詞相当の複合形式である。「接」と「接助」を別々に集計すると、母語話者では、「接」が 17（23 ％）、「接助」が 58（77 ％）、学習者グループの平均では「接」が 48（38 ％）、「接助」が 77（62 ％）となり、「接」と「接助」のどちらも学習者のほうが数多く用いている。増田（2000）によるコマ割漫画を用いた作文調査でも、母語話者より学習者のほうが接続表現を数多く用いていることが報告されている。増田はその原因の一端に、ことがら同士の関係性を表す連体修飾節が母語話者によく使われる点を挙げている。本稿のデータでもそのような現象が見られるかどうかについては、今後の課題としたい。

4.2　学習者グループごとの特徴

　表 2 では、頻度が 9 以上、かつ、学習者グループ平均の 1.5 倍以上の数値を示す学習者のセルに網掛けがしてある。この数値を中心に学習者グループそれぞれの特徴を見ることにする。

まず、韓国語グループは「それで」、中国語グループは「そして」という接続詞を多く使っていることが分かる。中国語グループはそれに加えて「指示詞＋とき（に／は）」の使用が、網掛けはされていないものの21回と多く、学習者グループ平均の1.4倍を占めている。「指示詞＋とき（に／は）」の使用が多いのは教室環境グループも同様で、25回出現しており、学習者グループ平均の1.7倍を占めている。教室環境グループの母語は統制されていないが、このグループの15名中11名が中国語を母語とする者で、網掛けされた25回のうちの18回は彼らに使用されたものである。また、教室環境グループに目立って多い「…とき（に／から／は）」も、11回のうち10回が中国語話者のものである。これらのことから、「指示詞＋とき（に／は）」や「…とき（に／から／は）」の使用が多いのは中国語の影響によるものであることが予想される*5。

　次に、英語グループとハンガリー語グループは、因果関係を表す「…から」を数多く使用していることが分かる。英語グループは「だから／ですから」の使用頻度も高い。英語とハンガリー語は系統を異にする言語であるが、これらの母語話者はヨーロッパ文化圏に属する地域で生活している。因果関係の形式を多用するという傾向には文化による会話スタイルの違いといったものが影響している可能性がある*6。

　因果関係を表す形式については、さらに、自然環境グループと教室環境グループに「…ので」の使用が多いことが興味深い。一般に「…ので」の習得は「…から」の習得より遅れると言われているが、国内での学習者は海外での学習者より「…ので」の習得が早いのではないかということが予想できる。

　最後に自然環境グループに着目したい。このグループは「…たら」を13回（学習者グループ平均の2.6倍）と多く使用している。「…たら」は海外の学習者グループでは非常に少ないが、国内の学習者グループでは、教室環境グループも9回（学習者グループ平均の1.8倍）使用しており、国内学習者に目立って多いことが分かる。また、「そしたら／したら」は自然環境グループしか用いていない。このグループは、そのほかに、次のような接続詞の「で」の使用も

目立つ。

（4）で、まあその音を聞いて妻は窓から、えー顔をのぞきました

　　で、ケンさんは、警官に、えー説明をしてから、まあそこ
　　で解決し　　　　　　　　　　　　　　　　　　　（JJN12）

　以上のことから、自然環境グループは日本語母語話者の日常的な
話し言葉の影響を大きく受けていることが考えられる。

　また、網掛けはなされていないが、「…て」の使用が62回（学習
者グループ平均の1.4倍）と多いことも自然環境グループの特徴で
ある。次のように、文の切れ目なく、ダラダラと話す人が自然環境
グループに多いようである。

（5）あらまあ、それは泥棒じゃねと思ってー車を停めてー、あ
　　なた何しよるって言ってー、早く降りなさい、もう、もう
　　捕まえられそうだった警察には　　　　　　　　　（JJN34）

　以上、各グループ15名という少ない人数なので、何の影響を受
けたものなのか確実なところは分からないが、各グループのおおよ
その特徴は捉えられたのではないかと思う。以下に、母語や学習環
境などの影響が予想される点をまとめておく。

1.　中国語グループは、「指示詞＋とき（に／は）」の使用が多い。
　　また、中国語話者が多くを占める教室環境グループは「指示詞
　　＋とき（に／は）」と「…とき（に／から／は）」の使用が多い。
　　「とき」という名詞を多用するのは中国語の影響である可能性
　　がある。

2.　ハンガリー語グループは「…から」の使用が多い。また、英語
　　グループは「…から」と「だから／ですから」の使用が多い。
　　因果関係を明示する形式を多用するのは、これらの母語話者が
　　ヨーロッパ文化圏に属することの影響である可能性がある。

3.　国内の学習者に「…ので」の使用が多い。海外の学習者より早
　　い段階で「…ので」を習得している可能性がある。

4.　自然環境グループは、「…たら」や「そしたら／したら」の使
　　用が多い。「…て」を使用して文を区切らずにダラダラと語っ

たり、接続詞の「で」の使用が多いことも含め、くだけた話し言葉の影響を受けているものと思われる。

今後はさらにデータを増やし、統計的な処理を施すなどしてこれらの特徴に関する検証を行う必要がある。

4.3　学習者と母語話者の比較

表2から、「…て」と「…ので」は学習者も母語話者も数多く用いていることが分かる。そこで、これら2つを除いて、それぞれのグループの使用頻度を折れ線グラフで示したのが図2である。

この図を見ると、学習者と母語話者の順接表現の使用はあたかも相補分布をなしているかのように見える。つまり、学習者は、このストーリーテリングで母語話者がよく使う接続表現を使うことができず、母語話者があまり使わないさまざまな表現を使って言いたいことを言い表そうとしているのである。そこで以下においては、学習者と母語話者の使用状況をより鮮明に捉えるために、特定の場面を選び出し、それらの場面で順接表現がどのような談話展開機能を果たしているのかを中心に考察することにする。

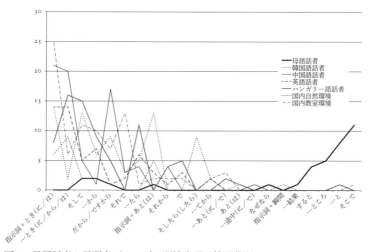

図2　母語話者と学習者グループの順接表現の使用状況

5. 場面ごとの順接表現

5.1 ストーリーの概要と場面の設定

図2から、母語話者が多く使っているが、学習者がほとんど使っていない順接表現に「すると」「…ところ」「…と」「そこで」という4つの順接表現があることが分かる。そこでまずは、母語話者のデータからこれらの順接表現が多く使われている場面を特定することにする。

このタスクはすでに述べたように、図1に示した4枚の絵のストーリーを語るものである。その絵に筆者が場面の概要のスクリプトを加えたのが図3である。これらの場面で「すると」「…ところ」「…と」「そこで」のいずれかの順接表現が数多く使われていたのは、以下の場面の→で示した部分である。

1. ②～③　マリは目覚めない→梯子で2階にのぼろうとする
2. ③　梯子で2階にのぼろうとする→警官に見つかり注意される

そこで、以下においてはこれら2つの場面に着目し、それぞれの場面で母語話者が用いている順接表現がストーリーの展開にどのような機能を果たしているのか、学習者が用いている順接表現との違いは何かについて検討する。以下においてはこれらの場面のそれぞれを「梯子をのぼる」場面、「警官に見つかる」場面と呼ぶことにする。

図3　ストーリーの概要

5.2 「梯子をのぼる」場面

この場面で母語話者が使用した接続表現は表3の通りである。「しかたない系」とあるのは、本稿の「接続表現」には該当しないが、「しかたないので」「しかたなく」などの形で、直前の文脈を受けてその状況に説明を加えている表現なので、

表3 「梯子をのぼる」場面
母語話者の接続表現

形式	頻度
しかたない系	6
そこで	5
不使用	4
合計	15

表に加えてある。また、「不使用」とあるのは、以下のように「マリが目覚めない」場面から「梯子で2階にのぼろうとする」場面への移行箇所で接続表現が使用されなかったものである。

(6) ケンがマリのことを呼んでもマリは2階のベッドでぐっすり眠っています

ケンが梯子を使って2階の窓から家に入ろうとすると、警官に見つかってしまいました　　　　　　　　　　　　　　(JJJ11)

順接表現としては、この場面で母語話者が使っていたのは「そこで」のみである。

(7) とケンが帰るころにはマリは寝ていました

そこで梯子を持ってきて自分でのぼろう、2階にのぼろうとしたところ警官が来て、しまいました　　　　　　　(JJJ14)

(8) 外から大きな声で呼んでも、マリは起きません

そこでケンは梯子を持ってきて、2階の窓から、家の中に入ろうとしました　　　　　　　　　　　　　　　　　(JJJ30)

学習者の場合は表4が示すように、不使用が最も多く、グループ平均で3.5回である。ただし、母語話者も不使用が4回あるので、学習者に不使用が特に多いというわけではない。一方、母語話者が使用した「そこで」については学習者に一度も使われていないことが注目される。母語話者の順接表現の使用が「そこで」に偏っていたのに対し、学習者は特定の順接表現に偏るのではなく、多様な表現を使っている*7。その中でも「そして」「それで」「だから／ですから」が特に多い。以下にそれらの例を示す。

(9) ケンは、あー、マリは、ぐっすり、寝ました

そして、あー梯子、ケンは梯子を持ってきて、あー2階の窓

から一家の中に入
ろうと思いました
　（JJN39）

(10) でもマリはね寝て
しまいましたんん
<u>それで</u>、おおケン
は梯子を梯子を使
って、{咳}梯子
をのぼーりました
　（KKD26）

(11) マリはうちの中ー
で、あー寝ていま
したから、ケンの
声を、あの、聞こ
えなかったんです
えーと、<u>ですから</u>、

表4　「梯子をのぼる」場面
　　学習者の接続表現

形式	頻度	グループ平均
不使用	21	3.5
そして	12	2.0
それで	11	1.8
だから／ですから	10	1.7
しかたない系	9	1.5
あと（は）／指示詞＋あと	6	1.0
…から／ので	6	1.0
指示詞＋とき	5	0.8
それから	4	0.7
で	3	0.5
そこで	1	0.2
そしたら	1	0.2
それが	1	0.2
合計	90	15.0

ケンは梯子、梯子を持ってうちに入って、あー、入ってみ
ました　　　　　　　　　　　　　　　　　　　　（EAU36）

5.3　「警官に見つかる」場面

　母語話者は、表5が示すように場所を表す指示詞「そこ」＋格助
詞「に／へ」の出現が最も多い＊8。これらは接続詞ではないので
本稿の「接続表現」には該当しないが、指示詞によって直前の文脈
を受けるものなので表に加えてある。

(12) 仕方がないのでケンは梯子を
持ち出して、2階の開いてい
るている窓から入ろうとしま
した
<u>そこに</u>警官がやってきてえー
ケンを注意しました　（JJJ12）

順接表現としては「…と」「…と
ころ」「すると」の3種が用いられ

表5　「警官に見つかる」場面
　　母語話者の接続表現

形式	頻度
そこに／そこへ	5
…と	3
…ところ	3
すると	2
逆接表現	3
合計	16

ていた。以下に例を示す。

（13）ケンが梯子を使って2階の窓から家に入ろうとすると警官
　　　に見つかってしまいました　　　　　　　　　　　　（JJJ11）

（14）仕方なくえー外から梯子を掛けて家の中に入ろうとしたと
　　　ころ、怪しいと思った警官がやってきてえー訊ねます

　　　　　　　　　　　　　　　　　　　　　　　　　　　（JJJ17）

（15）どうしようか迷った結果えとケンは梯子を上り、2階の窓か
　　　ら、入ろうとしました

　　　すると警官の方に見つかってしまい、注意をされました

　　　　　　　　　　　　　　　　　　　　　　　　　　　（JJJ15）

　学習者は、表6から明らかなように逆接表現の出現が最も多い。
44回のうち14回は「でもその時」のように逆接表現と順接表現が
ともに用いられていたもの
である。

（16）仕方がないから、
　　　彼は梯子でひやに
　　　入るつもりです
　　　でもその時、警官
　　　が来ました

　　　　　　　（CCM45）

　表5が示すように母語話
者も逆接表現を3回使用し
ているが、学習者はグルー
プ平均で7.3回も使用して
おり、母語話者に比べて逆
接表現の使用が多いことが
分かる。

　一方、母語話者が用いた
「…と」「…ところ」「する
と」は学習者に一度も使わ
れていない。その代わりに
「指示詞＋とき」と「…と

表6　「警官に見つかる」場面
　　　学習者の接続表現

形式	頻度	グループ平均
逆接表現	44	7.3
指示詞＋とき	26	4.3
…とき（に）	14	2.3
そしたら	2	0.3
そして	2	0.3
…たら	2	0.3
で	2	0.3
…ながら	2	0.3
あいだに	1	0.2
したがって	1	0.2
そのうちでは	1	0.2
その瞬間	1	0.2
そのなかに	1	0.2
それで	1	0.2
…ちゅう	1	0.2
…て	1	0.2
…てから	1	0.2
どうしたところで	1	0.2
不使用	1	0.2
合計	105	17.5

き（に）」が多く、そのほかに、「そしたら」「そして」「…たら」
「で」「…ながら」など、学習者は多様な表現を用いている。以下に
比較的頻度の高い「指示詞＋とき」と「…とき（に）」の例を挙げ
る。

（17）んー、はしこ、でんー、2階に入っ、2階に入るつもりえー、
　　　つ2階はい、2階に入るつもり、つもり、つもりでした
　　　その時に、警官にあーみつ、警官に見つかった　　（CCM37）

（18）ケンは、近くにある梯子、を使って、そその梯子に上がろ
　　　うとした時、警官が、見つかりました　　　　　　（HHG09）

5.4　まとめ

以上の観察により、母語話者と学習者の順接表現の使用について
次のような違いがあることが明らかになった。

1. 「梯子をのぼる」場面で、母語話者の使用は「そこで」に偏
　　るが、学習者は「そして」「それで」「だから／ですから」な
　　どを使っている。
2. 「警官に見つかる」場面で、母語話者は「…と」「…ところ」
　　「すると」を使うが、学習者は「指示詞＋とき」「…とき
　　（に）」などを使っている。

そこで、以下ではストーリーテリング「鍵」におけるこれらの順
接表現の談話展開機能という問題について、母語話者と学習者の使
用を比較しつつ検討することにしたい。

6.　順接表現の談話展開機能

6.1　「そこで」VS.「そして」「それで」「だから／です
　　　　から」

この節では、「梯子をのぼる」場面において、母語話者が多く用
いた「そこで」と学習者が多く用いた「そして」「それで」「だから
／ですから」の違いについて検討する。

「そこで」に関する先行研究では、前件が「場面や状況設定（森

田 1989)」、あるいは「場面的な条件づけ（ひけ 1997）」を行い、後件が前件で示された場面・状況に対する「改善・解決をするための行為（萩原 2006）」あるいは「対処（石黒 2016）」を表すと説明されている。「梯子をのぼる」場面における「そこで」の機能は、まさにこのような用法であり、「鍵がなく、部屋にいるマリも目を覚まさないというどうしようもない状況」において、「梯子を使って 2 階の窓から入ろうとする」という思い切った行動に移る箇所で「そこで」が用いられている。梯子を用いた侵入は家に入るという問題を解決するための行為、困った状況に対する対処であり、「そこで」はそのような意志的な行為の表現へとつなぐために用いられているわけである。

しかし、「そこで」の用法は必ずしも後件に意志的な行為が表されるものだけとは限らない。例えば、ぐっすり眠っていたマリが外の騒動に気付いて目を覚ます場面では、次のように、「マリの目覚め」という非意志的な出来事が「そこで」の後件で表されている *9。

(19) そこへ警官が、と、パトカーで通り掛かり、ケンに、ケンが泥棒ではないかと、え注意をしに来ました
　　 そこでやっとマリが、目を覚まし、2 階の窓からケンと警官に声を掛けました　　　　　　　　　　　　　　　　(JJJ30)

(20) そこに、警官が来てしまい、警官に呼び止められました
　　 ところがそこでマリが起きて来て、ええと警察警官もええこのご主人が、ケン、ケンがこの家の者だとわかり、和解しました　　　　　　　　　　　　　　　　　　　(JJJ35)

そもそも接続詞の「そこで」は場所を表す指示詞「そこ」と格助詞「で」の複合した形式が文法化したものである。空間的な場所を表す「そこで」が抽象的な場面や状況を表すように変化したもので、上記の 2 つの例は、後件が意志的な行為を表す用法に比べると、「そこ＋で」のもとの意味をより強く残すものであると言える。ここからさらに抽象化が進み、「場面的な条件づけ」という意味がさらに強くなってくると、前件と後件の間に「原因―結果」という関係が生じるようになる。「現代日本語書き言葉均衡コーパス

200

（BCCWJ）」から検索した以下の例は、その過渡期とも言える用法で、「結婚するまでの時間の中で悩んだ」とも、「結婚するまで時間があるから悩んだ」とも解釈できる。

(21)結婚するまで時間があって、そこで「彼でいいのだろうか」とか悩んだりもしましたけど、今はとっても幸せです。

（Yahoo! 知恵袋）

いずれの場合も「そこで」は、前件で述べられた場面・状況に条件づけられて後件で新たな事態が生起することを表すことにより、後続の談話に新たな局面を生み出し、先行の談話から話を一歩前進させるという重要な働きを果たしているのである。

以下ではBCCWJから検索したいくつかの例を検討してみることにしたい。次の2例は後件に無意志的な出来事が述べられているものである。

(22)あっしは、そのオッチョコチョイの子分を落着くようたしなめて、そこでやっと頭も目ざめてきて、そのあと推理みたいなものも浮んでくるんですが

（北杜夫「大日本帝国スーパーマン」新潮社 1987 年）

(23)太郎は思い、（中略）、ちょっととくいな気もちになっていた。そして、そこではじめて、ああそうかと、なっとくしていた。（いま見ている、このようすを、スタジオに帰ってからしゃべったら、それが、超能力とか、霊能力とかいうことになるんだ

（かんべむさし「ざぶとん太郎空をゆく！」ペップ出版 1989 年）

(22)は、銭形平次が寝ているときに子分の八五郎が慌てて駆け込んで来て事件を報告しようとしている場面である。ここでは「そこで」を境に、寝ぼけながら子分をたしなめる場面から、はっきり目覚めて事件に対処できるようになる場面へと大きく談話が展開している。(23)も同様に、テレビ出演したときの自分のことが話題になっていい気分になっている場面から、今の様子をテレビ関係者にそのまましゃべればいいんだと気付く場面への移行箇所に「そこで」が用いられている。これらの例に見られるように、「そこで」は談話を新たな局面へと大きく進展させる働きを持っているのであ

る。(22) では「やっと」、(23) では「はじめて」という副詞が使われていることからも、前件で述べられた状況がなんらかの困難や波乱を含み、それを乗り越えて、ようやく次の局面に移行することが表されている。

　以下の例は、前件で述べたことを前提として後件でその前提にかかわる問を提起するものである。後件での問は前件での状況に対処するためのものであるから、この例は「改善・解決をするための行為」や「対処」を表す用法の一種であると言える。

（24）近くアメリカの NY に行きます。そこで米国内における受
　　託手荷物の開錠検査について知りたいのですが施錠しない
　　で預けたスーツケースを保安検査される時に荷物が破損す
　　るケースなど多いのでしょうか？　　　　　　（Yahoo!　知恵袋）

（25）減衰力を調整したり、ウイングを一段立ててみたのですが、
　　期待したほどの効果はありませんでした。さて、そこで質
　　問なのですが、この場合はどういったチューニングが効果
　　的でしょうか？　　　　（永光やすの「Option」三栄書房 2003 年）

この種の例も、前件で述べられた状況を踏まえ、問題解決のための質問を提示するという重要な展開の箇所で「そこで」が用いられている。(25) で「さて」という転換の接続詞が使われていることからも、ここで場面が転換し、談話が大きく進展することが分かる *10。

　このように、「そこで」はそれまでの状況を踏まえて、それ以降で談話が大きく進展することを予想させ、次の展開に期待感を持たせることのできる接続詞なのである。「梯子をのぼる」場面では、家に入れないという困難な状況から、梯子を使った問題解決へと大きく談話が展開する局面で「そこで」が用いられている。それによって談話展開のダイナミズムが効果的に表現されているのである。

　一方、学習者が用いた「そして」や「それで」にはそのような談話展開機能を認めることができない。「そして」は「添加の接続詞」と言われているように、新たな情報を付け加えるのに用いられる。出来事を述べた後に他の出来事を付け加えるときは「継起」の読みが強くなるが、必ずしもそうではなく、次の例のように、思いつい

たことをそのつど付け加えているだけという印象を与えてしまうこともある。

（26）ケンはうちの鍵を持っていませんでした

　　　そして帰った時に気付い、あ、気付きました

　　　マリはうちの中ー で、あー寝ていましたから、ケンの声を、あの、聞こえなかったんです

　　　えーと、ですから、ケンは梯子、梯子を持ってうちに入って、あー、入ってみました

　　　ですが、警官はこんなことを気付いて、ケン、ケンに、えっと、ケン、と話しました

　　　そして泥棒だと思われました

　　　でもケンは、状況ー を、あのー説明して、えーと警官は「あ、そうですか、あ、すみませんでした」と言いました

　　　そしてマリさんは起きました　　　　　　　　　（EAU36）

「それで」にも添加の用法はあるが＊11、「梯子をのぼる」場面においては「原因ー結果」の関係を表すものと解釈できる。

（27）うん、ケンは家には、入れない、なかった

　　　それでケンは、うん、はし、梯子で家にはい、入りたい、と思いました　　　　　　　　　　　　　　　　　（JJC23）

このほか学習者は、「だから／ですから」も使っているが、こちらは「それで」より明示的に「原因ー結果」の関係を表す形式である。「だから／ですから」の場合、齋藤（2005）が述べるように、書き手の論理による帰結や主張として後件を際立たせる効果がある。そのため、特にそのような必要のない箇所で用いると次のように不自然な印象を与える結果となる。

（28）外からマリを呼んできましたけど、マリは熟睡したので、聞こえません

　　　ですから、ケンはうちの梯子を使って、2階の窓から入りた、入り入りたか入りたいです入入りたいでした　　（EAU40）

この例の場合も、「マリは熟睡していて気付きません。ですからケンは梯子を使って2階にのぼらなければならなかったのです」のように言えば不自然ではない。後件に「なければならなかったので

す」という出来事の必然性を主張する表現が続いているからである。しかし、「ケンは梯子を使って2階の窓から入りたいです」という文からは話し手の主張が読み取れない。そのために（28）は不自然に響くのである。

　「原因─結果」を表す「それで」や「だから／ですから」の用法は、前件で述べられた事柄から予想された必然的な成り行きを後件で述べるものである。そのため、前件から後件への流れは十分に予想できるもので、「そこで」のように談話の重要な展開を予想させるものとはなり得ない。そのため、次のように頻繁に用いると、「そして」と同様に、思いついたことを添加的に述べているだけのような単調な語り口になってしまう。

（29）うん、ケンは家には、入れない、なかった

　　　<u>それで</u>ケンは、うん、はし、梯子で家にはい、入りたい、と思いました

　　　ケンは、うん、ケンは、入り、時、けい、警官、が、出まし、た？

　　　警官が、うーん、警官が、いました

　　　<u>それで</u>、警官さんは、うーん、誤解？　しました

　　　ケンは泥棒と、おも、思われた

　　　ケンは、けい、かんに説明しました

　　　<u>それで</u>、マリは、おき、た　　　　　　　　　　　　（JJC23）

6.2　「…と」「すると」「…ところ」VS.「指示詞＋とき」「…とき（に）」

　この節では、「警官に見つかる」場面において母語話者が用いた「…と」「すると」「…ところ」と学習者が用いた「指示詞＋とき」「…とき（に）」の違いについて検討する。

　「…と」と「すると」には、仮定条件を表す用法もあるが、本稿のデータには現れていない。また、本稿のデータに現れた「…と」は、「紛らわしいことを、すると、こちらも迷惑なんで（JJJ50）」という1例を除き、すべて過去に生起した特定の出来事や状態を語るものである。過去に起こったことを語るこの種の用法は「確定条

件」、「既定条件」、「事実的な用法」などと呼ばれ、Fujii（1993）、
蓮沼（1993）、前田（1998）などによって詳しく考察されている。
以下に蓮沼（1993）による「…と」と「…たら」のこの種の用法
の分類を示す（pp.77–78）。

〈発見〉 窓を {開けたら／開けると} エーゲ海が目の前に見えた。
　　　　前件が発見の契機となる行為を表し、後件では、その行為
　　　　によって発見される対象の存在やその状態の記述、あるい
　　　　はその認知行為などが表現される。

〈発現〉 見上げて {いたら／いると} 空から財布が落ちてきた。
　　　　前件が継続的な動作を表し、後件では、その動作がなされ
　　　　ている状態での新たな事態の出現やその認知といったこと
　　　　が表現される。

〈時〉　 夜に {なったら／なると} みぞれは雪に変わった。
　　　　時間の推移に伴う新たな事態の出現や状況の進展・変化と
　　　　いった関係を表す。

〈反応〉 お化粧を {したら／すると} 彼女は見違えるほどきれいに
　　　　なった。
　　　　前件の動作や変化に反応して後件の動作や変化が起こると
　　　　いった関係を表す。

〈連続〉 彼は家に {*帰ったら／帰ると} 友達に電話した。
　　　　第一の動作・変化に連続して、同一主体が第二の動作・変
　　　　化を起こすといった関係を表す。

　蓮沼はこれらすべてに共通する特徴として、「新たな状況におけ
る新たな認識の成立」という認識上のパターンが認められると述べ
ている。すなわち、前件で新しい状況が設定され、後件ではその状
況における新たな事態の生起や発見といった認識の変化を生じさせ
る状況が生まれることを表すということである。同様の指摘は
Fujii（1993）にもあり、「と」を用いた構文は、前件で新しい視点
をもたらす知覚的・認知的・時間的なフレームを新規に設定し、後
件でこの新しいフレームにおいて知覚したことや発見したことを表

すものであると述べ、この種の構文に共通するものとして「発見の
フレーム設定（frame-setting for discovery）」という原理を提起し
ている（p.287）。さらに、前田（1998）は、「後件は、前件動作を
おこなっているときには予想されない新しい事態であり、それによ
って新たな場面を設定するという機能を果たしている（p.83）」と
述べており、「…と」は単に時間関係を表す「…とき」と異なるも
のであることが主張されている。

　これらの議論に共通するのは、「…と」は「…とき」とは違い、
「新たな認識の成立」や「発見」という展開を予想させる形式であ
り、そのために、何らかの意外性や期待感を生じさせる働きを持ち
うるということである。この点が、単に時間関係を表すだけの「指
示詞＋とき」や「…とき」と異なっている。

　さて、次に、「警官に見つかる」場面において母語話者に用いら
れた「と」の用例を見ることにしたい。

　（30）ケンはこあのーな納屋から梯子を持って来て2階にあ2階
　　　に上がってー、す2階の窓から入ろうとしていると_お巡り
　　　さんがやってきました　　　　　　　　　　　　　　（JJJ10）

　（31）ケンが梯子を使って2階の窓から家に入ろうとすると_、警
　　　官に見つかってしまいました　　　　　　　　　　　（JJJ11）

　（30）は「発現」、（31）は「反応」の「…と」の用法である。ど
ちらの場合も、「ケンが梯子を使って2階の窓から入ろうとする」
という新たな事態の生起と、その状況において「警官が現れる」と
いう予想外の出来事が「と」によってつなげられている。それによ
って、「…とき」や「指示詞＋とき」には表せない意外感や期待感
が表せるのである。

　渡邉（1996）は本稿と同様にコマ割漫画を使ったストーリーテ
リングを調査し、母語話者が用いた13例の「…たら」のうち12
例が逆接展開場面に現れ、これまでの出来事の流れとは異なる意外
な方向への展開場面で用いられていると述べている。また、加藤
（2003）も「…たら」について、後件に対する話者のコントロール
不可能性が「意外性」を表しつつ話の展開を語るという談話構成を
もたらすと述べている。これらは「…たら」についての指摘である

が、「…と」の場合も「…たら」と同様に意外性をもたらすものであり、逆接の展開が予想される場面で用いられることが少なくない。本稿のデータでも、母語話者に用いられた8回の「…と」のうち、4回は、逆接の接続詞に言い換えてもおかしくないものであった。

一方において、「…と」を使うことができない学習者は、「…と」の表す意外性を、他の手段で表している。

(32) 仕方がないから、彼は梯子でひやに入るつもりです
　　　でもその時、警官が来ました　　　　　　　　　　（CCM45）

(33) あの、梯子、梯子で、家ま家まで、と、とえと家、梯子で
　　　家までー、い行きたい
　　　でもその時は、けい、けい、警官、警官は来ました　（JJC28）

(34) それでケンは、う、あはーしごーを持ってきて、2階に上げ
　　　る、上げるー時、急に警官が、来て、これはだめです、だ
　　　めですよ、とー言われました　　　　　　　　　　（KKD06）

(32) と (33) は「でも」という逆接表現を使うことで予想外の展開を表している。また、(34) は「急に」という副詞を使うことで、その出来事が予想外の突然の出来事であったことを表している*12。

5.3節で母語話者に比べて学習者が多くの逆接表現を使っていることを報告したが、その原因は、母語話者が使う「…と」などの表現を学習者が使えないため、それらが表す意外性の意味を逆接の表現によって補おうとしているためであったことが分かる。

一方、逆接の表現や副詞が用いられていない以下の例は、2つの出来事の時間的な関係が示されているものの、談話の展開に伴う意外性を感じさせることができず、緊張を伴う展開を読み取ることができない。

(35) しょうがないから、うちにあるはしかごを用意して、2階の
　　　窓、を、入ろうとしましてその時警察、官が見て、止まり
　　　ました　　　　　　　　　　　　　　　　　　　　（JJN17）

(36) そして、あのー、えー梯子を持って、えー、えーあえてい
　　　るー窓に、えー上がり始めた時、警察が、えー、え来まし
　　　た　　　　　　　　　　　　　　　　　　　　　　（HHG44）

(37)ケンは、近くにある梯子、を使って、そその梯子に上がろ
　　　うとした時、警官が、見つかりました　　　　　（HHG44）

ところで、「警官に見つかる」場面で母語話者は「…と」のほか
に「すると」と「…ところ」を用いている。これらも「…と」と同
じような機能を持つものである。

　まず、「すると」に関しては、「…と」が2つの節を関係づけてい
たのに対し、2つの文を関係づけるという違いがあるが、関係づけ
のあり方そのものは、「…と」と変わらない。以下の例は2つとも
「反応」の用法である。

(38)どうしようか迷った結果えとケンは梯子を上り、2階の窓か
　　　ら、入ろうとしました
　　　すると警官の方に見つかってしまい、注意をされました

（JJJ15）

(39)仕方がないので、家の外にあった梯子を持ってきて、2階に
　　　上がろうとしました
　　　すると、通りかかった警官に、職務質問をされました

（JJJ57）

「…と」との違いは、新たな場面状況を設定した上で、文をいっ
たん収束させるかどうかという点にある。すなわち「すると」は、
次の展開の直前で文を区切り、一息入れたところで予想外の展開へ
とつなぐことにより、意外性や期待感という感覚を「…と」より強
く生じさせることができるのである。石黒（2016）は、「すると」
について「結果を期待する因果関係」を表すと述べ、「推移の接続
詞」に分類している（p.25）。つまり、「すると」を用いることに
より、この先何かが起こることは分かっているがそれが何かが分か
らないため、次の展開を期待するという気持ちが生じるのである。
この種の意味は「…と」も表せるが、文を区切ることにより「する
と」のほうがより強く表すことができる。

　次に、「…ところ」について検討する。中里（1994）は「…とこ
ろ」を3類5種に分類し、そのほとんどが「…と」に言い換えられ
ると述べている。「…と」に言い換えられないとされているのは、
以下の2例であるが、これについては次節で「…たら」との比較に

おいて述べることにする。

(40) この話を新聞に書いたところ、いろいろなかたからお手紙
をいただきました。

(41) 大声で歌を歌っていたところ、家人に注意されてしまった。

「警官に見つかる」場面では「…ところ」が3回使われているが、
いずれも「…と」に言い換えられる。

(42) そこで梯子を持ってきて自分でのぼろう、2階にのぼろうと
したところ警官が来て、しまいました　　　　　　　(JJJ14)

(43) 仕方なくえー外から梯子を掛けて家の中に入ろうとしたと
ころ、怪しいと思った警官がやってきてえー訊ねます

(JJJ17)

(44) え、そこでえっと窓が開いてていた、ので、えっと梯子を
使って2階にのぼろうとして、たところえっと警察官に見
つかってしまったんですが、とマリが起き、て、えっと、
事なきを得ました　　　　　　　　　　　　　　(JJJ03)

しかし、別の場面で用いられた以下の例は、「…と」に言い換え
にくい。

(45) 2階で寝ているマイに、マリに声を掛けたところ、マリはね
し、寝ていて、きき、気付きませんでした　　　　(JJJ12)

(46) ? 2階で寝ているマリに声を掛けると、マリは寝ていて気付
きませんでした。

その原因は、「マリに声をかけたら気付くだろう」という予想を
大きく裏切る展開であることにあるものと思われる。先に、「…と」
は逆接の展開が予測される場面で使われることが多いと述べた。し
かし、この例のように全く正反対の結果になる場合には用いられず、
「予想外」といっても次の展開でその予想が多少修正される程度の
「わずかな予想外」の場合でしか許容できないようである。一方、
「…ところ」はその制約が緩く、「…と」よりは許容度が高くなる。
その証拠に、(47) のaは不自然だが、bは問題なく許容できる文
である。

(47) a. ?? 電話をかけると、だれも出なかった。
b.　電話をかけたところ、だれも出なかった。

第9章　ストーリーテリングにおける順接表現の談話展開機能　　209

しかし、「…ところ」の場合も完全に正反対の結果を導く場合には許容されなくなり、「ても」などの逆接の接続表現に席を譲ることになる。

(48)a. ＊雨が降った<u>ところ</u>、ぬれなかった。

　　b.　雨が降っ<u>ても</u>ぬれなかった。

6.3　「…と」VS.「…たら」

最後に、事実的な用法の「…たら」について述べることにしたい。「…たら」は本稿の母語話者データでは一度も使われていない。しかし、母語話者が「…と」を使った文を「…たら」に直しても特に不自然ということはないし、渡邉（1996）の調査では、本稿と類似した方法での調査でありながら母語話者による「…たら」の使用が観察されている。それにもかかわらず、本稿の調査で母語話者が「…たら」を使わなかったのはなぜだろうか。

久野（1973）は、後件に話し手の意図的な動作が表される「僕は、上着を脱ぐ<u>と</u>、ハンガーに掛けた」という文について、「会話調の文としては非文法的であるが、物語調の文としては文法的である（p.119）」と述べている。また、蓮沼（1993）も同様の指摘を行い（p.76）、さらに「…たら」は後件に意図的な動作を表せないことなどを手がかりとして、事実的な「…たら」は話し手の実体験的な認識を表すもの、事実的な「…と」は話し手が外部からの観察者の視点で語るような場合に使用されるものという違いがあると述べている（pp.79-80）。中里（1994）が「…たら」には言い換えられるが「…と」には言い換えられないとした（40）と（41）（以下で（49）と（50）のaに再掲）も、話者の実体験を述べているという解釈がなされたために「…と」が許容されにくかったのだろうが、外部から観察者的に述べているという解釈をすれば、自然な文として許容できるのではないかと思われる。

(49)a.　この話を新聞に書いた<u>ところ</u>、いろいろなかたからお手紙をいただきました。

　　b.　この話を新聞に書く<u>と</u>、いろいろなかたからお手紙をいただきました。

(50) a.　大声で歌を歌っていた<u>ところ</u>、家人に注意されてしまった。

　　 b.　大声で歌を歌っている<u>と</u>、家人に注意されてしまった。

このように、「…たら」は会話調で実体験的な認識を表し、「…と」は物語調で外部からの観察者の視点で語る場合に用いられるという文体的な特徴を持つ。本稿で母語話者が「…たら」を使わなかったのは、コマ割漫画の登場人物という第三者の行動を描写するというタスクが観察者的な語り方を導きやすかったことと、初対面の調査者にストーリーを語るという状況で、物語調の語り方のほうが会話調のくだけた語り方より選択されやすかったことによるものと思われる。

　また、本稿の調査では、海外の学習者には「…たら」があまり使われないが、国内の学習者には多数の「…たら」が使われていることが観察された。特に自然環境グループでは学習者グループ平均の2.6倍という高い数値を示している。この現象は、事実的な「…たら」の用法は自然習得で学びやすいということを表しているように思う。この点についてはさらに詳しく検証する必要がある。

6.4　まとめ

　この節では母語話者により「そこで」「…と」「すると」「…ところ」が使われた場面に着目し、これらの表現の談話展開機能について検討した。その結果、これらの表現は、単に時間関係や因果関係を表しているだけでなく、談話の重要な展開場面をマークしたり、次に起こることの意外性や期待感を表現する機能を果たしていることが明らかとなった。また、学習者がこれらの表現を使えないため、「そして」「それで」「指示詞＋とき」「…とき」などの表現を用い、意外性や期待感を表すために逆接の接続詞や副詞を使ったりする様子が観察されたが、全体としては母語話者が使う表現を使いこなせないため、ダイナミックな談話展開を行うことが困難であることが明らかとなった。さらに、「…と」と「すると」、「…と」と「ところ」、「…と」と「…たら」の使い分けについても言及した。

7. おわりに

　冒頭で述べたように、林四郎氏は、文を「表現者がある表現意図を以て文章場面を作り、文章生産活動に入ってから、文章の一部として生産するもの」と捉えている。本稿は、ストーリーを語るという目的をもって初対面の調査者に対して語られた談話を対象とするという極めて限られた範囲の調査ではあるが、ストーリーテリングという「文章生産活動」において生産される「そこで」「…と」「すると」「…ところ」といった順接表現が、ストーリーを活き活きと語るために重要な機能を果たしていることは示せたように思う。

　コマ割漫画の筋書きに従ってストーリーを語るということは日常生活ではあまりないことだろう。しかし、時間軸に沿って生起した一連の出来事について述べる機会は、自分の体験を語ったり事の顛末を説明したり活動報告を行ったりという形で日常生活のそこここにあるように思う。中級レベルの学習者が使えなかった「そこで」「…と」「すると」「…ところ」などの順接表現は、活き活きとした語りを行うには不可欠のものである。さらに、ストーリーテリングだけでなく、論理的な議論を展開する場合にもこれらの表現は重要な役割を果たすものと思われる。論理的な議論の場合にこれらの接続詞がどのような談話展開機能を持っているのか、また、これらの表現をいつ、どのような形で日本語教育の指導に組み込むのがよいか、今後はこのような点についても考えていきたいと思っている。

＊　本稿をまとめるにあたり、宇佐美まゆみ氏、蓮沼昭子氏を始め、学習者コーパス研究会や竹園日本語教育研究会の方々に有益なコメントを頂戴しました。ここに記して感謝いたします。

＊1　用例末尾の（　）内にあるアルファベットと数字は発話者のID番号で、アルファベットは以下の母語話者を指している。JJJ：日本語、KKD：韓国語、EAU：英語、HHG：ハンガリー語、また、JJNは国内の自然環境、JJCは国内の教室環境で学習した者で、母語の統制はされていない。

＊2　I-JASについて詳しくは迫田・小西・佐々木・須賀・細井（2016）を参照されたい。

＊3 J-CAT（Japanese Computerized Adaptive Test）とは、筑波大学留学生センターにより開発された「聴解」「語彙」「文法」「読解」の4つのセクションからなる日本語熟達度テスト。通常は WEB を利用して実施するが、本調査ではスタンドアローンで動作するコンピュータを用いて実施した。

＊4 SPOT（Simple Performance-Oriented Test）とは、小林典子、フォード順子によって考案された日本語能力簡易試験。

＊5 Fujii（1993）は英語を母語とする日本語学習者のストーリーテリングで母語話者が「…と」を用いる箇所に学習者が「…とき」を用いることが多いことを報告している。本稿の調査でも中国語グループ以外のグループでの「…とき」の多用が観察されている。このように、「…とき」の多用は中国語母語話者に限らない現象だと思われるが、他の母語話者に比べて中国語母語話者に「…とき」や「指示詞＋とき」の使用が際だって多かったことを指摘したい。

＊6 増田（2000）は、コマ割漫画のストーリーライティングにおいて、因果関係を明示する表現は母語話者があまり使わないのに学習者が多用することを報告している。「…から」や「だから／ですから」の多用はハンガリー語や英語を母語とする学習者に限らない現象であると思われるが、今回の調査では他のグループに比べてこの2グループにこれらの使用が際立って多かったことを指摘したい。

＊7 学習者が母語話者とは異なる接続表現を使用することについては、栃木（1990）のストーリーテリングの調査でも報告されている。

＊8 表5と表6の合計の数が人数（各グループ15人）を上回っているのは、「が、そこに」「でもそのとき」のように逆接表現と他の表現が重複して用いられているためである。

＊9 森田（1989）は後件に非意志的な事態が続く場合の用法について、「その事態からおのずと落ち着く状況」という説明を与えている。

＊10 立川（2010）は随筆を調査し、「そこで」にはこの種の転換の用法が最も多いことを報告している。

＊11 「それで」の「添加」の用法については浜田（1995）を参照されたい。

＊12 学習者が「すると」などの接続表現を使えず、「急に」などの副詞によって意外性を表すことは烏（2012）や小口（2017）も指摘している。

参考文献

石黒圭（2015）「読解研究から見た『文の姿勢の研究』」『日本語文法学会第16回大会発表予稿集』75–83.

石黒圭（2016）『接続詞の技術』実務教育出版

烏日哲（2012）『中国語を母語とする日本語学習者の語りの談話における表現と構造―日本語母語話者との比較を通して―』博士論文（一橋大学大学院言語社会研究科）

加藤陽子（2003）「日本語母語話者の体験的な語りについて―談話に表れる事実的な「タラ」「ソシタラ」の機能と使用動機―」『世界の日本語教育』13、57–74.

久野暲（1973）『日本文法研究』大修館書店

小口悠紀子（2017）「談話における出来事の生起と意外性をいかに表すか―中

級学習者と日本語母語話者の語りの比較─」『日本語／日本語教育研究』8、215–230.

齋藤シゲミ（2005）「中級の日本語学習者の作文における「だから」の指導─「だから」の際立たせの機能─」『北海道文教大学論集』6、137–148.

迫田久美子・小西円・佐々木藍子・須賀和香子・細井陽子（2016）「多言語母語の日本語学習者横断コーパス International Corpus of Japanese as a Second Language」国立国語研究所『国語研プロジェクトレビュー』6 (3)、93–110.

立川和美（2010）「随筆テクストにおける「それで」「そこで」「だから」の用法について」『流通経済大学社会学部論叢』20 (2)、21–38.

栃木由香（1990）「日本語学習者のストーリーテリングに関する一分析─話の展開と接続形式を中心にして─」『筑波大学留学生教育センター日本語教育論集』5、159–174.

中里理子（1994）「「ところ」の接続助詞的用法について」『学校法人佐藤栄学園埼玉短期大学研究紀要』3、141–149.

永野賢（1985）『文章論総説』朝倉書店

萩原孝恵（2006）「「だから」と「それで」と「そこで」の使い分け」『群馬大学留学生センター論集』6、1–11.

蓮沼昭子（1993）「「たら」と「と」の事実的用法をめぐって」益岡隆志編『日本語の条件表現』73–97、くろしお出版

浜田麻里（1995）「ソシテとソレデとソレカラ─添加の接続詞─」宮島達夫・仁田義雄編 『日本語類義表現の文法（下）』 575–583、くろしお出版

林四郎（1960）『基本文型の研究』（初版）明治図書出版［2013 ひつじ書房より復刊］

林四郎（1973）『文の姿勢の研究』（初版）明治図書出版［2013 ひつじ書房より復刊］

林四郎（1990）「文の成立事情─文章論的文論への序説─」『国語学』160、40–50.

林四郎（1997）「しるしの働き─記号について─」『明海日本語』3、1–14.

林四郎（1998）『文章論の基礎問題』三省堂

ひけひろし（1997）「接続詞のはなし（4）─「それで」と「そこで」」教育科学研究会国語部会（編）『教育国語　第 2 期』23–30、むぎ書房

前田直子（1998）「非仮定的な事態を接続するト・タラの意味・用法」『東京大学留学生センター紀要』8、71–88.

増田真理子（2000）「日本語学習者と母語話者のストーリーテリング文を比較する─4 コマ漫画のストーリー内容を書いたテキストの分析から─」『多摩留学生センター教育研究論集』2、13–25.

森田良行（1989）『基礎日本語辞典』角川書店

渡邉亜子（1996）『中上級日本語学習者の談話展開』くろしお出版

Fujii, Seiko（1993）The Use and Learning of Temporal Clause-Linkage in Japanese and English. In Kettemann, Bernhard & Wieden, W.（eds.）, *Current Issues in European Second Language Acquisition Research*. Gunter Narr Verlag: Tübingen. 279–291.

Leech, Geoffrey N.（1983）*Principles of Pragmatics*. London: Longman.（池上嘉彦・河上誓作訳（1987）『語用論』紀伊国屋書店）

第10章

語りの談話における節のくりかえしとその文脈

渡辺文生

　語りの談話における節のくりかえしとは、語り手がストーリーの命題の展開にまとまりをつけ、かつ、後続の文脈につなげようという動機による現象だが、林（1960、1973、1998）で示された文章や文に関するとらえ方をもとに説明を試みた。さらに、節のくりかえしが起きた命題について後続文脈とのつながり方や文章に書かれた場合の現れ方に関する分析・考察を行い、くりかえされる命題のタイプによって後続文脈とのつながり方が時間的関係または因果関係にわかれること、それらの対応関係は文章においても同じであることなどがわかった。

1.　はじめに

　本研究の目的は、渡辺（2007）で「節のくりかえし」と呼んだ語りの談話に現れる現象について、林（1960、1973、1998）で示された文章や文に関するとらえ方をもとに説明を試みること、さらに、節のくりかえしが起きた命題について後続文脈とのつながり方や文章に書かれた場合の現れ方について分析・考察することである*1。データには、語り手役のインフォーマントにアニメーションを見せ、その後そのストーリーを聞き手役に話してもらうことによって得られた談話（日本人大学生15組、30名）と、そのストーリーの語り手が書いた文章を用いる（渡辺2007、Watanabe 2010）。

　本研究で取り上げる節のくりかえしとは、（1）のようなタイプのくりかえしである。（1）の語り手は「そのソリを見つけたの」と発話した直後に「でソリを見つけて」と同じ命題をくりかえしている。このように、同一話者による同一の命題内容を持つ2つの節

217

が隣接して現れているタイプのくりかえしを節のくりかえしと定義する。また、節のくりかえしに関わる2つの節のうち、先行して発話される節を「先行節」、あとに発話される節を「反復節*2」と呼ぶことにする。

（1）1　んで最後になって，
　　　2　そのソリを見つけたの.
　→　3　でソリを見つけて，
　　　4　ふっと見たら
　　　5　こう上が凧揚がってるでしょ，*3

　渡辺（2007）では、語りの談話における節のくりかえしについて考察し、節のくりかえしとは、談話の中で有標性を持った命題を焦点化し、かつ次の展開の背景として関連づけるという動機のもとに起きるくりかえしであると主張した。第2節では、渡辺（2007）で述べた節のくりかえしに関する統語的・意味的特徴を概観し、林（1960、1973、1998）の言語活動を時間の中でとらえようとする観点をもとに説明を試みる。第3節では、語りの談話の節のくりかえしでくりかえされる命題とその後続文脈との意味的関係について考察する。第4節では、語りの談話の際に節のくりかえしを用いて語ったインフォーマントが同じストーリーを文章にした場合、節のくりかえしが起きた命題はどのように書かれているのか分析し、第5節ではまとめを行う。

2.　節のくりかえし

2.1　節のくりかえしの統語的・意味的特徴

　ここでは、渡辺（2007）における節のくりかえしの統語的・意味的特徴に関する議論の概略を説明する。節のくりかえしとは、同一話者による同一の命題内容を持つ2つの節が隣接して現れる現象と定義するが、同一の命題内容を持つとは、同形の述語が用いられ、項構造も同じ場合とする。このような定義による節のくりかえしの例をデータから抽出した結果、15組の談話のうち11組の談話に29例生じていた。渡辺（2007）では、この29例の節のくりかえ

しを分析の対象とした。

　節のくりかえしの統語的特徴として、先行節はそれより前の節の
まとまりと結びつき、反復節はそれより後ろの節のまとまりと結び
ついているということが挙げられる。つまり、先行節が文末の節で、
先行節と反復節のあいだに文境界がある（29例中の22例、全体の
76％）か、または、先行節が従属節の場合でも、先行節の方が反
復節よりも南（1974、1993）の従属節の分類で独立度が高く、反
復節はさらにそれに後続する節とより強い統語的な結びつきを持つ。
先に示した（1）は、先行節と反復節のあいだに文境界がある例で、
（2）のような構造としてとらえられる。（3）は、先行節が従属節
の例である。（4）に示したように、先行節の「重みで落っこった
んだけど」はその前の「当たって」と結びつき、反復節の「落っこ
ったときに」はその後の「壊れた」と結びつくが、それはそれぞれ
の従属節の独立度の違いによって導かれる。

（2）［文 n ［　　　先行節　　　］］［［　　反復節　　］文 n + 1］
　　　　…　そのソリを見つけたの　でソリを見つけて　　…
　　　　　　　　　　　　　　　　文境界

（3）　1　当たって
　　　　2　重みで落っこったんだけど,
　→　3　落っこったときに
　　　　4　壊れた.

（4）［［［ ］［　　　先行節　　　］］［［　反復節　］［ ］］］
　　　　…　重みで落っこったんだけど　落っこったときに　…
　　　　　　　　　　　C 類　　　　　　　　B 類

このような統語的な特徴は、意味的な解釈にも反映されるため、
先行節はそれよりも前の節のまとまりと結びつき、反復節はそれよ
りも後の節のまとまりと結びつくことになる。図1が示すように、
先行節と反復節の命題内容は同一なので、くりかえされる節の内容
は先行節までのまとまりとも、反復節以降のまとまりとも意味的関
連性があるということになる。同一命題が2つのまとまりにまたが
って現れるのは、くりかえされる命題がその談話の中で有標性を持
った命題であり、それを焦点化するために統語的な境界が設けられ

第10章　語りの談話における節のくりかえしとその文脈　**219**

るが、その命題が次の展開の背景として働いているからであると考える。

図1　節のくりかえしと節のまとまり

　たとえば、(3)は主人公が屋根の上に乗ってしまった凧を取るために雪玉を投げた場面を説明しているが、ここでくりかえしが起きている「(凧が)落っこった」という命題は、この場面における一連の行為の目標が達成されたことを表している。その命題の重要性を伝えるために、統語的な境界が設けられた。しかし、それは次に続く命題とも関連しているため、何らかの形で後続の命題との関係を表す必要がある。書きことばならば、冗長性を避け、接続詞など他の手段を用いて関連性を表すのであろうが、話しことばでは今言ったことをもう一度くりかえした方が認知プロセスにかかる負担が少ないので、節のくりかえしが生じたと考える。

　以上のように、渡辺 (2007) では、節のくりかえしを、一方では「区切りをつけよう」そしてもう一方では「関連づけよう」という相反する動機によって生じた現象だと結論づけた。

2.2　談話における文のとらえ方と節のくりかえし

　ここでは節のくりかえしの現象を、林 (1960、1973、1998) の文章や文に関する考え方の立場から眺めるとどのようになるか、説明を試みることにする。林 (1998) によると、文は文章を生産する過程の中で生産されるもの (林 1998: 57) であり、文を作ろうとするとき、発話者は文章を作る活動に入っている (林 1998: 9) ととらえる。本研究が対象とする語りの談話において、語り手が記憶の中にある情報をもとにしてストーリーを言語化しようとするとき、個々の文は談話の文脈との関わりにおいてその形式を与えられ

ているものと考えることができる。

　文と文脈との関連について、林（1998）には次のような記述がある。引用中の「構話活動」とは文章を生産する活動、「構文活動」とは文を生産する活動を指している。

　どの文も、述べ終わった文脈を含み込んで、その先端に自分がいるという位置感覚を持つとともに、これから叙述が進んで行く方向へ顔を向けた姿勢を持っているはずだ。その意味で、文章中の文は、どれも、既述文脈から未述文脈への渡りの姿勢を持っていると言える。文は、思考の流れの中で、さらに新たに流れをつくる働きをするものだ。文は、それ自身が文章なのである。

（林 1998: 10）

　文脈は、生産し終わった文のつながりの記憶が既成文脈として過去に存する一方、これから言いたいこと、言わねばならぬことが予定文脈として将来に伸びている。だから、構話活動は、過去文脈を確認しつつ、将来文脈の実現にさしあたり必要な一文を生み出す構文活動に帰する。

（林 1998: 58）

　上の引用からわかることは、文というものを流れの中でとらえようという姿勢である。この姿勢は、渡辺（2007）で参照したChafe（1980）の文のとらえ方と対照的である。

　Chafe（1980）は、人間の意識が一度に扱える情報量は非常に限られていると考える。そして、その情報量に対応する言語単位をアイディア・ユニット（idea unit）と呼ぶが、それはほぼ節に対応するものととらえられる。発話者にとってアプリオリなものは、話すべきストーリー全体とアイディア・ユニットの2つの構造のみであり、文とは、一つのアイディア・ユニットには収まりきれないけれども意味的にまとまりを持った情報の領域に対応して、「中間的な囲み（intermediate closure）」を行うものとして説明されている（Chafe 1980: 20–29）。

　文というものを談話・文章との関わりでとらえているという点では、Chafe（1980）も林（1998）も同じである。しかし、Chafe（1980）のとらえ方では、文を言わば「区切ったもの」としているのに対し、林（1998）の方は、文をその前後の文脈の流れとの関

連においてとらえようとしている点で、対照的であると言える。

　節のくりかえしに話を戻して、林（1998）の文章や文のとらえ方、および、林（1960、1973）による「文の起こし」や「文の結び」という考え方に基づくと次のように説明できるだろう。語り手は、述べ終わった文脈とのつながりと、これからの叙述の方向を考慮しながら構文活動を行って文をまとめる。「構話活動中の構文活動は、ここまででどのくらい考えがまとまったかと、いつも、まとまりの度合いを気にして行なっている（林 1998: 58）」とある。「まとまる」とは「区切る」とつながるが*4、語り手は、節のくりかえしの先行節を発話したところで、ストーリーの展開にまとまりがつくと判断し、文を結ぶ。そして、次の文を起こそうとするとき、未述文脈への新たな流れを形作るために、先行節と同じ命題内容を発話し、それが節のくりかえしの反復節になる。反復節は、次に叙述が進んでいく姿勢を示していて、それがその文の構文活動につながっていく。このように林（1998）に基づいて説明し直すことによって、節のくりかえしの現象のプロセスが詳しく浮かび上がってくる。

3. 節のくりかえしと後続文脈

3.1 後続文脈との意味的関係

　節のくりかえしが起こる動機の一つは、くりかえされる命題をそのあとに続く命題と関連づけるためであると、渡辺（2007）で指摘した。では、節のくりかえしの反復節はさらにその後に続く節（以下、「後続節」と呼ぶ。）とどのような関係で結びついているのだろうか。林（1960、1973、1998）による談話・文章のとらえ方を借りて言い換えると、直前の既述文脈で結びの位置に現れた内容をくりかえして新たな文を起こそうとするとき、形作られる未述文脈への新たな流れとはどのようなものであるのか。ここではくりかえされる命題とその後続節の命題との意味的関係について、Warren, Nicholas and Trabasso（1979）によって提案された event chain というストーリーの論理構造を表示するシステムを参照して

記述する（渡辺 2005b）。

　event chain とは、命題のタイプによってラベルづけされた出来事（event）を論理結合子（logical connectives）で結びつけることにより、ストーリーを構成する出来事間のつながりや構造を表示しようとするものである。出来事を表す命題のタイプは、表1の7種類に分類される。「外面的行為」とは、視覚的に外から観察して判断できる行為、「内面的行為」とは、視覚的に外から観察して判断できない行為を表す。論理結合子としては、《動機》、《物理的原因》、《心理的原因》、《可能化》、《継起》、《同時》の6種類が用いられる（Warren, Nicholas and Trabasso 1979: 31）＊5。

表1　命題のタイプ

STATE	登場人物や状況に関する状態	「親切だ」「遊んでいる」
EVENT＊6	無生物が主体となるような出来事	「壊れる」
ACTION	登場人物による意志的な外面的行為	「投げる」
COGNITION	登場人物による意志的な内面的行為	「考える」
DISPLAY	登場人物による非意志的な外面的行為	「泣く」「転ぶ」
IMPULSE	登場人物による非意志的な内面的行為	「忘れる」
GOAL	意志的または非意志的な目標	

　語りの談話の一部を event chain で記述してみると、（5）のようになる。（5）は、（3）と同じく、主人公が屋根の上に乗ってしまった凧を取るために雪玉を投げる場面の語りの一例である。まず、命題のタイプについてみると、「ピングーが雪玉を作る」こと、「（ピングーが雪玉を）投げる」ことは意志的行為なので、AC-TION に分類される。「（ピングーが凧を）落とそうとする」ことは、雪玉を投げることの目標と判断されるため、GOAL となる。「その玉が弟に当たる」ことは、無生物が主体の命題なのでEVENT、「弟が泣く」ことは非意志的な行為なのでDISPLAY と分類される。命題間のつながりについては、下の表示のとおりであるが、（5）の1から2へのつながりは「雪玉を作る」ことによって「投げる」ことが可能になっていることから《可能化》と記述される。

(5) 1 ピングーがこう雪玉を作って　　ACTION

　　　　　　　　　　　　　　　　　↓　《可能化》

　　2 こう投げて,　　　　　　　　ACTION

　　　　　　　　　　　　　　　　　↓　《物理的原因》

　　3 落とそうとして,　　　　　　GOAL

　　　　　　　　　　　　　　　　　↓　《継起》

　　4 でその玉が弟に当たって　　　EVENT

　　　　　　　　　　　　　　　　　↓　《物理的原因》

　　5 弟が泣くのね,　　　　　　　　DISPLAY

　このevent chainを用いて節のくりかえしにおける反復節とさら
にそのあとに続く後続節とのつながり方を分析した結果は、表2の
ようにまとめられる。まず、節のくりかえしが起こる命題のタイプ
は、ACTION、EVENT、DISPLAYの3種類であった。そして、
ACTIONの節をくりかえして文を起こした場合、その後続節とは
《継起》あるいは《同時》という時間的な関係でつながり、
EVENTまたはDISPLAYの節をくりかえして文を起こした場合、
その後続節とは《物理的原因》あるいは《心理的原因》という因果
関係でつながっていることがわかった。

表2　節のくりかえしの反復節とその後続文脈とのつながり方（n = 29）

反復節のタイプ		論理結合子		主語交替		主語の省略	
						あり	なし
ACTION	13	《継起》	10	なし	8	8	0
				あり	2	0	2
		《同時》	3	なし	0	0	0
				あり	3	0	3
EVENT	13	《物理的原因》	10	なし	7	6	1
				あり	3	3	0
		《心理的原因》	3	なし	0	0	0
				あり	3	3	0
DISPLAY	3	《物理的原因》	2	なし	0	0	0
				あり	2	0	2
		《心理的原因》	1	なし	0	0	0
				あり	1	0	1

表2では、節のくりかえしの反復節とその後続節とのあいだに主
語交替があるか、そして、後続節に主語の省略が起きているかどう
かについてもまとめてある。主語交替の有無、および、主語の省略
の有無は、文脈展開の整合性に関わる。反復節と後続節とのあいだ
に主語が交替せず、後続節で主語が省略されている場合は、整合性
あるいは一貫性が高い文脈展開であると言える（渡辺 2001、藤
原・竹井 2010）。

　反復節の命題のタイプが ACTION で、後続節と時間的関係でつ
ながる例においては、反復節と後続節で主語交替が起きない場合は
後続節で主語が省略され、主語交替が起きる場合は後続節の主語が
省略されないという結果であった。この結果は、整合性が高い文脈
では格要素の省略が起きるという、指示表現選択の傾向に沿ったも
のである（渡辺 2005a）。

　反復節の命題のタイプが EVENT で、後続節と因果関係でつなが
る例においては、反復節と後続節とのあいだに主語交替があっても
後続節の主語が省略されていた。一方、因果関係で後続節とつなが
るという点では EVENT と同じである DISPLAY の例においては、
主語交替があると後続節の主語は省略されないという結果であった。
以下では、具体例をもとにそれぞれの場合について考察していくこ
とにする。

3.2　後続文脈と時間的関係でつながる場合

　まず、反復節の命題のタイプが ACTION で、後続節と時間的関
係でつながる場合について見ていく。反復節と後続節が《継起》の
関係でつながる例は 10 例あったが、そのうちの 8 例では、（6）の
ように主語交替がなく後続節において主語が省略されていた。（6）
では、節のくりかえしが起きた ACTION の命題「（主人公が）凧
を引っ張っていく」が、次の「（主人公が）こける」という行為と
《継起》の時間関係として結びついている。反復節によって起こさ
れた文は、後続節においてもその前の文と同じ主語が継続しており、
整合性の高い文脈であると言える。

（6）1　でこうちょっと引っ張っていくわけやん凧を.

→　2　ほんで引っ張ってったら　　　　　　　　ACTION

　　　　　　　　　　　　　　　　　　　　↓　《継起》

　　3　こけたんや.　　　　　　　　　　　　DISPLAY

　反復節と後続節が《継起》の関係でつながり主語交替があった例
は、2例とも（7）のように後続節で主語が省略されず名詞句の形
式で現れていた。（7）において、反復節の主語は主人公の2人と
「おじさん」であるが、後続節では「お父さんとお母さん」に交替
している。「そのころ」という接続表現からもわかるとおり、反復
節と後続節とのつながりは、場面の転換を含むものとなっている。
文脈の整合性という点では低いつながりと言える。

（7）1　えーそのおじさんの所で凧を新しく作り直します.

→　2　三人でその凧を作り直すんですけれども，ACTION

　　　　　　　　　　　　　　　　　　　　↓　　《継起》

　　3　えーそのころ、お父さんとお母さんは　　ACTION
　　　　それぞれ自分のしていたことを終えて，

　次に、反復節と後続節が《同時》の関係でつながる例について見
ていく。それに該当する例は3例あったが、3例すべてにおいて主
語の交替があり、後続節での主語の省略がなかった。（8）では、
反復節は「（主人公が両親を）呼びに行く」という意志的な行為を
表し、後続節では「（両親の）二人が何かをしている」という継続
相の行為につながっている。反復節が表す移動の行為は場面の移動
を表し、新たな登場人物への視点の移動を含意するものとなってい
る。

（8）1　え、それを呼びに行きます.

→　2　呼びに行くんですけれども，　　　　　　ACTION

　　　　　　　　　　　　　　　　　　　　↓《同時》

　　3　え、二人とも、えーそれぞれ何かしていて，　STATE

　以上、反復節のタイプがACTIONで、後続節と時間的関係でつ
ながる場合について見てきたが、つながり方が《継起》であれ《同
時》であれ主語の交替が起こる場合は、反復節と後続節のあいだに
場面の移動という、ストーリーの上での大きな転換が含まれていた。

節のくりかえしが起きた命題は、場面と場面をつなぐ命題であると考えられる。それに対して、主語の交替が起きない場合は同一の登場人物に関する記述が続き、節のくりかえしが起きた命題は同一の登場人物に関する一連の記述のうちの目立った命題ととらえることができる。

3.3　後続文脈と因果関係でつながる場合

　ここでは、反復節の命題のタイプが EVENT または DISPLAY で、後続節と因果関係でつながる場合を取り上げる。反復節が EVENT で後続節と《物理的原因》の関係でつながる例は 10 例あったが、そのうちの 7 例では、主語交替がなかった。その 7 例のうちの 6 例では、(9) のように後続節で主語の省略があった。(9) では、節のくりかえしが起きた命題は「(凧が) 落ちた」という無生物が主体となる命題であり、それは後続節の「(凧が) 壊れた」ことの物理的原因となっている。主語の交替がないことから、後続節においても主語が省略されている。

(9)　1　<u>重みで落っこったんだけど,</u>

→　2　<u>落っこったときに</u>　　　　　　EVENT

　　　　　　　　　　　　　　↓　　《物理的原因》

　　　3　壊れた。　　　　　　　　　　EVENT

　反復節と後続節が《物理的原因》の関係でつながり主語交替が起こった例は 3 例あったが、すべての例において (10) のように後続節の主語が省略されていた。(10) では、「(雪玉が凧に) 当たった」という雪玉を主体とした命題がくりかえされ、それが「(凧が) 落ちてきた」という命題につながっている。ここでは「雪玉」から「凧」への主語交替が見られるが、後続節の主語である「凧」は省略されている。この語り方は、「落ちてきた」ものが「凧」なのか「雪玉」なのかわかりにくいという点で聞き手の解釈に負荷をかけるが (渡辺 2005a)、語り手にとっては反復節の命題と後続節の命題を強く結びついたひと続きの命題としてとらえているという意識が表出したのではないだろうか。(10) に先行する文脈からの前提として、この場面における主人公の一連の行為が後続節の命題を生

じさせることを目的としていたということから、語り手は後続節で主語を明示しなくても聞き手は正しく解釈可能であると判断して発話したと考えられる。

（10）1　当たったのよ.

→　2　当たって　　　　　　　　　　　　　　EVENT

　　　　　　　　　　　　　　　　↓　《物理的原因》

　　　3　ひゅーっって落ちてきたんだけど，　EVENT

反復節と後続節が《物理的原因》の関係で主語交替があっても、反復節がDISPLAYの場合は（11）のように後続節の主語の省略は起こらなかった。（11）において、反復節は「ピングーが転ぶ」という登場人物の非意志的行為で、後続節は「凧が家の屋根に上がる」という無生物が主体の命題である。ここでは、反復節と後続節それぞれの主語を格助詞なしで提示することによって、対比性が感じられる。

（11）1　何かの拍子にこう，あっ，転んだんだ.

→　2　ピングーごでって転んだら　　　　　DISPLAY

　　　　　　　　　　　　　　　　↓《物理的原因》

　　　3　凧ばだっつって、家の屋根に上がったのね，

　　　　　　　　　　　　　　　　　　　EVENT

反復節と後続節が《心理的原因》の因果関係でつながる例について見ると、反復節の命題のタイプがEVENTの場合は、3例すべてが（12）のように主語交替が起こり、後続節の主語が省略されていた。（12）において、くりかえされる命題は「凧が落ちてしまう」という命題であり、それが「（主人公が凧を）引っ張る」という意志的行為の心理的原因になっている。後続節において、「引っ張る」行為者である主語が省略されているが、反復節の「凧が落ちる」とは命題のタイプも、述語の関与者の選択制限も異なり、聞き手の解釈にあいまい性をもたらすものではない。

（12）1　それで，あのー落ちちゃうの屋根の上にその何だっけ凧が.

→　2　落ちちゃって，　　　　　　　　　　EVENT

　　　　　　　　　　　　　　　　↓　《心理的原因》

　　　3　でウンウンて引っ張るんだけど，　ACTION

反復節の命題のタイプが DISPLAY で、《心理的原因》の因果関係でつながる例は１例のみであった。(13) がその例であるが、主語交替が起こり、後続節の主語の省略はなかった。(13) において、「(主人公の妹が) 泣いてしまった」ことが、後続節の「お兄ちゃん (＝主人公)」の意志的行為の心理的原因になっている。「泣く」も「言う」も人物に関わる行為であるため、主語交替が起こったときには、後続節で主語を明示する必要が生じる。

(13) 1　泣いちゃうんですね,

→　　2　それで泣いてしまって,　　　　　　　DISPLAY

　　　　　　　　　　　　　　　　　　　　　　　↓《心理的原因》

　　　　3　でお兄ちゃんがごめんねとか言って　ACTION

　以上、反復節のタイプが EVENT または DISPLAY で、後続節と因果関係でつながる場合について見てきた。反復節と後続節のあいだに主語交替が起きなかった例は、反復節のタイプが EVENT で《物理的原因》で後続節とつながる場合のみであった。その場合、同一の無生物に関する記述が続くということであり、整合性の高い文脈を形成すると言える。

　反復節と後続節のあいだに主語交替が起きた例では、反復節のタイプが EVENT の場合と DISPLAY の場合で、後続節における主語の省略に関し対照的な結果が見られた。反復節の主語が無生物である EVENT の場合、後続節で主語交替があっても省略が起きていたのに対し、反復節の主語が登場人物である DISPLAY の場合、後続節において主語は省略されなかった。反復節が DISPLAY の場合は、後続節とのつながり方が登場人物の意志的行為の《心理的原因》に限られていたが、異なる登場人物の行為がつながる文脈において主語の明示は必要なものであったと言える。一方、反復節が EVENT で、後続節と《心理的原因》でつながる場合は、反復節と後続節の主語に無生物／登場人物という対立があり、述語の選択制限などの手がかりから主語が何か／誰かを判断できるため、後続節での主語の省略が起きていたと考えられる。反復節が EVENT で、後続節と《物理的原因》でつながる場合については、談話における指示表現形式の選択 (渡辺 2005a) という観点での予測と異なり後続節の

主語が省略されていた。このような省略の選択については、反復節と後続節という局所的な文脈だけでなく、より広範囲な文脈情報からの手がかりが関与しているものと思われる。

3.4 文脈の流れから見た節のくりかえし

　節のくりかえしの反復節はさらにその後に続く節とどのような関係で結びついているのかという問題意識から考察を進めてきた。ここでは、林（1960、1973、1998）の文を文脈の流れとの関連においてとらえる考え方を用いながら、前節の分析結果についてまとめる。

　節のくりかえしは、語り手が構話活動のための構文活動をしている際に、ある命題でストーリーの展開にまとまりがつくと判断して文を結ぶが、次の文を起こそうとするときに未述文脈への新たな流れを形作るため、先行節と同じ命題内容をくりかえす現象と説明できる。未述文脈の叙述の方向がどのような場合に節のくりかえしを用いて文を起こす必要が生じるかは、前の文の構文活動において結びの位置に置かれた命題のタイプによって違いが見られた。

　登場人物の意志的な行為である ACTION の命題で文を結んだ場合、その命題をくりかえして新たな文を起こすような文脈のつながりとは、《継起》あるいは《同時》という時間的関係であった。その新たな文脈がくりかえされた命題とは異なる対象についてのものであった場合は、新たな場面などストーリー上の転換を含むものであった。

　無生物に関する命題である EVENT や登場人物の非意志的行為である DISPLAY の命題で文を結んだ場合、それをくりかえして新たな文を起こすような文脈のつながりとは、《物理的原因》あるいは《心理的原因》という因果関係であった。EVENT につながる文脈は、取り上げられる対象の交替の有無にかかわらず省略される傾向が強いところから、整合性の高い、言い換えれば、聞き手にとっても予測しやすい因果関係であると言える。DISPLAY につながる文脈は、くりかえされた命題とは異なる対象についてのものであり省略も起きないことから、聞き手にとって新たな展開を含む因果関係であると言えよう。

4. くりかえされた命題は文章にどう現れたのか

節のくりかえしは、有標性のある命題を焦点化するとともに、後続文脈との関連性を提示するために起こり、この現象が即時的に計画して発話していかなければならない談話における認知的制約の結果生じるものととらえられる。では、談話において節のくりかえしを用いた語り手が、同じストーリーを文章として書いた場合、節のくりかえしが起きた命題はどのように現れるのであろうか。その疑問は次の2つに分けられる。1つ目の疑問は、節のくりかえしが起きた命題はそもそも文章に書かれる命題なのかということ。2つ目の疑問は、もしそれが文章に書かれるとしたら、文の中のどのような位置に現れ、どのような文脈のつながり方をしているのかということである。以下では、これらの疑問点について取り上げる。

4.1 文章への残存状況

一般的に、話しことばの語りよりも書きことばの語りの方が、費やされる情報量が少なくなる。渡辺（2005b）では、「雪玉」に関わる場面を描写する談話と文章の部分に現れた命題の数や種類を分析したが、命題の延べ数が文章では談話の約60％であった。つまり文章は、談話のときには必要と判断した命題を取捨選択して書かれていると考えられる。文章になると省かれる傾向のある命題は、場面を説明する上で重要な命題群を論理的に支える働きを持つという特徴を指摘した。

見方によっては、語り手のインフォーマントは文章を書く際に一種の要約作業を行っているととらえることができる。データ収集の手続きでは、まずアニメーションを見ていない聞き手役のインフォーマントに対してストーリーを語ってもらったあとに、「これから、いま説明した話の内容を書いていただきます。」と指示を与えて文章化してもらった。要約文の分析では、原文のどの部分が要約文に残存するかということが問題になるが（佐久間 1989）、ここでは節のくりかえしが起きた命題が文章にも残存しているかどうかに絞って見ることになる。

残存しているかどうかの認定については、節のくりかえしの認定基準とは異なり、述語の形式が違っていたり、副次的な要素が加わっていても、ストーリー中の同じ出来事が記述されていると判断されれば、文章に残存していると認定した。たとえば、（14）の談話の部分は（10）の反復節だが、談話では「当たった」という形式で表されていた命題が、文章では「命中した」という形式に代わり、「みごと」という書き手の評価を表す副詞が加わっている。また、（15）では「屋根から」という始点を表す格要素が文章の方に加わっている。これらの例は、談話で節のくりかえしが起きた命題が文章にも残存していると認定した。

（14）談話：当たった　→　文章：みごと命中したが、

（15）談話：凧落ちてきたんだけど，

　　　　　　　　　→　文章：凧は屋根からすべり落ちてきましたが、

認定作業の結果、節のくりかえしが起きた命題は、すべて文章においても省略されずに残存していた。ストーリーにとって重要な命題が文章に残存すると考えれば、節のくりかえしが有標性のある命題に起こるという説明を補強する事実ととらえられる。

4.2　節のくりかえしが起きた命題の文章における統語的位置

書きことばにおいては、同じ命題内容が隣接して現れるというような冗長性は制限される。談話でくりかえされた命題が文章ではくりかえされないとするなら、それは焦点化される位置、すなわち文末の結びの位置に現れるのか、それとも背景としての従属節の位置に現れるのかが問題となる。

考察対象となる節のくりかえしの事例29例について、それぞれの語り手が書いた文章における同じ命題の統語的位置は表3のようにまとめられる。表3において、「単文」とは、当該の命題が従属節をもたない単文として文章に現れた場合を指す。そして、「文頭」とは当該の命題が文頭の従属節として現れた場合、「文中」とは2つ以上の従属節を持つ複文の2番目以降の従属節として現れた場合、「文末」とは複文の文末の主節として現れた場合を示している。

表3 節のくりかえしが起きた命題の文章における統語的位置 (n = 29)

命題のタイプ		単文	文頭	文中	文末
ACTION	13	3	5	1	4
EVENT	13	0	3	5	5
DISPLAY	3	0	0	2	1

　表3の結果から、談話において節のくりかえしが起きた命題が文中の特定の位置に現れるという傾向は認定できない。しかし、次のような傾向が見出せる。まず、命題のタイプがACTIONの場合、つまり談話において後続節と時間的関係でつながっていた命題は、文章において文を起こす位置、または、文を結ぶ位置に現れる傾向があること。次に、命題のタイプがEVENTまたはDISPLAYで、談話では後続節と因果関係でつながっていた命題は、文章において単文では現れないこと。そして3点目には、文の起こしの位置でも結びの位置でもない文中の位置に現れる命題は、因果関係に関わるEVENTまたはDISPLAYの命題である傾向が挙げられる。

　次に、節のくりかえしが起きた命題が文章に現れたときに、後続の文脈とどのようなつながり方をしていたのか見ていくことにする。命題のタイプがACTIONの場合、談話において後続節と《継起》あるいは《同時》という時間的な関係でつながっていたが、文章においても同様であった。(16)は節のくりかえしが起きた命題が単文として現れた例で、(17)は複文の文頭の従属節として現れた例、(18)は複文の文末に現れた例である。(16)では、主人公の両親が「ソリを見つけた」ことに《継起》する同一主語の行為「裏庭に行ってみる」が続いている。(17)では、文頭の「彼が家から出てくる」ことと《同時》に起きている状況が文の後半に記されている。(18)では、後続の文頭に「しばらくして」という継起性を明示する接続表現が使われている。

　(16) やっとの事で、ある家の前で彼らのソリを見つけました。*7
　　　裏庭に行ってみると、
　　　子どもたちとおじさんが凧揚げをしていました。
　(17) そしてちょうど彼が家から出てくるときに

ピングーが凧を取るために雪の玉を作って投げる準備をしていました。

(18)おじいさんは、とても親切で、

二人と一緒にもう一度凧を作ってやりました。

しばらくして、お父さんとお母さんは子どもたちの帰りが遅いことに気づきました。

命題のタイプが EVENT または DISPLAY の場合、談話において後続節と《物理的原因》あるいは《心理的原因》という因果関係でつながっていた。節のくりかえしが起きた命題が文頭、あるいは、文中に現れた場合は、(19) や (20) のように後続節と《物理的原因》でつながっていたのに対して、(21) のように文末に現れた場合は、後続の文と《心理的原因》でつながっていた。(19) では雪玉が凧に「命中した」ことが「落ちた」《物理的原因》であり、(20) では「凧が落ちてくる」ことが「壊れてしまう」ことの《物理的原因》になっている。これらの文は、EVENT のタイプの命題のみで構成されており、そのことが命題間を《物理的原因》でつなぐ要因になっている。(21) では、凧が「壊れてしまった」ことが、後続する文の「兄ペンギンが言いに行く」ことの《心理的原因》になっている。(21) のように、EVENT または DISPLAY の節が文末に現れた場合、後続文の文頭は登場人物の意志的行為が現れていた。

(19)みごと命中したが、

凧は落ちた拍子に

バラバラに壊れてしまった。

(20)でも 2 回目は成功し、

雪の重みで凧が落ちてくるが、

壊れてしまう。

(21)凧は屋根から滑り落ちてきましたが、

ぐちゃぐちゃに壊れてしまっていました。

今度は兄ペンギンが、父と母に「凧が壊れちゃった」と言いに行きましたが、

以上、談話において節のくりかえしが起きた命題について、そのような語り方をしたインフォーマントが文章ではどのように書いて

いたのか分析を行った。その結果、節のくりかえしが起きた命題は、すべて文章においても省略されずに残存していた。文の中のどの位置に現れるかについて、文頭と文末のどちらに現れるかという点については、はっきりとした傾向は見られなかったが、文中の位置に現れる命題は EVENT または DISPLAY の命題である傾向があった。後続の文脈とのつながり方という点については、節のくりかえしが起きた命題のタイプが ACTION の場合は時間的な関係、EVENT または DISPLAY の場合は因果関係でつながっていた。この対応関係は談話の場合と同じであった。談話の場合の後続節の命題と文章における後続の命題は必ずしも同じではないが、節のくりかえしが起きた命題は、談話においても文章においても同じ関係で後続文脈とつながっていたということは興味深い結果である。

5. まとめ

本研究では、語りの談話における節のくりかえしの現象について、林（1960、1973、1998）で示された文章や文に関するとらえ方をもとに再説明を行った。節のくりかえしは、語り手が構話活動のための構文活動をしている際に、ある命題でストーリーの展開にまとまりがつくと判断して文を結ぶが、次の文を起こそうとするときに未述文脈への新たな流れを形作るため、同じ命題内容をくりかえした現象であるととらえられる。

さらに、節のくりかえしが起きた命題について後続文脈とのつながり方や文章に書かれた場合の現れ方について分析・考察を行った。談話において、くりかえされる命題のタイプが登場人物の意志的行為である ACTION の場合は後続文脈と時間的関係でつながり、EVENT または DISPLAY の場合は因果関係でつながること、それらの対応関係は文章においても同じであることなどがわかった。

本研究で明らかになった命題のタイプと後続文脈とのつながり方は、節のくりかえしが起きた命題に限られるものである。このつながり方の傾向が、語りの談話・文章に現れる命題に対して一般的に当てはまるものであるのかどうかの解明は今後の課題である。

＊1 本研究では、佐久間・杉戸・半澤（1997：15-16）の定義に従い、文字によることばのコミュニケーションのまとまりを「文章」、音声によることばのコミュニケーションのまとまりを「談話」とするが、林（1960、1973、1998）における「文章」という用語は、書きことばだけでなく話しことばも射程に入れて用いられているものと解釈する。

＊2 渡辺（2007）では、節のくりかえしに関わる2つの節のうち、あとに発話される節を「後続節」と呼んだ。しかし、本研究では、第3節でさらにその節に後続する節を分析するので、用語上の混乱を避けるため、「後続節」とは呼ばず「反復節」と呼ぶことにする。

＊3 談話の例文において、「.」は下降調のイントネーションを表し、「,」は継続調のイントネーションを表す。下線は、節のくりかえしの先行節と反復節を示している。

＊4 林（1998）にも、「文章の区切りの最小単位が「文」である。（林1998：58）」のように、文を「区切り」ととらえる記述がないわけではないが、文を文脈の流れの中でとらえることが基本的な態度であると言える。

＊5 Warren, Nicholas and Trabasso（1979）の原語の表現は以下のとおりである。《動機》＝ Motivation、《物理的原因》＝ Physical Cause、《心理的原因》＝ Psychological Cause、《可能化》＝ Enablement、《継起》＝ Then［temporal succession］、《同時》＝ And［temporal coexistence］。

＊6 Warren, Nicholas and Trabasso（1979）の定義では、主人公以外の登場人物による行為も EVENT に含まれているが、本研究のデータの分析では、そのような行為は ACTION として認定した。

＊7 以下の例文において、下線を引いた節は、談話において節のくりかえしが起きた命題を表す。

参考文献

佐久間まゆみ編（1989）『文章構造と要約文の諸相』くろしお出版

佐久間まゆみ・杉戸清樹・半澤幹一編（1997）『文章・談話のしくみ』おうふう

林四郎（1960）『基本文型の研究』明治図書出版［2013 ひつじ書房より復刊］

林四郎（1973）『文の姿勢の研究』明治図書出版［2013 ひつじ書房より復刊］

林四郎（1998）『文章論の基礎問題』三省堂

藤原美保・竹井光子（2010）「接続表現の使用とゼロ代名詞容認度　一貫性の観点からの実験と考察」南雅彦編『言語学と日本語教育Ⅵ』103-121.くろしお出版

南不二男（1974）『現代日本語の構造』大修館書店

南不二男（1993）『現代日本語文法の輪郭』大修館書店

渡辺文生（2001）「日本語の談話におけるゼロ形式の指示対象について」中右実教授還暦記念論文集編集委員会編『意味と形のインターフェイス　下巻』847-857.くろしお出版

渡辺文生（2005a）「日本語の語りの談話における指示表現のあいまいさと分かりやすさについて」南雅彦編『言語学と日本語教育Ⅳ』125-136.くろ

しお出版

渡辺文生（2005b）「語りの談話を構成する出来事間の結びつきについて」
The *13th Princeton Japanese Pedagogy Forum Proceedings,* pp.85–99.
Princeton University.

渡辺文生（2007）「日本語の談話における節のくりかえしとジェスチャーにつ
いて」南雅彦編『言語学と日本語教育V』231–243. くろしお出版

Chafe, Wallace. (1980) The deployment of consciousness in the production of
a narrative. In Wallace Chafe. (ed.) *The Pear Stories: Cognitive, Cultural,
and Linguistic Aspects of Narrative Production,* 9–50. Norwood, NJ:
Ablex.

Warren, William, David Nicholas, and Tom Trabasso. (1979) Event chains
and inferences in understanding narratives. In Roy O. Freedle. (ed.) *New
Directions in Discourse Processing,* 23–52. Norwood, NJ: Ablex.

Watanabe, Fumio. (2010) Clausal self-repetition and pre-nominal demonstra-
tives in Japanese and English animation narratives. In Polly Szatrowski.
(ed.) *Storytelling across Japanese Conversational Genre,* 147–180. Am-
sterdam: John Benjamins.

第11章

既知と未知の食べ物を巡る曼荼羅
試食会の会話を例に＊1

ポリー・ザトラウスキー

　林（2010: 193）は、国語辞典のように言葉の範囲内の情報だけ
ではその言葉の体験を知ることはできないため、言葉を「体験の世
界として」描く「言語曼荼羅」を提案している。本研究では、林の
曼荼羅の源を探るために、30歳以上の男3人が試食会で既知の食べ
物（米）と未知の食べ物（リコリス）について話している会話を
元にして曼荼羅を作った。分析に際し、1）試食会の参加者はどの
ように連想して既知の米と未知のリコリスに関する概念を作り上げ
るか、2）未知の食べ物（リコリス）を巡る曼荼羅と既知の食べ物
（米）を巡る曼荼羅はどのように類似し、異なるかという2つの観
点から考察した。

1. はじめに

　本研究では、林（2010）の曼荼羅理論を援用して、試食会の参
加者はどのように連想して既知の食べ物（米）と未知の食べ物（リ
コリス）に関する概念を一緒に作り上げるかを考察する。資料は、
性（FFF、FFM、FFM、MMM）と年齢（30歳未満と30歳以上）
で組み合わせた、3人の友人同士からなる試食会のビデオコーパス
（総数は13）である（ザトラウスキー2011, 2013, 2014c,d, 2015a,
b, c, 2016、Szatrowski 2014a,b, 近刊）。本研究はその中の30歳以
上の男性3人による試食会（JPN11）を用いる。試食会は、日本料
理、セネガル料理、アメリカ料理の3コースからなっており、参加
者が食べながら食べ物・飲み物について話したり、評価したりする
会話である＊2。セネガル料理のコースで出されたマフェとラッハ
とアメリカ料理のコースで出されたリコリスについて話している話
段＊3を取り上げる。

239

考察の観点として以下の2点を挙げる。

1）試食会の参加者はどのように連想して既知の米と未知のリコリスに関する概念を作り上げるか。

2）未知の食べ物（リコリス）を巡る曼荼羅と既知の食べ物（米）を巡る曼荼羅はどのように類似し、異なるか。

2. 先行研究

本研究の既知の食べ物の対象となる米は未知のセネガル料理のコースに出ていたが、参加者はすぐに米だと分かり、「お米」、「ご飯」という言及表現を用いることができた。その米を巡る曼荼羅は、現在食べているマフェの米の形と評価、それ以外の料理の米、米の種類と質等で広がる。一方、未知の食べ物の対象となるリコリスは未知のアメリカ料理のコースで出され、未知であるため、本当の名前は用いられず、指示代名詞（「これ」）と連体詞＋形（「この犬」一例）でしか言及されていない*4。リコリスを巡る曼荼羅は、リコリスを同定するための味、食感・歯応え、匂いで広がる。

2.1　食べ物についての日本語による会話の分析

従来の食べ物についての日本語による会話の分析には、テレビの料理番組に見られる言語・非言語行動による評価表現（ザトラウスキー2010b）、30歳未満の女性による試食会の言語・非言語行動（ザトラウスキー2011）、日米の試食会の相互作用におけるモダリティとエビデンシャリティ（Szatrowski 2014a、ザトラウスキー2015b, 2016）、食べ物を評価する際に用いられる「客観的表現」と「主観的表現」（ザトラウスキー2013）、試食会における食べ物と家族との関係（ザトラウスキー2014c）、試食会におけるオノマトペ（ザトラウスキー2015a）がある。また、食事に呼ばれてから食事し終わって帰るまでの過程の段階を示す挨拶と決まり言葉（pragmemic trigger）（Beeman 2014）、お寿司を注文したり、出したりする構造的組織（Kuroshima 2014）、日本人がポットラックパーティーでどのように食べ物を描写するか（Noda 2014）、食べ

物とレストランに関するストーリーでのオチ（punch line）の繰り返し（Karatsu 2014）、子供の、食べ物を通しての感情と人間関係の社会化（Burdelski 2014）等がある。

　Koike（2014）はある食べ物について知識がより多い話者とより少ない話者の会話を考察した。参加者が食べ物の範疇を用いて、別の食べ物と類似点で比較したり、相違点で対照したり、新しい範疇を作ったりすることによって共通理解を得ようとすることを解明した。本研究の未知の食べ物は、参加者が知っている食べ物と比較したり、対照したりしながら、色々な観点からその特質を探り、同定／評価しようとすることで、Koike（2014）と類似した過程で共通理解を得ようとする。一方、既知の食べ物（米）に関しては、参加者は「米」の形に注目し、評価をした後、それを手掛かりにし、そのコース全体がどこの料理か、お米はどの料理で食べるか、どのように加工し、どの食べ物を作るか、日本の米とほかの国の米とを比較対照する。

　ザトラウスキー（2016）では、試食会で未知の食べ物に対してどのように言及するかを考察した結果、省略、手、人差し指で指す指示的な身ぶり等による非言語行動が見られたが、言語による言及表現*5は、「これ」「こっち」の指示代名詞、「この＋N（名詞）」のような言語形式のほかに、具体的な内容を表す表現があった。参加者同士では相手の言及表現に対し、相づちを打ったり、同じ言及表現かそれに類似した言及表現を用いたりすることで相手の言及表現を受け入れ、図1の上から下に行くにつれて定着度が増える。類似した言及表現を用いる際、未知の食べ物は何であるかを同定するほかに、特に笑いを伴う場合、言葉遊びで共感し、親近感が増すことも観察された。

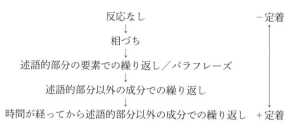

図1 未知の食べ物の言及表現を受け入れる過程

　また、言及表現が繰り返し用いられることから図2に示す未知の食べ物の言及表現の文構造の位置の展開モデルができた。言及表現が確定していない場合、述語的部分の要素として導入される。ほかの参加者の同意等で言及表現が受け入れられ、用いられる頻度が増えると、述語的部分以外の成分のA段階からB段階へ、B段階からC段階への順で用いられていく。

述語的部分の要素：名詞（＋ダ）、形容詞、形容動詞
↓
述語的部分以外の成分：名詞＋Z（ヲ）　　　A段階
↓
述語的部分以外の成分：名詞＋ニ、ヲ等　　　A段階
↓
述語的部分以外の成分：名詞＋ガ（主語）　　B段階
　　　　　　　　　　　名詞＋Z（ハ）　　　C段階
↓
述語的部分以外の成分：名詞＋Z（ハ）の倒置　C段階
↓
述語的部分以外の成分：名詞＋ハ（提題）　　C段階

図2　未知の食べ物の言及表現の文構造の位置の展開モデル

2.2　林（2010）の曼荼羅論

　林（2010: 193）は、国語辞典のように、ある「言葉に限定して、それが何を意味するかをなるべく短く説明しようと」するという言葉の範囲内の情報だけではその言葉の体験を知ることはできないと述べている。そこで、その「通念を超え」、言葉を「体験の世界として」描くように提案している（林2010: 193）。その結果図3「味の曼荼羅」と図4「水の曼荼羅」という絵図面ができ、「言語曼荼羅」と呼んでいる。図3と図4には林の表現姿勢の中にある「水」

と「味」それぞれの意味の広がり、体験が映し出されている。

　「曼荼羅とは仏教において（中略）仏の悟りの境地、世界観など
を仏像、シンボル、文字、神々などを用いて視覚的・象徴的に表し
たものである。その特徴として、1）複数の要素（尊像など）から
成り立っていること、2）複数の要素が単に並列されているのでは
なく、ある法則や意味にしたがって配置されている*6」。林
（2010: 197）は、従来の辞書では「中心概念を取り囲む物たちを
位置づける構造がないため、一つ一つが単発に終わり、（中略）統
一認識が作れ」ないが、「曼荼羅として発想したため、阿弥陀如来
を中心とした慈悲と救済のような構造のようなものが（中略）どう
やら捉えられている」と言う。

　図3「味の曼荼羅」は以下の構造（法則）で作られている（林
2010: 193–196）。中央上に「味」の空間体験が描かれる「味の旅」、
その左に料理を作るための材料を買いに行く「味のデパート」、そ
の下にすぐに味を体験したい時に行く「味を売る店」がある。また、
味の時間体験は、一年で辿る右上の「季節の味」と、一回の体験を
辿るその下の「味わいの流れ」とがある。その左に「味が」、「味
に」、「味を」、「味で」に続く表現や「Xの味」、「味を得る為の動
作」を表す動詞を示している。その下に「味のありかはどこ？」、
「どんな味？」に答える評語と属性、「味の本拠地は舌」がある。ま
た、曼荼羅の右下の「味出しの戦略」に日本の食生活から生まれる
料理の仕方（「干す」、「いぶす」、「漬ける」、「氷らせる」、「おろ
す」）とそれによってできる総菜（「梅ぼし」、「鮭のくんせい」、「漬
け物」、「凍（し）み豆腐」、「もみじおろし」）とがある。そして、
中央下に「味のプロモーター」（接触要素、刺激要素等）、左下に
「味」の種類、その上に「他の世界へ」の味を使った慣用句等があ
る。このように真中の「味」を囲んでいる要素は様々であるが、そ
れぞれ整理されている構造を持ち、全てが味の体験の世界で結ばれ
ている。

　このように言語曼荼羅は回りの項目が自由であり、並べ方によっ
て、言語形式、文の構造、動詞から文化に関することまで、その言
葉の使用が浮き彫りになっている。また、図4「水の曼荼羅」のよ

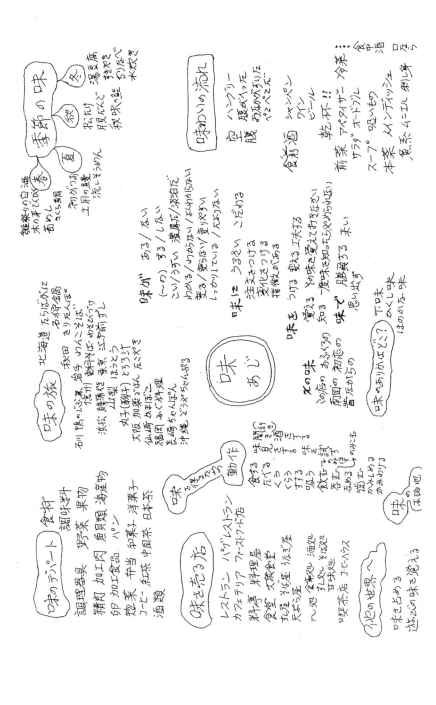

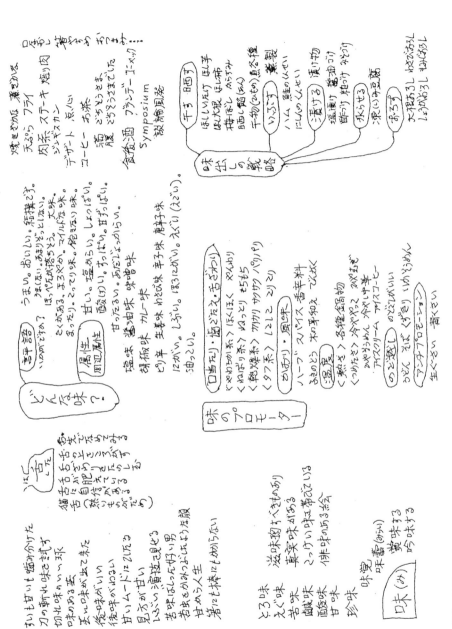

図3「味の曼荼羅」(林 2010: 200-201)

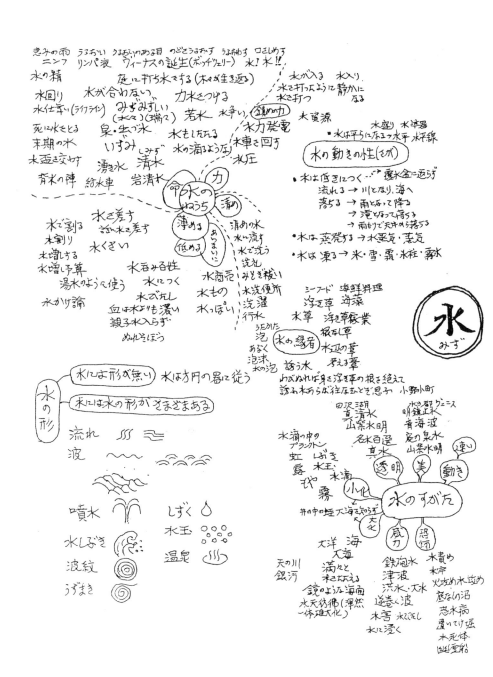

図4「水の曼荼羅」(林 2010: 208-209)

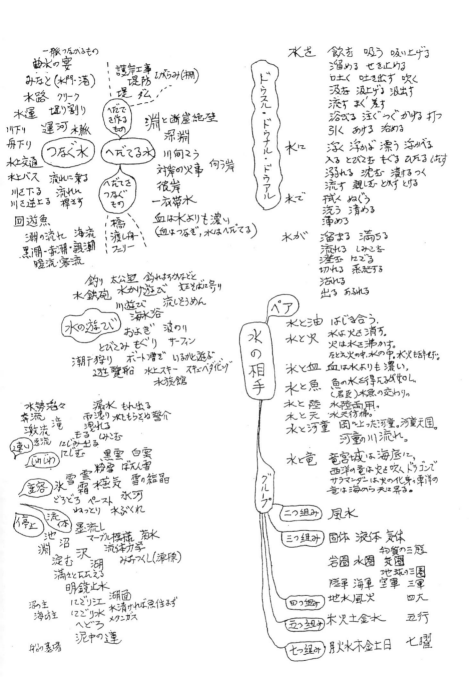

第11章 既知と未知の食べ物を巡る曼荼羅　247

うに絵を付けたり、丸で囲んだり、強調文字、点線、実線等を用いることもある。林はそれぞれの曼荼羅は作者が作った時点のものであり、決して普遍的なものではないと述べている。

本研究では、林の曼荼羅の源を探りたい。林の曼荼羅を援用するが、一人の話者の認知ではなく、社交的な活動から曼荼羅はどのように作り上げられるかを考察する。本稿の曼荼羅は作られた時点のものにすぎないのは林の曼荼羅と類似するが、試食会の参加者3人の相互作用から生まれるため、変化も見られる動的なものである。

3. 資料と分析方法

本研究の資料は30歳以上の男性（F = 39歳, G = 34歳, H = 42歳）による試食会であり、日本、セネガル、アメリカの料理からなる3つのコースを食べながら食べ物や飲み物について話したり、評価したりする会話（JPN11）である。参加者はカメラから見て左からF, G, Hの順で座っている。

米について話しているのはセネガル料理のコースである。セネガル料理は図5の下から時計回りに、マフェ（ジャスミンライスにかかった鶏、ジャガイモ、ニンジン、キャベツが入っているピーナツバターのソース）、椀の中のラッハ（甘いヨーグルトとミルクのソースがかかった白いトウモロコシの粉でできたプリン）、バフィラ（ハイビスカスのジュース）である。米について話すきっかけはマフェのジャスミンライスとラッハの真中の白いトウモロシの粉からできた固まりである。

図5 セネガル料理のコース
　　（Szatrowski 2010: 28）

図6 アメリカ料理のコース
　　（Szatrowski 2010: 28）

リコリスはアメリカ料理のコースで食べる。アメリカ料理は図6
の下から時計回りに、椀の中のサラダ、マカロニとチーズ、チョコ
レートケーキ、犬の形をしたリコリスのグミである。リコリスを巡
る話では犬のグミが中心となる。

　本研究は、従来の研究を踏まえ、以下の手順で考察する。
1）JPN11の試食会のセネガル料理のコースにおける既知の米とア
　メリカ料理のコースにおける未知のリコリスについての話段を認
　定し、丸数字（①、②、等）と題を付けた。米の場合は、既知の
　ものであり、同定できたため、その中の発話の提題表現（Nハ
　（提題）、Nガ（主語）、NZ（無助詞）、N（ッ）テ、N（デ）モ、
　Nナンカ等）を左に、それ以外の成分と述部を右に発話番号の順
　に示す。未知のリコリスは同定できないため、提題で言及するの
　は代名詞（「これ」）と連体詞＋名詞（「この犬」）だけなので、提
　題表現とそれ以外の成分と述部とを分けていない。
2）米の種類・リコリスの候補を表す名詞を四角で囲み、その他の
　関連語句に下線を引く。米／リコリスを指す指示代名詞と連体詞
　＋名詞には網掛けを付けている。また、日本とほかの国を比較す
　るために、「日本」を点線、ほかの国を表す言及表現に破線を引
　く。さらに、描写したり、評価したりする形容詞等に太い下線を
　引く。評価の場合、［＋］［－］でそれぞれ肯定的、否定的な評価
　を示した*7。
3）そして、このように作成した図7「JPN11の既知の食べ物（米）
　を巡る会話曼荼羅」と図8「JPN11の未知の食べ物（リコリス）
　を巡る会話曼荼羅」とを比較対照した。図7と図8では①②の丸
　数字はそれぞれ米とリコリスについての話段を示し、間にほかの
　ことについての話段が挟まれているが、丸い矢印でつながってい
　る。一方、④a、④b、④cは間に別な話がなく、連続している
　話段であり、まっすぐの矢印でつながっている。

⑦ 1202G-1214G 泡盛

1202	G	あ確かあれでした？泡盛とかって、	長い米使った、焼酎でしょ？
1205	H		あ//れ、それ||じゃないと、
1206	G		//たぶん。
1207	H		//あのー、||味じゃないと思う。
1208	G	うん、確か泡盛ってー
1211	G		//あの味というか、||
1212	G		日本の、困じゃないと、
1214	G		//あんまりこうま真面目に||調べたことないけど。

⑥ 936H－959G 日本で米粉で何ができるか

936	H	(3.8)でもまあ日本も...	こういう食べ方にはしないけど、
938	H	米粉で、	
940	H	(1.5)みたらし団子、のあの団子って	米、
942	G	//うん、米	
943	H	だからまあ、米もね、	
944	G		うん、おやつになり//ますね。||
945	H		//おやつ||して=
946	H		//甘ー、||甘ーくして。
948	G	せんべいもね、	
949	F	せんべいも	//そうだ、うん。||
950	H	//せんべいも||ね、	
953	G		(3.0)ん、なんか、ちょっと、違う部分考えてた。
954	G		(誰)だっけ。
955	G	(4.1)あの、パンといとこ、	
956	G	パンっぽいところも	あるの？
957	H	でも今米粉パンて	ありますね。

⑤ 864G-913F ラッハは何か＜896H-914H食べているデザート（ラッハ）には米が入っているか＞

896	H	なんかあのさっき言った、	
898	H	//そのバングラ||デシュで出たお米のデザートいうのが、	
900	H		ちょっと、味として似た感じなので、
902	H	もしかして、お米を、	
904	H		米粉にして、
907	H		//何かしてるのかな||という気が今、しながら食べてる。
909	G	(3.1)インディカ米できるとこって餅米って	作れるんですかね？
910	F		(2.5)いや、//厳しいんじゃないか||な。
912	G		一緒のはたぶんできなさそうでうようね。

④ 796H-824G 日本でご飯にかけて食べるもの

791	H	(2.2)じゃあ、あの、実はハヤシライスでも、	
792	H	ちょっと甘いカレーだなって思うぐらい？	
796	H	ハヤシライスって	あれ日本だけですよね？
797	F		うん、//日本だけ。||
800	G		かな？
801	G	(3.8)でも似たようなあれでしょ、	
802	G	あのーデミグラスソースとかああいう系のものは、	
804	G		//ある、まあ、||
805	G	ご飯にかけてカレー//的に食||うことは、	
806	H	//ご飯で、||	
807	G	ことはー	日本でやってるけど別にね=
809	H	//素材||そのものは、	
811	G	シチューだって	元々あれでしょ、
812	G		あの、汁、ご飯にかけて食べるっていうよりは、
813	G		あの、肉の煮込みとかのために、シチューにするんでしょ？
814	G		野菜煮込みとか。野菜を味わうために。
817	G		//日本だけですよね=||
818	G	きっと、子どもが、カレーのようにシチューをかけて食うのは。	
819	H	え、シチュー、って、	かけて食います？
820	G	うん。うちでは...〔フフフフ〕	
821	H	うん。//うちはかけない、||	
822	F	//かけない。〔フフ||フ〕	

図7 「JPN11の既知の食べ物（米）を巡る会話曼荼羅」

	①	568G-572H 米の形	
568	G	米が	長くなり//ましたね。||
570	H	米が	長いね。
571	G~	//これは、||	長くなった、
572	H	//インディ||カ米。	

	②a	624H-635G インディカ米はどこで買えるか	
622	H	(2.5)インディカ米って、	この辺で買おうと思って=
623	H		簡単に買えます？
625	G		そういうコミニティー、
626	H		//コミニティーかあるいは、||
627	G		日暮里ーとか、
628	G		そういうとことか団地、とか行くと、
629	G		中のマーケットとかにありそうですよね。
630	H		そういえば、なんかそういう、食材店みたいなのにー、
632	H		ちょっとした袋で、
634	H		海外、海外食料品？
635	G		うん、//あるんじゃないですか？||

	②b	636F-657F 日本人のインディカ米の評価	
636	F	//でも日本人、||	[−]目の敵にされてますよね。
639	F~	インディカ米って、	
640	F		そんなことないっすか？
641	G		ああいつかね、
642	G		あの、
644	F	ブレンド米なんか、	出//したときにあった||じゃないですか、
646	G		あんときはねー。
649	G		//やっぱり||ご時世のせいでしょうね。
651	G		//別に、||
652	G		[+]カレーに合うことは//僕は合うと思う。||
653	H		[+]//うーん、カレーには、||
654	H	むしろこっちの方が、	[+]いいんじゃないかと思うし。
657	F	これ	[+]いいですよね。

660G-702G どこの国の食べ物か＜③670H-696F 他の国の米の料理＞			
670	H	インドーで、	それにあれじゃなかったでしたっけ、
672	H	まあたまたま、前に、昔りゅ留学生で来てる人が	いて、
673	H	あれじゃあバングラデシュだ、	
675	H	//でも||まあ文化は	近いかも//しれない||けど、
678	H	お米はー、	どちらかというとデザートに使っていて、
680	G		(あー//やらかくして、)||
681	H		//ものすごい甘||ーい、スープの中に、
683	H		浮かべて、
686	F	お米？||	
688	F	お米は、||	
690	H	//で、||カレーは、	ナンで食べる。
693	H	(1.5)だからお米にかけるっていうのは	もしかしたらインドではないのかな、
695	H		たまたまその人の、好みかもしれないし。
696	F	~これは。※右指2で皿を指す	じゃあインドじゃないですね

第11章 既知と未知の食べ物を巡る曼荼羅　**251**

4. 分析

4.1 米を巡る会話曼荼羅

図7には「JPN11の既知の食べ物（米）を巡る会話曼荼羅」を示した。①「**米の形**」では、セネガル料理のコースが運ばれて間もなくGとHは米が長いことに気づき、572Hで「**インディカ米**」と名付けられる。既知の食べ物であるため、初めから「米が」というように述部的部分以外の成分（Nガ）で言及し、形について述べている。しばらくしたら、②a「**インディカ米はどこで買えるか**」では、Hが622Hで「**インディカ米って**」という提題を表す述部的部分以外の成分（Nッテ）で言及し、それがどこで買えるかという話段を開始し、それに関する関連語句（「コミュニティ」、「日暮里」、「団地」、「中のマーケット」、「食材店」、「海外食料品」）を用いる。その延長線で636F, 639Fの「でも日本人、目の敵にされてますよね。インディカ米って。」の否定的な評価での②b「**日本人のインディカ米の評価**」の話段が始まる。644Fの「ブレンド米なんか、」でおそらく1993年に日本で米が不作の時にタイから輸入したことに言及している。しかし、652F–657Fではカレーや試食会で食べている料理（マフェ）には合うと3人の意見が合致している。

また、しばらくして試食会で食べている料理はどこの国の料理かという話で、あまり激しい辛さではないためインドよりラオスかミャンマーの辺かもれないという話をする。そこでHは知り合いのバングラデッシュからの留学生を連想して、③「**ほかの国の米の料理**」は、バングラデッシュについて678H, 681H, 683H「お米はー、どちらかというと、デザートに使っていて、ものすごい甘ーい、スープの中に、浮かべて、」の説明で始まる。そして、690H「カレーはナンで食べる」ことと693H「お米にかけるっていうのは…インドではない」ことからFは今食べている料理はインド料理ではないと結論づける。もう少し先で、Fは696Fで今でも甘いカレーが好きだということに対してHはどのぐらい甘いかを知るため791H–792Hで「ハヤシライスでも、ちょっと甘いカレーだなって思うぐらい？」と尋ねるが、それで④「**日本でご飯にかけて食べる**

252

もの」へ話題が移る。「ハヤシライス」、「デミグラスソースとかあ
あいう系の物」、「シチュー」が列挙されるが、シチューはHのう
ちではご飯にかけるが、Fのうちではかけないことで話段が終わる。

　次に、ラッハというデザートを食べ始める。⑤「**（今食べている
デザート）に米が入っているか**」でHはその味が前話したバング
ラデッシュの甘いスープと似たものであり、902H, 904H, 907Hで
もしかしたらラッハはお米を米粉にして作ったものではという案を
出す。しかし、909G, 910Fでインディカ米ができるところでは餅
粉を作るのが厳しいと言われ、却下される。その後、ラッハの話か
ら窓の方の虫に話が移るが、しばらくして⑥「**日本で米粉で何がで
きるか**」という話段が始まる。「みたらし団子」、「せんべい」、「米
粉パン」等日本でも米を甘くしておやつ等に食べる話が続く。また、
セネガル料理のコースを食べ終わり、次のコースを待っている間、
⑦「**泡盛**」では、Gは日本でそれを長い米で焼酎を作ることで最初
の①「**米の形**」に出た米が長い話とつながり、米についての話が終
わる＊8。

4.2　リコリスを巡る会話曼荼羅

　図8には「JPN11の未知の食べ物（リコリス）を巡る会話曼荼
羅」を示した。アメリカ料理のコースが運ばれて間もなく、①「**リ
コリスの形**」では、リコリスを見てHが1222H「い、い、犬の」
と形に言及し、Gが同意する。サラダとマカロニを食べた7分後、
②「**リコリスの形と質と触感**」では、リコリスを見ながら1446H
「この犬は何かな。」に対して「狛犬みたいの顔」、「テリア」の形と
「チョコ」の質について述べる。次に1452H「結構柔らかい」に続
き、「ゼリー」、「グミみたいのやつ」、「グミの周りにチョココーティ
ング」、Fがフォークでつついた後の1462F「思ってたより固い」
というHとは異なるFの触感に対して、「ビスケット」、「オレオみ
たいのやつ」、「かちかちのチョコ」という質に関する表現が出る。

　マカロニとケーキを少し食べた後の③「**リコリスの質**」では、F
は1497F「さてこれは何だ」と述べてから少し食べ、1601F「いや
これ奇妙なものですよ。」と1503F「グミじゃないですよねこれ。」、

第11章　既知と未知の食べ物を巡る曼荼羅　　253

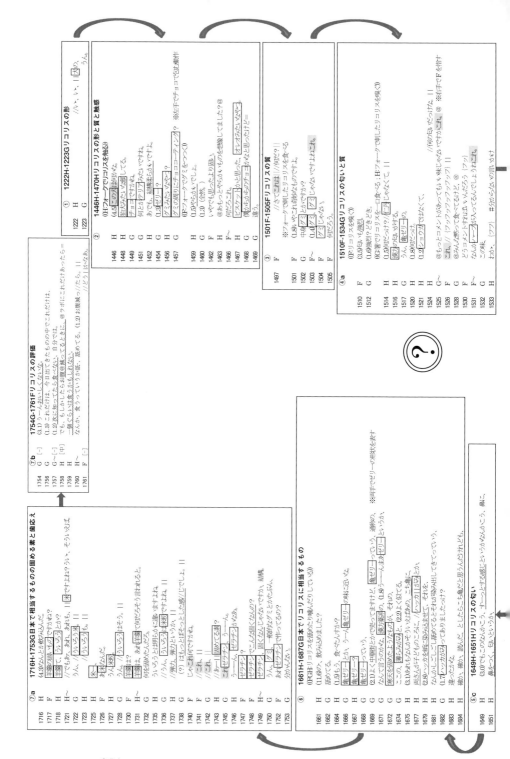

④b 1535G-1560Gリコリスの歯応え、料理の位置づけ、食べ方

1535	G	(2.1)//これ、||
1536	F	//歯に||くっついて、//@食いにくい。@||
1537	G	//これ、おや、おやつ||レベルですか?これ。
1538	G	薬レベルですか?
1540	H	//舐めるものじゃないかなあ。||
1541	G	嘘お。
1542	F	いや噛むもんでしょ。
1544	H	今舐めてるけど、舐め、舐めるんだったら、
1546	H	悪くはないかなって気が、
1547	F	減ってく?//舐めて。||
1548	H	//うん、||減っ//てく。||
1549	G	//の、||のど飴レベル?
		((FG:リコリスを噛んでいる;H:リコリスを舐めている))
1551	H	(4.1)物凄ーく長いこと、だから、食べるもんを、舐めてると=
1552	H	思わずに、飴、だと思う、て、
1554	H	//飴って||別に一生懸命こう減らそうとは、せずに=
1555	H	舐め//てる||わけでしょ?
1557	H	そういう、つもりで舐めてると、徐々ーにこう溶けだして、
1558	G	(4.0)@でも舐めてもおんなじ味。@//{フフフ}||
1560	G	噛んでもおんな同じ味。

④c 1561G-1580Gリコリスの匂いと質

1561	H	何だっけ、これ、
1563	H	//ショウカじゃな||くて、
1565	G	(2.1)この刺すような、刺激、{フフ}
1566	H	ミントでもないし、
1567	F	ミ、ミント系の、
1568	H	うん//でも、ミント系のーもの||も入ってるかなって気がする。
1569	F	//味ですよねー、うん。||
1570	G	(1.5)あの一へん?ショウ-、ショウブとか近い?
1571	G	//風呂に、風呂にショウブ入れる、||
1572	H	//うん、そうそう、ショ-、||ショウブもね、
1573	H	近い気がする。
1575	F	(1.2)ショウブ?
1577	F	ショウブって、食べる、食べるんですか?
1578	G	あんま食べない。
1579	H	うん、//あんまり食べないけど、||
1580	G	//ショウブ湯ーで、||

⑤a 1587H-1616Fリコリスと似たお菓子はどこにあるか、その歯応えは?

1587	H	(6.1)//でも、||
1588	F~	//うー||ん、でも日本のお菓子じゃないですねーこれは。
1590	H	アメリカかな?
1591	H	なんか、アメリカー、一度誰だったか、千葉研に、
1592	G	お土産、
1593	H	お土産で、
1595	H	アメリカのものがあって、
1597	H	ぜん、ぜん、なんていうか原色しか、
1599	H	なんかもう蛍光、ピンクとか、//蛍光||黄緑とか、っていうので、
1601	G	ゼリービーンズですか?
1602	H	ゼリービーンズでしたっけ?なんか、
1603	G	分かんない。
1604	H	なんかこん、こんな感じじゃなかったかなって、　※右指2でGのケーキかリコリスを指す
1605	G	あーなんかあったね、
1607	G	//すごい||なんか、釣りに使うワームみたいな、
1608	G	//感じのゼリー用のお菓子、||
1609	H	//もう、ドット蛍光の、||
1610	G	(2.8)でそん中にこういう、
1611	H	そう、かちかちじゃなくて、ぐにゅーっとしてて、
1614	G	中にかなりこういう、薬草の味のものあった//かもしれ||ない。

⑤b 1616G-1651H日本でリコリスに相当するもの

1617	G	(1.2)日本人、これ日本でいうと何にあたる、何に相当するんですかね?
1618	H	ん、どっちですか?
1619	G	んーこっちこっち、@もちろん。@{フフフ}　※左指2でリコリスを指す
1620	G	もちろんこの@犬の方。@
1621	F	日本でいうと?
1622	H	(1.8)日本でいうと、
1623	G	日本でいって外人が、同じような、
1624	H	(1.2)あー、何だこれ//っていう、||
1625	G	//同じような||反応しそうなものって、何だろ。
1626	F	これ甘いな。
1627	G	納豆とかですかね?
1629	H~	納豆でもこれ、犬の形を模してるところで子ども向けでしょ?たぶん。
1633	G	子どものお菓子なのか、嫌がる子どもに慣れさせるために=
1634	G	//こう漢方薬、のど飴、{フフフ||フフフ}
1635	H	//{フフフ}@ますます嫌がると思うんだけど。@||
1636	G	(2.0)これは結構いけてるというか、結構ハードですねこれ。
		{フフ}　※リコリスを食べる
1637	H	あでも、
1638	G	ハードな味//(わいだな)||
1639	H	//今舐めて||るけど舐めるぶん//には、結構、||
1640	G	//じゃ舐め、||舐めてよ。{フフフ}
1641	F	(1.8)ハッカドロップってあったじゃないですか。
1642	H	あー//そうそうハッカ。||
1643	F~	//あ-あれに相当する||のかな、@日本だと。@
1644	H	ハッカって、ミント?
1645	H	(1.3)あれも、//なんか別?||
1646	F~	//あー、||んーー、近いですよねきっと。
1648	G	//ハッカは||ハッカってあるんじゃないかな。
1649	H	(3.0)でもこのなんかこう、すーっとする感じというかなんかこう、鼻に、
1651	H	鼻をつく、匂いというか、

図8 「JPN11の未知の食べ物（リコリス）を巡る会話曼荼羅」

1504F「グミじゃない。」でグミを打ち消す。その後、GとHがケーキについて少し話す。次に④a「リコリスの匂いと質」では、Fがリコリスの匂いを嗅ぎ、1510F「匂いも強烈」の後、全員が匂いを嗅ぎながら、Gも食べて、1514H、1516H「仁丹じゃなくて。漢方」の匂いと、1517G「亀ゼリー」、1521H「ショウガではなくて」、1531F「ハーブ」と質について話す。④b「リコリスの歯応え、料理の位置づけ、食べ方」では、Hも食べてから1536F「歯にくっついて、食べにくい」という歯応え、1537F「おやつレベル」、1538G「薬レベル」、1549G「のど飴レベル」というリコリスの料理での位置づけ、1540H「舐めるもの」、1542F「噛むもん」という食べ方について話が展開する。そして、④c「リコリスの匂いと質」では、1561H「何だっけ、これ。」に対して1563H「ショウガじゃなくて」と匂いに関する1565G「この刺すような刺激」が続く。次に、1567F「ミント系」、1570G「ショウブ」の後、ショウブはあまり食べないという話で終わる。

　マカロニとケーキを少し食べてから⑤a「リコリスと似たお菓子はどこにあるか、その歯応えは？」は、1588F「日本のお菓子じゃないですねー」で始まり、1590H「アメリカかな？」からアメリカの1601G、1602G「ジェリービーンズ」、1608G「ゼリー用のお菓子」へ話が移る。1611H「かちかちじゃなくて、ぐにゅーっとしていて、」という歯応えで1614G「中にかなりこういう、薬草の味のものあったかもしれない。」と言う*9。

　⑤b「日本でリコリスに相当するもの」では、1623G「日本でいって外人が、」、1625G「同じような反応しそうなものって、何だろ。」に対して自分で「納豆」（1627G）という答えを出す。1629H「でもこれ、犬の形を模してるところで子ども向けでしょ？」と1633G「子どものお菓子なのか、嫌がる子どもに慣れさせるために」で話が展開したところ、1634G「漢方薬、のど飴」から1641F「ハッカドロップ」、1644H「ミント」、1648G「ハッカ」に決まる。そして、1649H「すーっとする感じ」、1651H「鼻をつく、匂い」で終わる。⑤c「リコリスの匂い」では、Hは「鼻にすーっとする」、「鼻につく」と匂いを描写する。ケーキの話を少し

した後、また⑥「日本でリコリスに相当するものは？」という話に戻り、1666G「亀ゼリー」、1669G、1671G「亀ゼリーっていう…漢方薬系の、…ゼリー」、1672G「寒天で固めたようなもの」、1674G「薄らみがみ」、1677H、1682G「ハッカがみ」が出る。その後、こち亀というテレビのアニメと漫画について話し合う。

⑦a「**日本で相当するものの固める素と歯応え**」では、1717F「羊羹の固いもの」、1718F「羊羹て、ういろう」の案が出るが、ういろうは米粉で固めるが、羊羹は違うという話が続く。次に、1743H「固めてる素？」に対して、1745G–1749Gで「ゼラチン」が繰り返されるが、最後に1750G「グミ、一般的なグミとか、たぶん。」と初めの②「リコリスの形と質」で挙がった1456H「グミみたいのやつ？」と似た質に戻って終わる。最後に、⑦b「**リコリスの評価**」では、1754G「おいしくないな。」、1757G「次に知ってたら食べない、」と1758H「お腹@減ってるときに、@」、1759H「一個ぐらいは食うかもしれない」と1761F「どうかなあ。」というように意見が分かれる。

4.3 米の曼荼羅とリコリスの曼荼羅の比較対照

図7「JPN11の既知の食べ物（米）を巡る会話曼荼羅」と図8「JPN11の未知の食べ物（リコリス）を巡る会話曼荼羅」を簡略したものがそれぞれ図9「JPN11の米の曼荼羅」と図10a「JPN11のリコリスの曼荼羅（話段中心）」、図10b「JPN11のリコリスの曼荼羅（テーマ中心）」である。図7と図8と同様丸い矢印はほかの話を挟んで連続していない話段、まっすぐの矢印は連続している話段をつないでいる。それぞれの四角の中は上から下へ時間の流れで出てきた表現である。また、×で示したところは元の発話で「〜かなと思ったけど、」、「〜じゃないですよね」、「〜じゃない」、「〜じゃなくて」、「〜でもないし」等のように否定するものであるが、図に残したのは、1514H–1516H「何だっけ？仁丹ではなくて。漢方の匂いがする」のようにリコリスではないが、リコリスに近い範疇だからである。ここで、米とリコリスの曼荼羅の比較対照について述べる。

第11章 既知と未知の食べ物を巡る曼荼羅　**257**

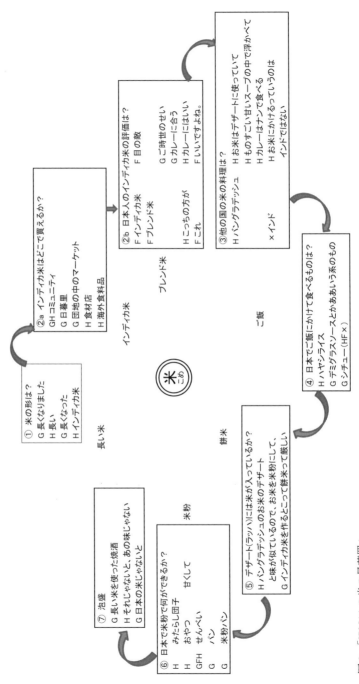

図9 「JPN11の米の曼荼羅」

JPN11 の米について話している話段では米だということが初め
から分かっているため、米に言及する表現は述部的な要素以外の成
分（特にNッテ、Nハ、NZ（提題）、Nガ（主語）など）が多く
見られた。また、具体的な名詞は、指示代名詞、連体詞と名詞より
多かった。米は見た目（形、質、色）、味、食感・歯応え、匂いと
いう観点から話すことが少なかった。初めに見た目で長い米だとい
うことに気づき、インディカ米と名付けてから、米の下位分類を表
すインディカ米、ブレンド米、ご飯、餅米、米粉等を巡りながら、
②a インディカ米はどこで買えるか、②b 日本人のインディカ米の
評価は？、③他の国の米の料理は？、④日本でご飯にかけて食べる
ものは？、⑤デザート（ラッハ）に米が入っているか、⑥日本で米
粉で何ができるか、⑦泡盛について話し、日本の米とほかの国の米
を類似点や相違点で比較対照したりすることが見られた。

　一方、JPN11 の未知の食べ物（リコリス）について話している
話段で述部的な要素以外の成分で言及しているのは、連体詞と名詞
（「この犬は」）が 1 つのみで、そのほかに指示代名詞（「これ Z、〜
Z」）だけであった（図 8 の網掛け参照）。未知の食べ物（リコリ
ス）に関する言及表現は、見た目（特に形と質）、味、触感、歯応
えについての述部的な要素が多かった。図 10a「JPN11 のリコリ
スの曼荼羅（話段中心）」を見ると、①形、②形、質、触感、③質、
④a 匂いと質、④b 歯応え、④c 匂いと質、⑤a 似たお菓子の、作
る国と歯応え、⑤b 日本で相当するもの、⑤c 匂い、⑥日本で相当
するもの、⑦a 日本で相当するものの、固める素と歯応え、⑦b 評
価のように話段で話がばらばらで、五感で感じていることを行き来
しながら、話がまとまらない曼荼羅になっている。

　一方、同じ話を話段ではなく、話段を横断して縦にテーマで分け
た図 10b「JPN11 のリコリスの曼荼羅（テーマ中心）」を見ると、
話がよりまとまってくる。「形」は見た目で、犬、狛犬、テリアで
ある。質は初めに見た目と H が柔らかい触感だと判断したことを
考慮し、チョコ、ゼリー、グミ、グミの周りにチョココーディング
したもの、次に F が固い触感だと言ったところでビスケット、オレ
オ、かちかちのチョコレートとなる。そして、食べてみてグミ、匂

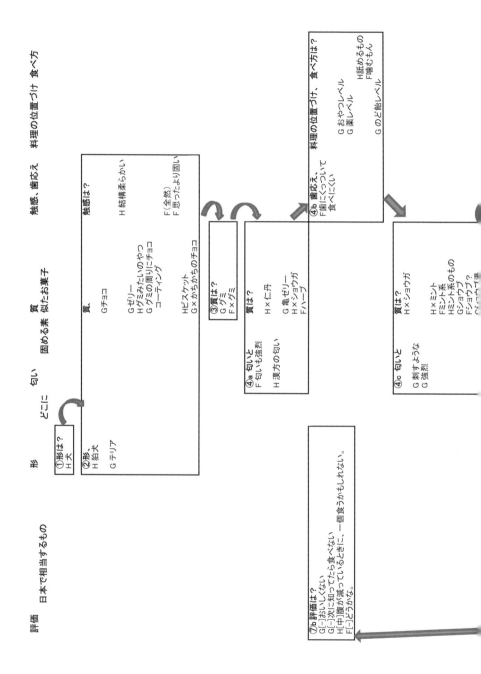

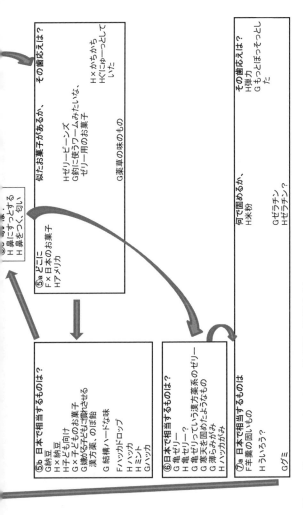

図 10a 「JPN11のリコリスの曼荼羅（話段中心）」

第11章　既知と未知の食べ物を巡る曼荼羅　261

評価　日本で相当するもの　　形　　匂い　固める素　　質　似たお菓子　　触感、歯応え　　料理の位置づけ食べ方

①形は？
H犬
②形、
H柏犬
Gテリア

触感は？
H結構柔らかい
F（全然）
F思ったより固い

質、
Gチョコ
Gゼリー
Hグミみたいのやつ
Gグミの周りにチョコココーティング
Hビスケット
G×からからのチョコ
③質は？
Gグミ
F×グミ

料理の位置づけ、食べ方は？
Gおやつレベル
G薬レベル
Gのど飴レベル
H舐めるもの
F噛むもん

④a匂いと
F匂いも強烈
H漢方の匂い

質は？
H×仁丹
G亀ゼリー
H×ショウガ
F×ハーブ

④b歯応え、
F歯にくっついて
食べにくい

⑦b評価は？
G[-]おいしくない
G[-]次に知ってたら食べない
H[中]腹が減っているときに、一個食うかもしれない
F[-]どうかな。

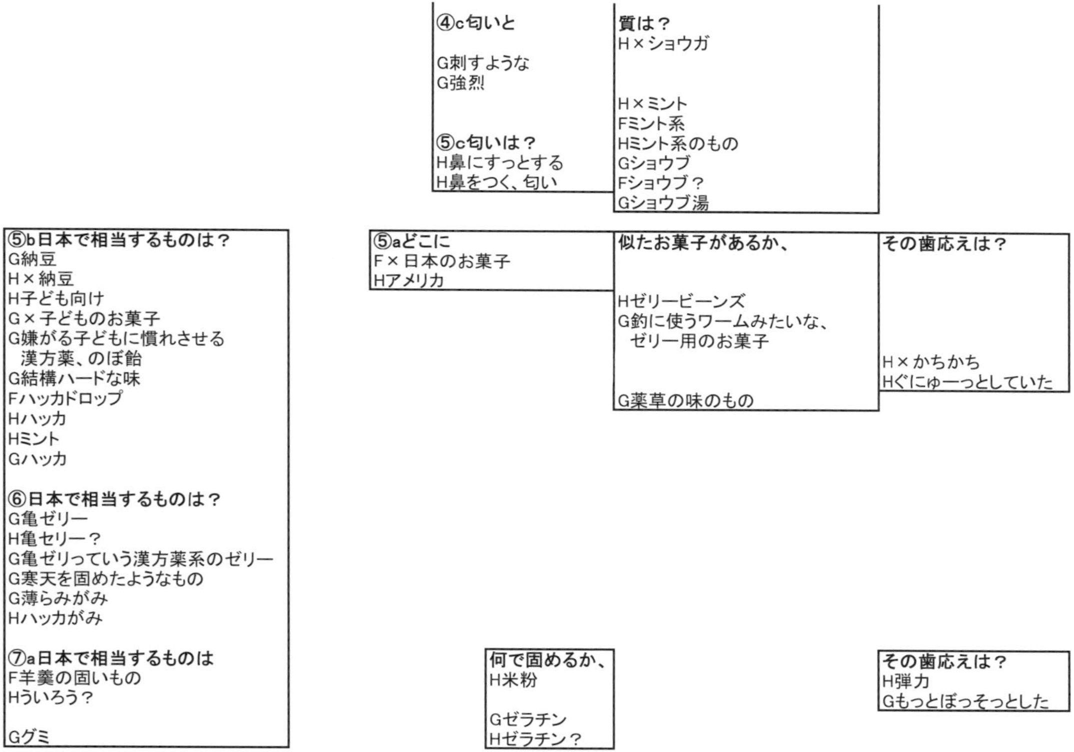

その歯応えは？
H×からから
Hぐ「にゅーっとしていた

質は？
H×ショウガ
H×ミント
Hミント
Hミント系のもの
Gショウブ
Fショウガ
Gショウブ湯

④c匂いと
G刺すような
G強烈
⑤c匂いは？
H鼻にすっとする
H鼻をつく、匂い

似たお菓子があるか、
Hゼリービーンズ
G釣りに使うラムみたいな、
ゼリー用のお菓子
G薬草の味のもの

⑤aどこに
F×日本のお菓子
H×アメリカ

その歯応えは？
H弾力
Gもっとほっそりとした

何で固めるか、
H米粉
Gゼラチン
Hゼラチン？

⑤b日本で相当するものは？
G納豆
H×納豆
H子ども向け
G×子どものお菓子
G嫌がる子どもに慣れさせる
漢方薬、のど飴
G結構ハードな味
Fハッカドロップ
Hハッカ
Hミント
Gハッカ

⑥a日本で相当するものは？
G亀ゼリー
Hゼリー？
G亀ゼリっていう漢方薬系のゼリー
G寒天を固めたようなもの
G薄らみがかみ
Hハッカがみ

⑦a日本で相当するものは
F羊羹の固いもの
Hういろう？

Gグミ

図10b 「JPN11のリコリスの曼荼羅（テーマ中心）」

いから仁丹ではなく、亀ゼリー、ショウガではなく、ハーブ、ショウガとミントではなく、ミント系、ショウブのようなものと判定される。「触感」は結構柔らかい、思ったより固い、「歯応え」は歯にくっついて食べにくい。「匂い」は強烈、漢方の匂い、刺すような、鼻にすっとするのである。「料理の位置づけ」はおやつ、薬、のど飴で、「食べ方」は舐めるか噛むのである。「日本で相当するもの」は納豆ではなく、子ども向けで子どものお菓子というより嫌がる子どもに慣れさせる漢方薬、のど飴、ハッカドロップ、亀ゼリー、寒天で固めたようなもの、薄らみがみ、ハッカがみ、羊羹の固いもの、ういろう、グミである。評価はおいしくないという否定的な評価と腹が減っているときに一個食うという中立的な評価がある。未知の食べ物は何かわからなくてもなぜ曼荼羅ができるかが不思議であるが、名前が分からなくてもリコリスについて五感を手がかりにしながら今まで体験してきた食べ物と結びつけることができる。Koike（2014）が述べたように、別の食べ物と類似点で比較したり、相違点で対照したりすることによって共通理解が得られる。しかし、既知の食べ物（米）とは異なり、リコリスの下位分類とそれに関連する話より、リコリスそのものが何かという話が中心となる。

　既知の食べ物（米）の曼荼羅と未知の食べ物（リコリス）の大きな類似点は複数の話者の体験によって動的に作られていることである。

5.　まとめ

　林（2010）の曼荼羅を援用してセネガル料理の米とアメリカ料理のリコリスについての話段を考察することで、それぞれの連想で作り上げる概念を一枚にまとめることができた。全体の話の内容に関しては「木を見て森を見ず」という視野の狭さから解放されることができた。曼荼羅を作成する際、現在食べている食べ物から一般的な食べ物、過去に食べた食べ物と現在の食べ物の比較対照、過去にあったできごと等に話が移る場合、どのように記述するかが今後の課題である。

　曼荼羅は我々の日常生活で体験したことや社交的な活動における

会話からできていると考える。林の曼荼羅は本稿で分析した一つの試食会から生まれた曼荼羅を遥かに超えているが、それは林氏の豊かな生活の中で積み重なってきた体験をそれぞれの曼荼羅の一枚にまとめたことと関係があるに違いない。

文字化資料の表記方法（ザトラウスキー1993, 2000, 2005a,b, 2006, 2010a,b, 2011, 2013, 2014c, 2015 a,b,c; Szatrowski 2010c, 2014a,b）

。	下降のイントネーションで文が終了することを示す。
？	疑問符ではなく、上昇のイントネーションを示す。
、	文が続く可能性がある場合のごく短い沈黙を示す。
―	長音記号の前の音節が長く延ばされており、―の数が多いほど、長く発せられたことを示す。
// ‖	//と‖はそれぞれ同時に発話された発話の重なった部分の始まりと終わりを示す。同時に発話された発話両方に示す。
(0.5)	（　）の中の数字は10分の1秒単位で表示される沈黙の長さを示す。
（）	（　）の中の発話が記録上不明瞭な発話を示す。
@　@	@と@の間の発話が笑いながら発話されることを示す。
{カタカナ}	{　}内のカタカナによって笑い、咳ばらい等の音を示す。
＝	ポーズがなくても字数のため改行しないといけないことを示す。前方の発話の終わりに示す。
-	途切れた音を示す。（い-、い-、犬）
～	倒置
※	発話と同時に行われる非言語行動の説明。
((　))	発話間に行われる食べ物行動等に関する説明。

＊1 国立国語研究所の「文体レトリック研究会」で発表した際に（ザトラウスキー2015c）中村明教授と中村ゼミの皆さんに貴重な助言をいただき、感謝申し上げます。また、本研究では、お茶の水女子大学の高崎みどり名誉教授、古瀬奈津子教授、香西みどり教授、十文字学園女子大学の星野裕子講師に色々お世話になり、感謝申し上げます。資料収集、資料作成等にご協力いただいた

山田さおり氏、原田彩氏に感謝いたします。試食会の参加者にもお礼申し上げます。本研究は2009〜2011年度のミネソタ大学の科学研究費補助金と2012〜2013年の博報財団　第7回「日本語海外研究者招聘事業」による招聘研究の成果の一部である。

*2　本稿の資料は、食べ物に関する研究のために無料で昼食を食べ、感想を述べてもらう参加者を募集し、収集した。「世界の国々の本格的な料理を少しずつ食べながら、その食べ物、味等をどう思うか話していただく」ため、参加者（友人と3人で）を試食会に招待した。どこの料理か、食べ物や飲み物は何なのかについては前もって教えていない。

*3　「話段」とは、参加者相互が協力し合って、各自のコミュニケーションの目的を達成しようとする過程で生じ、談話の参加者の目的による話題、発話機能、音声面の特徴から認定される動的な単位である（ザトラウスキー1993）。文章・談話における「段」については佐久間（2003）参照。

*4　試食会で未知の食べ物についてどのように言及されるかに関してはザトラウスキー（2016）とSzatrowski（近刊）参照。

*5　「言及表現」は、食べ物、飲み物の名前の候補やその特質を表す表現とし、南（1974、1993、1997）の述語的部分の要素（動詞、名詞（＋ダ）、形容詞、形容動詞）と述語的部分以外の成分（Nハ（提題）、Nガ（主語）など、名詞＋他格助詞、Nニ、Nヲ）を含む。Nは名詞の略である。述部的な要素や複数の参加者の発話を含めて考察するのは従来の「指示表現（referring expression）」の研究と異なる（渡辺2009, Watanabe 2010, その他）。

*6　https://ja.wikipedia.org/wiki/%E6%9B%BC%E8%8D%BC%E7%BE%85

*7　字数を減らすために、相づち的な発話をはずした。発話番号が飛んでいる場合、抜けている発話のほとんどは相づちである。

*8　「泡盛（あわもり）は米を原料として、黒麹菌（アワモリコウジカビ）を用いた米麹である黒麹によってデンプンを糖化し、酵母でアルコール発酵させたもろみを一度だけ蒸留した琉球諸島産の蒸留酒である。」〈https://ja.wikipedia.org/wiki/%E6%B3%A1%E7%9B%9B〉2017.3.19

*9　Gが指摘したアメリカのジェリービーンズやゼリー用のお菓子の中の「薬草の味のもの」はまさにリコリスに当たっているものの、名称を知らないため同定されているとは言い難い。

参考文献

佐久間まゆみ（2003）「文章・談話における『段』の統括機能」佐久間まゆみ編『朝倉日本語講座7　文章・談話』pp.91–119.朝倉書店

ザトラウスキー、ポリー（1993）『日本語の談話の構造分析―勧誘のストラテジーの考察―』くろしお出版

ザトラウスキー、ポリー（2000）「共同発話における参加者の立場と言語・非言語行動の関連について」『日本語科学』7、pp.44–69.国立国語研究所

ザトラウスキー、ポリー（2005a）「談話と文体―感情評価の動的な過程について―」中村明・野村雅昭・佐久間まゆみ・小宮千鶴子編『表現と文体』pp.468–480.明治書院

ザトラウスキー、ポリー（2005b）「情報処理、相互作用、談話構造からみた倒置と非言語行動との関係」串田秀也・定延利之・伝康晴編『活動としての文と発話』pp.159–208. ひつじ書房

ザトラウスキー、ポリー（2006）「20代の女性の談話における指示的な身ぶりと拍子的な身ぶりの手の形と機能」『表現研究』84、pp.67–77. 表現学会

ザトラウスキー、ポリー（2010a）「講義の談話の非言語行動」佐久間まゆみ編『講義の表現と理解』pp.187–204. くろしお出版

ザトラウスキー、ポリー（2010b）「テレビの料理番組の中に見られる言語・非言語行動による評価表現」（表現学会第47回全国大会 2010.6.6 お茶の水女子大学）

ザトラウスキー、ポリー（2011）「試食会の言語・非言語行動について―三十歳未満の女性グループを中心に」『比較日本語学教育研究センター研究年報』7、pp.281–292（お茶の水女子大学）

ザトラウスキー、ポリー（2013）「食べ物を評価する際に用いられる『客観的表現』と『主観的表現』について」『国立国語研究所論集』5、pp.95–120. 国立国語研究所

ザトラウスキー、ポリー（2014c）「試食会における食べ物と家族との関係」『比較日本語学教育研究センター研究年報』10、pp.231–238.（お茶の水女子大学）

ザトラウスキー、ポリー（2014d）「相互作用に見られる言語と文化の接点―ストラテジー、談話の構成単位、モダリティとエビデンシャリティについて―」『日本言語文化研究会論集』10、pp.1–17.

ザトラウスキー、ポリー（2015a）「試食会におけるオノマトペ」『ヨーロッパ日本語教育19　第18回ヨーロッパ日本語教育シンポジウム　報告・発表論文集』pp.95–100. ヨーロッパ日本語教師学会

ザトラウスキー、ポリー（2015b）「日本語の試食会におけるモダリティとエビデンシャリティの用い方―日本語母語話者と被母語話者のアメリカ人との違い」阿部二郎・庵功雄・佐藤琢三編『文法・談話研究と日本語教育の接点』pp.159–177. くろしお出版

ザトラウスキー、ポリー（2015c）「未知の食べ物を巡る曼荼羅の比較対照―30歳未満の女性と30歳以上の男性による試食会を例に―」文体・レトリック研究会（国立国語研究所 2015.7.11）

ザトラウスキー、ポリー（2016）「未知の食べ物への言及の仕方―試食会における同定と共感―」『国立国語研究所論集』11、pp.93–115. 国立国語研究所

林四郎（2010）『パラダイムから見る句末辞文法論への道』みやび出版

南不二男（1974）『現代日本語の構造』大修館書店

南不二男（1993）『現代日本語文法の輪郭』大修館書店

南不二男（1997）『現代日本語研究』三省堂

渡辺文生（2009）「英語および日本語の語りの談話文章における指示詞」『山形大学人文学部研究年報』6、pp.1–13. 山形大学

Beeman, William O. (2014) Negotiating a Passage to the Meal in Four Cultures. In Polly Szatrowski (ed.), *Language and Food: Verbal and Nonver-*

bal Experiences, pp.31–52. Amsterdam: John Benjamins.

Burdelski, Matthew. (2014) Early Experiences with Food: Socializing Affect and Relationships in Japanese. In Polly Szatrowski (ed.), *Language and Food: Verbal and Nonverbal Experiences*, pp.233–255. Amsterdam: John Benjamins.

Karatsu, Mariko. (2014) Repetition of Words and Phrases from the Punch Lines of Japanese Stories about Food and Restaurants: A Group Bonding Exercise. In Polly Szatrowski (ed.), *Language and Food: Verbal and Nonverbal Experiences*, pp.185–207. Amsterdam: John Benjamins.

Koike, Chisato. (2014) Food Experiences and Categorization in Japanese Talk-in-interaction. In Polly Szatrowski (ed.), *Language and Food: Verbal and Nonverbal Experiences*, pp.159–183. Amsterdam: John Benjamins.

Kuroshima, Satomi. (2014) The Structural Organization of Ordering and Serving Sushi. In Polly Szatrowski (ed.), *Language and Food: Verbal and Nonverbal Experiences*, pp.53–75. Amsterdam: John Benjamins.

Noda, Mari. (2014) It's Delicious!: How Japanese Speakers Describe Food at a Social Event. In Polly Szatrowski (ed.), *Language and Food: Verbal and Nonverbal Experiences*, pp.79–102. Amsterdam: John Benjamins.

Szatrowski, Polly. (ed.) (2010c) *Storytelling across Japanese Conversational Genre*. Amsterdam: John Benjamins.

Szatrowski, Polly. (2014a) Modality and Evidentiality in Japanese and American English Taster Lunches: Identifying and Assessing an Unfamiliar Drink. In Polly Szatrowski (ed.), *Language and Food: Verbal and Nonverbal Experiences*, pp.131–156. Amsterdam: John Benjamins.

Szatrowski, Polly. (ed.) (2014b) *Language and Food: Verbal and Nonverbal Experiences*. Amsterdam: John Benjamins.

Szatrowski, Polly. (近刊) Tracking References to Unfamiliar Food in Japanese Taster Lunches: Negotiating Agreement while Adapting Language to Food. In Andrej Bekeš and Irena Srdanović (eds.), *Papers on Japanese Language from Empirical Perspective*. Ljubljana, Slovenia: Znanstvena založba FF.

Watanabe, Fumio. (2010) Clausal Self-repetition and Pre-nominal Demonstratives in Japanese and English Animation Narratives. In Polly Szatrowski (ed.), *Language and Food: Verbal and Nonverbal Experiences*, pp.147–180. Amsterdam: John Benjamins.

あとがき

　林四郎先生の論文集を編むきっかけとなったのは、本書の「はじめに」でご紹介したとおり、2015年11月15日（日）に学習院女子大学で開かれた日本語文法学会の第16回大会のパネルセッション「現代から見た林言語学の魅力」であった。編者の3名が発表者となり、それぞれの立場から『基本文型の研究』『文の姿勢の研究』の魅力の源泉について語った。若い研究者の方々に『基本文型の研究』『文の姿勢の研究』の意義について知ってほしいと願って中堅が組んだ企画であったが、当日は大御所の先生方が大勢訪れ、それぞれの林言語学への思いを熱く語りあった不思議なパネルセッションとなった。その勢いに気おされたか、若手研究者の方からの発言こそなかったが、林言語学にたいする熱い思いは会場にいた若手研究者にもきっと届いたと思う。同時に、その熱い思いを書籍の形でさらに多くの若手研究者に届けたいと感じたひつじ書房の松本功社長の一言によって本書の企画は動きはじめた。

　編者の3名は林先生に大学院などで教わったことはなく、その意味で直接の弟子ではない。もし本書が「○○先生古希記念論文集」的なものであれば、こうしたあとがきを書くのは私たち編者にはふさわしくないだろう。しかし、林先生はそのような記念論文集を企画されたとしても固持なさる、そうした美学をお持ちの先生である。じつは、上述のパネルセッションは、会場が林先生のご自宅からそう遠くないこともあり、当日お出でいただけるかもしれないとも思って企画したものであったが、林先生は会場に足を運ばれることはなかった。ただ、後日、伊豆栄という行きつけの鰻屋で先生とお目にかかったおり、当日の会場の不思議な熱気についてご報告すると、いつもの優しい笑顔で嬉しそうにはにかんでおられたことが印象に残っている。

269

林先生は、これだけの輝かしいご業績をお持ちでありながら、夏目漱石が描く「ケーベル先生」のように、誰にたいしても対等に接する、偉ぶることのない、柔和で謙虚な先生である。1922年、関東大震災よりもまえに生を享けられた先生に直接お目にかかったことのない若い研究者の方も多いと想像するが、本物の研究者とはこうした方なのだということを、本書の記述をつうじて知っていただければ、私たち編者としてはこれ以上の喜びはない。

　そんな林先生だから、私たち編者3名は「畏敬の念」をもって接することはせず、本書を先生に「献げる」こともせず、年齢もキャリアもいまだ遠く及ばないことを自覚しつつ、それでも親しい兄のように「兄事」しつづけていきたいと考えている。

2017年11月

編者一同

索引

あ

I-JAS 187
アイディア・ユニット 221
アノテーション 8
言いかえ法 150, 160
意外性 207
依存 74
位置 100
一語文 9
1項名詞 83
一貫性 74, 120
一般・恒常条件 27
一般条件 45
一般的な因果関係 44
event chain 223
今・ここ・わたし 137, 139, 142
意味 106, 109
意味的類型 109
意味の階層 16
因果関係 229
因子 117
英文法 176
起こし文型 6, 7, 115, 116, 120, 126, 149
オンライン 72, 75, 95

か

階層構造 1, 17, 52
階層性 50
概念的意味 98
係り先のモダリティ 11
確認条件 27
仮説条件 27, 34
語り手 137

語り手の判断を示す文 138
仮定条件 26
仮定条件文 46
構え 71, 116
関係的意味 11
観察者の視点 210
関連性理論 98
帰結の述べ方 29
記号 73, 94, 117, 120, 150
既知 249, 252, 257
既知性 123
基本文型 95
疑問語 28
逆接条件文 34
逆接表現 207
鏡像的 62
共同生命体 97
局部文型 6, 149
均衡性 108
繰り返し 87
形式重視 132
結合型 10
結束性 74, 81, 120
原因・理由表現 27
原因・理由文 34
言及表現 242
言語活動 18
言語活動の層状構造モデル 17, 19, 21
言語過程観 94
言語過程説 20, 183
言語行動モデル 18
言語主体 4, 5
言語処理 75
言語処理過程 99
言語の時間性 65

271

言語文脈　99
言語曼荼羅　242
言語モデル　1
現実性　53
限定指示　81, 82
語彙　75, 159
語彙指導　149, 155, 156
語彙体系　155
語彙的結束性　78
行為の働きかけ　137
恒常条件　45
構造的な位置　54
構的的要因　55
構造文型　60
構文的条件　54
呼応　58
コードの洗練化　175
コーパス　107, 110
国語教育　3, 19, 63
心文脈　99
語順　53
語の位置　162
子文　88
個別的な判断　44
孤立型　9

さ

三層構造観　80
時間性　53
時間的関係　225
時間の流れ　17
時間の流れの中での言語活動　19
時間を考慮した文と発話の関係　21
思考と言語の関係　4
事実条件　27
事実的な仮説条件　27
実時間　19
実時間的な言語活動　5
実時間内処理可能性　87
実証性　95
実践日本語教育スタンダード　175
実体験的な認識　210

実用性　63
指定指示　81, 82, 88
始発型　7, 106
始発記号　7
始発要素　8
事物文脈　99
終結型　126
主語と述語の不照応　161
主節の表現形式　26
述語成分　52
述定条件　27, 41
順接仮定条件文　25
順接仮定表現　34
順接の接続表現　187
順接表現　188
条件　170
条件付けを表す複文　46
条件の設け方　29
承前型　7, 72, 118, 151
承前記号　7, 76, 87, 100
承前詞　84
承前要素　8, 78, 100
情報的要因　55
省略　79, 87
初級文法シラバス　85
人工知能　103
真性モダリティを持たない文　88, 95
シンタグマティックな関係　16
推量　28
推量型　46
スクリプト　19
ストーリーテリング　184
生産する過程　156
成分的条件　54
接続詞　84
絶対的　122
節のくりかえし　218
ゼロ代名詞　87
先行節　219
全数調査　108
全体文型　6
選択体系文法　169
想　4, 20, 148, 169, 175

層状構造 18
相対位置 116
相対性 78,83
想定条件 27,40

た

待遇コミュニケーション 21
体系性 55,172,177
代行指示 82,88
多点結合型 10
たら 35,39
段階 7
断定 28
断定型 46
談話の終結 120
定着度 241
テキスト 86
テキスト言語学 80
テキスト文法 120
テ形 85
手続き的意味 98
手続き的知識 19
ては 38,44
デフォルト 86
展開型文 77
転換型 106,123,133
転換要素 124
伝達段階 12,51
伝達的な位置 54
と 38,45
統合的（syntagmatic）関係 16,174
統語構造 16
時枝誠記 94
とする 41
読解を深めるための学習 150
トップダウン処理 105

な

長野県飯田西中学校国語研究会 152
流れ 71,116,221
なら 36,39

日本語教育 2,65
日本語文型教育研究会 177
ノエシス文脈 98
ノエマ文脈 98

は

ば 34,39,45
運び文型 6,9,25,26
話段 249
場面的な条件づけ 200
パラディグマティックな関係 17
パラメタ 11
反事実条件 27,40
判断段階 12,51
反復 79
反復節 219
汎用性 61
範列的（paradigmatical）関係 17,174
表現意図 13
表現のための文型 149
表現文型 60
表現文法 173
表現力を養う学習 150
表出段階 12,51
描叙段階 12,51
複線展開型 10,26
複線展開型運び文型 46
複線連結型 10
フッサール 98
不定語 28
文塊 98
文型教育 157
文型教育論 159,160
文型指導 156
文型練習 150
文構造 17
文章生産活動 212
文章論 94
文章論的文論 96,183
文と文章の一体化 96
文の機能 8
文法運用能力 152

文法カテゴリー 57
文法ブーム 146
文脈 97, 106
文脈指示 86
文脈展開機能 127
文脈を利用した文章理解 105
文を超える文法 86
補足成分 52
ボトムアップ処理 104

ま

まとまり 74
曼荼羅 240, 243
見立て条件 27
未知 249, 257, 259
未知性 123
南モデル 15
無標 56, 79
網羅性 58, 86, 120
網羅的 110
持ち込み 82
モナリザ文 161

や

やさしい日本語 85, 173
有標 56
有標性 219
要素 73, 94, 117, 120, 150, 151, 152,
　162
要約 231
予測 103, 105, 106, 107, 110, 120
予測文法 21

ら

理解過程 95
理解のための文法 87
理解の流れ 98
理論と記述をつなぐ研究 67
連結型文 77
連続型 10

執筆者一覧

五十音順
(＊は編者)

庵功雄（いおり いさお）＊

1967年生まれ。大阪府出身。一橋大学国際教育センター教授。

『日本語におけるテキストの結束性の研究』（2007、くろしお出版）、『日本語教育文法のための多様なアプローチ』（共編著、2011、ひつじ書房）、『新しい日本語学入門（第2版）』（2012、スリーエーネットワーク）

石黒圭（いしぐろ けい）＊

1969年、大阪生まれ、神奈川県出身。国立国語研究所日本語教育研究領域教授。

『「接続詞」の技術』（2016、実務教育出版社）、『大人のための言い換え力』（2017、NHK出版）、『形容詞を使わない 大人の文章表現力』（2017、日本実業出版社）

砂川有里子（すなかわ ゆりこ）

1949年生まれ。東京都出身。筑波大学名誉教授・国立国語研究所客員教授。

『文法と談話の接点―日本語主題展開機能の研究―』（くろしお出版、2005）、『講座日本語コーパス5 コーパスと日本語教育』（編著、2016、朝倉書店）、「逆接の接続詞と談話構成力の習得―日本語学習者の縦断的な作文コーパスを活用して―」（『文法・談話研究と日本語教育の接点』 2015、くろしお出版）

俵山雄司（たわらやま ゆうじ）

1974年生まれ。新潟県出身。名古屋大学国際機構国際言語センター准教授。

「「このように」の意味と用法―談話をまとめる機能に着目して―」（『日本語文法』7(2)、2007）、「講義における専門用語の説明に対する日本語学習者の評価―わかりやすい説明の方法を探るために―」（『専門日本語教育研究』15、2013）

野田尚史（のだ ひさし）

1956年生まれ。石川県出身。国立国語研究所教授。
『「は」と「が」』（1996、くろしお出版）、『日本語の文法4　複文と談話』（共著、2002、岩波書店）、『日本語の配慮表現の多様性―歴史的変化と地理的・社会的変異―』（共編著、2014、くろしお出版）

ポリー・ザトラウスキー（Polly Szatrowski）

ミネソタ大学言語学研究所教授。
『日本語の談話の構造分析―勧誘のストラテジーの考察―』（1993、くろしお出版）、*Storytelling across Japanese conversational genre*（編著, 2010, John Benjamins）、*Language and food: Verbal and nonverbal experiences*（編著, 2014, John Benjamins）

前田直子（まえだ なおこ）

1964年生まれ。静岡県出身。学習院大学文学部教授。
『「ように」の意味・用法』（2006、笠間書院）、『日本語の複文』（2009、くろしお出版）、『日本語複文構文の研究』（共編著、2014、ひつじ書房）

丸山岳彦（まるやま たけひこ）＊

1972年生まれ。神奈川県出身。専修大学文学部准教授・国立国語研究所客員准教授。
On the Multiple Clause Linkage Structure of Japanese: A Corpus-based Study.（*New Steps in Japanese Studies*, Edizioni Ca' Foscari, 2017）、『日本語複文構文の研究』（共編著、2014、ひつじ書房）、「『日本語話し言葉コーパス』に基づく挿入構造の機能的分析」（『日本語文法』14(1)、2014）

山室和也（やまむろ かずや）

　　1963年生まれ。埼玉県出身。国士舘大学文学部教授。
　　『文法教育における構文的内容の取り扱いの研究』
　　（2008、溪水社）、『国語科授業を活かす理論×実践』
　　（共編著、2014、東洋館出版社）、「学校文法の歴史」
　　（『品詞別学校文法講座第一巻』明治書院、2013）

渡辺文生（わたなべ ふみお）

　　1961年生まれ。福島県出身。山形大学人文社会科学
　　部教授。
　　「講義の談話の引用と参照」（『講義の談話の表現と理
　　解』くろしお出版、2010）、「語りの談話・文章にお
　　ける文末表現について―「のだ」と「てしまう」―」
　　（『言語学と日本語教育Ⅵ』くろしお出版、2010）、
　　「論説的な文章・談話における文末表現の使われ方に
　　ついて」（『文章・談話研究と日本語教育の接点』く
　　ろしお出版、2015）

時間の流れと文章の組み立て
林言語学の再解釈

The Dynamic Construction of Discourse Over Time:
Interpretations of Hayashi Linguistics

Edited by Isao Iori, Kei Ishiguro, Takehiko Maruyama

発行	2017年12月26日　初版1刷
定価	6400円＋税
編者	©庵功雄・石黒圭・丸山岳彦
発行者	松本功
ブックデザイン	白井敬尚形成事務所
印刷・製本所	亜細亜印刷株式会社
発行所	株式会社 ひつじ書房

〒112-0011　東京都文京区千石2-1-2　大和ビル2階
Tel: 03-5319-4916　Fax: 03-5319-4917
郵便振替00120-8-142852
toiawase@hituzi.co.jp　http://www.hituzi.co.jp/

ISBN978-4-89476-873-4

造本には充分注意しておりますが、落丁・乱丁などがございましたら、
小社かお買上げ書店にておとりかえいたします。
ご意見、ご感想など、小社までお寄せ下されば幸いです。